Dr. Klaus-Dieter Kieslinger

Imagine

Mit inneren Bildern die Kraft des Unbewussten freisetzen

fischer & gann

Dr. Klaus-Dieter Kieslinger
Imagine
Mit inneren Bildern die Kraft des Unbewussten freisetzen

info@kamphausen.media | www.kamphausen.media

ISBN Printausgabe: 978-3-95883-556-6
ISBN E-Book: 978-3-95883-557-3

1. Auflage 2023
Lektorat: Ina Kleinod
Umschlaggestaltung: Gesine Beran, Turin
Umschlagmotiv: © shutterstock | marukopum
Innenteil, Layout/Satz: Carine Wiebe
Druck: Aumayer Druck GmbH, Munderfing

Printed in the European Union

Bibliografische Information der Deutschen Nationalbibliothek
Die Deutsche Nationalbibliothek verzeichnet diese
Publikation in der Deutschen Nationalbibliografie;
detaillierte bibliografische Daten sind im Internet über
https://dnb.de abrufbar.

Inhalt

Widmung

Meinen eigenen und den Kindern dieser Welt.
Ihr seid die Zukunft!

Meinem Mentor Prof. Uwe Böschemeyer,
der mich in die unendlichen Weiten der Seele geführt hat.

Meiner Muse. Danke für Deine Geduld und Dein Verständnis,
wenn der Weg sich wieder einmal holprig anfühlte.

Du magst sagen, ich sei ein Träumer,
aber ich bin nicht der einzige.[1]

John Lennon

Wir sind nur gekommen, ein Traumbild zu sehen,
wir sind nur gekommen, zu träumen;
nicht wirklich, nicht wirklich sind wir gekommen,
auf der Erde zu leben.[2]

Aztekisches Gedicht (um 1419)

Folgst du deinem Stern,
kannst du den ruhmreichen Hafen nicht verfehlen,
wenn ich im schönen Leben richtig sah.[3]

Dante Alighieri

---

[1] Lennon, John. Imagine. (Song) Remastered 2010.
[2] Verändert, nach Castaneda, Carlos. Die Kunst des Träumens. Fischer Taschenbuch, Frankfurt am Main 1998.
Das gesamte Gedicht lässt sich finden in Damrosch, David. What is World Literature? Cantares Mexicanos 18, Strophe 39. Princeton University Press 2003.
(Orig. We come here only to sleep, we come here only to dream;
it is not true, it is not true that we come to live on earth). Diese Lieder wurden ursprünglich gesungen, begleitet vom Klang der traditionellen Trommeln, Hörner und Gongs der Azteken.
[3] Alighieri, Dante. Die göttliche Komödie (Übers. v. Kurt Flasch). Canto 15; 43. S. Fischer, Frankfurt am Main 2015.

Vision

Ich habe eine Bestie,
einen Engel und einen Wahnsinnigen in mir.[4]

Dylan Thomas

Der alte Weise fordert mich auf, die Augen zu schließen. Ich folge seinen Anweisungen. Lasse die Gedanken des vergangenen Tages abfließen und meine Augäpfel noch etwas tiefer in ihre Höhlen sinken. Die Muskeln entspannen sich nach und nach. Wärme durchflutet das Fleisch. Meine Gliedmaßen fallen schwerer und schwerer in das weiße Leder des Sofas.

Wie von selbst richtet sich mein innerer Blick gen Himmel: Weit oben, ganz hinten, zur rechten Seite erstrahlt hell ein Leuchten. Mir scheint, als möchte es mich zu sich emporziehen. Rundum nur schwarzes Nichts, einem Tunnel gleich, der mich hinauf ins Licht leiten will. An seinem Ende, da, wo das Dunkel in die goldene Scheibe übergeht, erblicke ich Gestalten. Sie muten vertraut an: Engel, Freunde, Verwandte?

Die Szene erinnert mich an Hieronymus Boschs Darstellung der Seele, die im Zwischenreich von Leben und Tod aufsteigt in Richtung ihres hellen Zieles. Könnte das einfach nur ein Abbild der Sonne sein, welches meine Seele zu sich lockt, vorbei an der Schwärze des ewigen Nachthimmels?

[4] Thomas, Dylan, zitiert nach Lesley-Ann Jones. John Lennon: Genie und Rebell. Piper, München 2020.

Dort, am Rande von Licht und Schatten, warten schon zwei Wesen auf mich. Ich vermeine, in ihnen die beiden Vorausschauenden zu erkennen: einen Mann und eine Frau. Sie scheinen nicht eigentlich zu existieren, sondern aus reiner Energie zu bestehen. Dazu Strahlen aus allen Farben des Spektrums – violett, blau, grün, gelb, orange, rot –, welche die Zeiten durchdringen. Sie kommen aus unendlichen Vergangenheiten, leuchten durch meine beiden Gefährten und auch durch mich hindurch, bis in eine unvorstellbare, ferne Zukunft. Dorthin, nach der Ferne, projiziert sich mein Abbild, der Kopf, der Stamm, die Arme und Beine, als leuchtender Schatten. Jede meiner Bewegungen verändert die Tausenden Fäden, wirft wieder und wieder andere, neue Silhouetten.

Mein inneres Auge sieht mir selbst dabei zu, wie sich der eine Arm hebt, der andere senkt. Selbst die allerkleinste meiner Bewegungen verwandelt den Lauf der Zeiten, ruft wiederum völlig verschiedene Ereignisse hervor aus der ungeahnten Zahl an Möglichkeiten. Jetzt offenbart sich mir die große Choreographie des Lebens. Ich selbst verwandle mich in eine Inkarnation des tanzenden Shiva. Fühle die Endlosigkeit, die Weite der Räume, grenzenlose Freiheit. Jeder Gedanke, jede Handlung, ja jede Bewegung wirkt über diese farbigen Strahlen bis in die Ferne der Ewigkeit, verändert meine eigenen Aussichten und zugleich die der ganzen Welt. Mein innerstes Wesen gewahrt, wie noch die kleinste meiner Entscheidungen das Morgen zu prägen vermag. Karma – sichtbar gemacht als leuchtende Linien sonder Zahl. Meine unendliche Macht, das Spiel von Ursache und Wirkung in mir gewogene Richtungen zu lenken.

Nur langsam, ganz langsam, kehre ich schließlich wieder zurück in meinen weißen Fauteuil, in dieses Zimmer, welches seit Jahrhunderten mitten in der Altstadt Salzburgs ruht und seinen Bewohnern ein sicheres Zuhause schenkt. Jetzt fühle ich mich erfüllt von Kraft und Energie wie selten zuvor. Verändert. Gereift. Machtvoll.

Vorwort

Man muss noch Chaos in sich haben,
um einen tanzenden Stern gebären zu können.[5]

Friedrich Nietzsche

Die Geschichte eines solchen Buches beginnt – wie könnte es auch anders sein – in einer persönlichen Krise. Bekanntlich stammt die Wurzel des Wortes „krisis" aus dem Altgriechischen und bedeutet so viel wie einen Wendepunkt oder die entscheidende Zuspitzung einer Krankheit, damit aber zugleich auch: Chance. Doch so mittendrin fühlt sich das wirklich überhaupt nicht nach einer positiven Möglichkeit an, eher im Gegenteil!

Ich finde mich völlig unerwartet im Bett eines Krankenhauses, zwei Autostunden von meiner Heimatstadt entfernt. Blut füllt den Spalt zwischen zwei großen Muskeln in meinem linken Unterschenkel, spannt die darüberliegende Haut prall an, wie einen mit Wasser gefüllten Ballon. Der diensthabende Unfallchirurg erwägt, zwei lange Schnitte in mein Bein zu setzen – einen außen und einen innen –, um das Blut zu entfernen und das Gewebe vom Druck zu entlasten. Der Arzt in mir weiß, was für Komplikationen folgen könnten: Wenn die Spannung im Gewebe noch mehr steigt, dann drohen die Muskelzellen aufgrund des daraus resultierenden Sauerstoffmangels zugrunde zu gehen. Die dabei in großer Zahl

[5] Nietzsche, Friedrich. Also sprach Zarathustra: Ein Buch für Alle und Keinen. dtv, München 1999.

freigesetzten Eiweißkörperchen könnten dann über den Blutweg bis in die Nieren gelangen, ihre filigranen Kanälchen verstopfen, die dort den Harn filtern, und über ein akutes Nierenversagen mein Leben bedrohen. Um das zu verhindern, hilft dann vielleicht nur noch eine Amputation der betroffenen Extremität. Weitere Möglichkeiten eines schlimmen Ausgangs drehen sich in meinem Kopf wie in einem albtraumhaften Karussell: Eine Lungenembolie, bei der sich ein Blutgerinnsel aus den Venen des Beines löst, das in die Lungenarterien verschleppt wird und dort steckenbleibt, was über ein akutes Rechtsherzversagen mein Leben beenden könnte. Oder eine Lungenentzündung als Folge der langen Dauer des Liegens.

Keine Schmerzen. Nur leichter Schwindel. Über 24 Stunden lang stehe ich nicht auf, esse nicht, trinke nur ganz wenig. Von einer Minute auf die andere hinauskatapultiert aus meinem erfolgreichen Leben. Mein schönes Einkommen als Facharzt macht ab sofort mal ein paar Wochen Pause. Dankbare Patienten, gut laufende Praxis, ein adrettes Zuhause in der Mozartstadt. All das scheint in diesem Moment weit entfernt. Eine schlimme Trennung liegt gerade erst ein paar Wochen zurück. Das hübsche Häuschen mit Garten am Stadtrand: Geschichte. Meine geliebten Kinder: fern von mir. Der berühmte Kammerchor, in dem ich singe: Pause. Überhaupt kann ich nicht ohne Krücken stehen, wohl noch für längere Zeit. Meine Familie und all meine Freunde – weit weg in einer anderen Stadt.

Immer war es mein Vorsatz gewesen, mich nicht abhängig zu machen von äußeren Dingen, Geld, Erfolg, Freunden, Besitz. In diesem Augenblick bin ich wirklich ganz bei mir. Liege in diesem Bett. Klar, die Angst um mein Bein. Wann werde ich mein Training wieder aufnehmen können? Zugleich überrascht es mich, wie dieses völlige Aufgehen in der Gegenwart mir ein gewisses Gefühl von Befreiung verleiht. Ein Ankommen, ganz im Hier und Jetzt. Ich bewege mich kaum. Versuche, mein Bein schwer auf das erhöhte Kissen aufzulegen, um eine Zunahme der Blutung in den Unterschenkel zu vermeiden.

Im Nachhinein bedeutet all das Wochen im Krankenstand. Eine Operation meines Schenkels unter Vollnarkose: Entfernung des koagulierten Blutes, anschließende Naht des eingerissenen Gewebes. Medikamente zur Entzündungshemmung und Schmerzlinderung sowie zur rascheren Resorption des Blutes, tägliche Injektionen von Heparin als Prophylaxe einer Thrombose. Gehen nur mithilfe von zwei Krücken.

Viel Zeit, um nachzudenken. Klar, ich habe mir das nicht ausgesucht. Was möchte ich in meinem Leben noch anfangen, was ist bisher zu kurz gekommen? Zwei Dinge, die ich mir schon seit Jahren gewünscht habe, kommen mir in den Sinn: Strukturelle Integration, auch Rolfing genannt. Das bedeutet, die Statik meines Körpers mithilfe einer Therapeutin zu optimieren, wobei sich auch seelische Themen lösen, welche sich bekanntlich häufig als Anspannung von Muskeln äußern. Als Zweites möchte ich endlich einen lange gehegten Wunsch wahr machen und Herrn Prof. Uwe Böschemeyer kennenlernen, um mich unter seiner Anleitung, mehr als bisher, mit meinem eigenen Unbewussten zu beschäftigen. Ich kenne ihn aus seinen Büchern[6]. Seine tiefe Menschenkenntnis beeindruckt mich schon seit geraumer Zeit. Bereits am nächsten Tag rufe ich ihn an, um einen Termin zu vereinbaren.

In der Akademie für Wertorientierte Persönlichkeitsbildung: Der Professor begrüßt mich. Längeres weißes Haar, weißer Vollbart. Sein Blick ist erfüllt von Menschenliebe. So warmherzig und gütig, dass ich ihn nur schwer aushalten kann. Wie oft im Leben blickt man in Augen, welche einem so voller Verständnis und Wohlwollen in den Grund der Seele zu blicken scheinen?

Durch die darauffolgenden Begegnungen und Imaginationen gewinnt meine Welt eine neue Dimension der Tiefe. Die Rationalität meiner Kindheit, meiner Ausbildung am Gymnasium und an der Universität haben ihr zu enge Grenzen gesetzt. An einem Zuviel an Vernunft und einem Mangel an Mystik scheitern derzeit wohl auch die christlichen Kirchen, die das Nicht-Rationale mit ihrer Logik durchschauen wollen. Doch dabei folgen ihr die Menschen nicht mehr.

[6] Kieslinger, Klaus-Dieter. In: Böschemeyer, Uwe. Von den hellen Farben der Seele: Wie wir lernen, aus uns selbst heraus zu leben. Ecowin, Salzburg 2018.

Mit einem Mal liegt die Welt der Mythen und Märchen offen vor mir. Der Urquell aller Religionen. Ich beschließe, mich auf die Suche zu begeben, um mehr darüber zu erfahren. Daraus entsteht später dieses Buch.

Innere Bilder erlauben es uns, mit der verborgenen Kraft des Unbewussten in Kontakt zu treten. Wir alle besitzen die Fähigkeit, in diese Welt einzutauchen, aus der die großen Erzählungen der Menschheit schöpfen. Religionen nutzen sie seit Anbeginn der Zeiten. Der Mensch des 21. Jahrhunderts entdeckt die alten Techniken der Vision und Imagination neu. Die Wissenschaft erforscht mit modernster Technologie die Prozesse, welche dabei im Gehirn ablaufen.[7] Die Imagination zählt heute zu den etablierten Methoden der Psychotherapie[8] und findet weltweite Anerkennung.

Was Sie in diesem Buch erwartet

Kapitel I – Die Welt der inneren Bilder

Im ersten Teil möchte ich Ihre Neugierde für die unendlichen Weiten der Seele wecken und dabei die Bedeutung der inneren Bilder in der Geschichte der Menschheit und aus Sicht der Moderne vorstellen. So soll ein erster Einblick in ihre zahlreichen Möglichkeiten und Einsatzgebiete entstehen.

Kapitel II – Visionen: Erbe der Menschheit

Über die Anfänge der Imagination können wir nur spekulieren. Vermutlich saßen die frühen Menschen über Jahrtausende abends unter dem Sternenhimmel viele Stunden lang am gemeinsamen Lagerfeuer. Wenn alle Geschichten erzählt und alle

[7] Hüther, Gerald. Die Macht der inneren Bilder: Wie Visionen das Gehirn, den Menschen und die Welt verändern. Vandenhoek und Ruprecht, Göttingen 2015.
[8] Bengler, Simin. Praxisbuch Imaginative Techniken in der Psychotherapie: Grundlagen, Techniken und Anwendung. Springer, Berlin 2021.

Lieder gesungen waren, blickte man ermattet von den Strapazen des Tages ins Feuer und ließ den Wachträumen ihren freien Lauf. Schamanen nutzten diese Fähigkeit und reisten gezielt in andere Wirklichkeiten, um sich dort Kraft und Inspiration für Heilungen zu holen. Ihre modernen Nachfolger tun dies noch heute.

Die frühen Religionen schöpften ebenso aus diesen Quellen. Doch vermischten sich damals wohl Geschichten mit Imaginationen und Wissen. Sie wurden mündlich überliefert, von Generation zu Generation, und veränderten sich mit jedem Erzählen – bis zum Einsetzen der Achsenzeit[9], als diese – inzwischen – „großen Erzählungen“[10] durch die Erfindung der Schrift und des Buches weite Verbreitung fanden. Wir können davon ausgehen, dass die Visionäre der Vergangenheit ihre inneren Bilder und die Gestalten, welche darin häufig vorkamen, als Botschaften ihrer Götter interpretierten. Bereits in der Frühgeschichte der Medizin, insbesondere im Griechenland der Antike, fanden „gelenkte Träume“ breite Anwendung.

Kapitel III – Die Wissenschaft der Imagination

Dank moderner bildgebender Verfahren, mit deren Hilfe sich das Gehirn in Aktion beobachten lässt, verstehen wir im Prinzip die Vorgänge, die beim Sehen im Zusammenspiel von Auge und Nervensystem ablaufen; sie überschneiden sich weitgehend mit dem Akt der Imagination. Wir wissen heute, dass die Vorstellungen im Geiste mit realen Veränderungen im Gehirn einhergehen und wie sich dabei die Verdrahtungen der neuronalen Netzwerke verändern. Zudem besteht ein fließender Übergang zwischen inneren Bildern im Wachzustand und unseren Gesichten im Traum.

Nach einem kurzen Abriss über Imagination im Lichte der Philosophie werden wir diskutieren, was das alles für unsere Anschauungen von einer der ältesten Fragen des Denkens bedeutet: Was ist die Natur der Wirklichkeit?

---

[9] Assmann, Jan. Achsenzeit: Eine Archäologie der Moderne. C. H. Beck, Berlin 2020.
[10] Lyotard, Jean-François. Das postmoderne Wissen: Ein Bericht. Passagen, Wien 1986.

Kapitel IV – Psychologie – die Wiederentdeckung der Seele

Mit C. G. Jung fanden die uralten Methoden dieser Psychotechnik Eingang in die moderne Therapie. In seinen „Nachtmeerfahrten" erkundete der Schweizer Psychiater die geheimnisvollen Welten seines eigenen Unbewussten. Dabei entdeckte er die sogenannten Archetypen – Bilder unserer Seele, die wir alle teilen: den alten Weisen, die große Mutter, das männliche und das weibliche Prinzip, den Schatten usw.

Im Laufe des 21. Jahrhunderts entwickelte sich die Imagination zu einer ausgereiften Methode in der Behandlung seelischen Leidens, aber auch zu einem hochwirksamen Werkzeug der Persönlichkeitsbildung. Kaum eine psychotherapeutische Weiterbildung kommt ohne ein paar Einheiten Imagination aus. Sei es die Aktive Imagination nach C. G. Jung, die Katathym Imaginative Psychotherapie (eine eigene Psychotherapierichtung, die vorwiegend mit inneren Bildern arbeitet) oder die Verhaltenstherapie, die inzwischen wissenschaftlich am besten abgesicherte Therapieform.

Kapitel V – Der Weg der inneren Bilder

Wir beginnen im fünften Kapitel mit den heißesten der menschlichen Vorstellungen – sexuellen Fantasien –, beschäftigen uns anschließend mit imaginären Freunden, dem Umgang mit negativen Emotionen und dem Phänomen der Aphantasie, dem Fehlen innerer Bilder. Schließlich wird von möglichen Nebenwirkungen und Komplikationen sowie von Gegenanzeigen die Rede sein. Wir werden uns damit beschäftigen, was mit inneren Bildern schiefgehen kann – und warum: Welche unfreiwilligen inneren Bilder treten auf und wie entstehen sie? Wir widmen uns Halluzinationen, Flashbacks, kreisenden Vorstellungen, Zwangsgedanken und spontanen Traumbildern, die unter dem Entzug von äußeren Reizen auftauchen.

Kapitel VI – Anwendungen der Imagination

Nicht zuletzt große Wissenschaftler kennen die Welt der inneren Bilder als Ressource und als Ort der Inspiration. Man denke zum

Beispiel an Albert Einstein, wie er sich vorstellte, dass er in einem fahrenden Zug sitzt, während neben den Gleisen ein Lichtstrahl abgefeuert wird. Dieses und ähnliche Gedankenexperimente trugen dazu bei, die Lichtgeschwindigkeit als nach oben begrenzt und die Relativität der Zeit zu entdecken.

Im Leistungssport zählt das mentale Training inzwischen zum Alltag. Sei es zur Verbesserung der Motivation, zur Optimierung von Bewegungsabläufen, zur Wettkampfvorbereitung, Entspannung, Rehabilitation, Verbesserung des Muskelwachstums oder zur Steigerung des Selbstvertrauens.

Innere Bilder bedeuten für Künstler eine Quelle nahezu unerschöpflicher Kreativität. Wir werden sehen, wie Schriftstellerinnen, Schauspieler, Maler, Musiker die Macht der Imagination einsetzten, um einige ihrer größten Werke zu schaffen.

Allerdings existiert hier eine nicht zu unterschätzende schwarze Seite: Wohl seit Menschengedenken gibt es Bestrebungen, innere Bilder zur Manipulation einzusetzen. Sei es, um Einfluss im Namen einer bestimmten Religion zu gewinnen, sei es, um mithilfe politischer Propaganda Macht in großem Stil zu erlangen. Nicht zuletzt unsere Gegenwart verfängt uns in einer (digitalen) Bilderwelt ohnegleichen und manipuliert unsere Gedanken und Gefühle in einem Ausmaß, das jeden Diktator vor Neid erblassen lassen muss. Denker, wie der Philosoph Byung-Chul Han[11], vermeinen gar, unsere Werbe- und Konsum-Industrie umspinne uns mit einer solchen Vehemenz, dass wir alle längst zu deren Sklaven mutiert sind, schlimmer noch, es nicht einmal bemerken, weil uns diese Matrix als Freiheit vorgegaukelt wird.

Diese Gedanken führen uns schließlich zu der Aufforderung, wieder die Verantwortung für unsere inneren Bilder zu übernehmen. Wir selbst dürfen mit deren Auswahl ganz bewusst umgehen. Nicht unkritisch, aber so, dass sie uns unserem wahren Selbst und unseren eigentlichen Zielen näherbringen.

---

[11] Han, Byung-Chul. Psychopolitik: Neoliberalismus und die modernen Machttechniken. S. Fischer, Frankfurt am Main 2014.

Schließlich werden Sie einige praktische Übungen kennenlernen, mit deren Hilfe Sie selbst vielleicht erste Einblicke in Ihre ganz eigenen inneren Welten an der Grenze zwischen Wachen und Träumen gewinnen. Zu diesem Zweck stelle ich Ihnen einige bewährte Imaginationen aus dem schier unerschöpflichen Fundus an Möglichkeiten vor, die Sie selbst in Ihren eigenen vier Wänden ausprobieren können.

Es folgen ein paar Gedanken darüber, wie wir uns unseren großen Zielen im Leben mithilfe der „5 Säulen der Identität" annähern können.

Schließlich möchte dieses Buch nicht mehr und nicht weniger, als Sie in die Lage zu versetzen, Ihre eigenen inneren Bilder als Quelle der Kraft für sich und Ihr Leben zu nutzen und damit Zugang zu neuen Dimensionen des Seins zu finden. Es findet seinen krönenden Abschluss und seine Zusammenfassung in den „12 Grundsätzen der Imagination".

Am Ende dieser Seiten werden Sie innere Bilder als reale Erfahrung kennengelernt haben. Sie werden sich dessen bewusst sein, wie sich gelenkte Visionen durch die Geschichte der Menschheit ziehen und wie wir sie heute als Instrument in der Persönlichkeitsentwicklung, im Coaching, im Leistungssport, aber auch im spirituellen Bereich erleben dürfen. Wir werden gemeinsam die Möglichkeiten, aber auch die Gefahren und Risiken der Imaginationen erkunden.

I.

Die Welt der inneren Bilder

Du musst dein Leben ändern.[12]

Rainer Maria Rilke

Peter Sloterdijk

Innere Bilder begleiten uns seit Anbeginn der Menschheit. Es gibt Hinweise dafür, dass auch höher entwickelte Tiere über visuelle Vorstellungskraft verfügen. Bewusst eingesetzte bildliche Vorstellungen finden sich schon in der Frühgeschichte – im Schamanismus. Belege dafür zeigen unter anderem die in der Altsteinzeit entstandenen Höhlenmalereien der Grotte des Trois-Frères sowie heute noch aktive Schamanismen. In der Moderne erlebt dieses Phänomen der inneren Bilder eine Renaissance. Der Schweizer Psychiater Carl Gustav Jung hat die inneren Bilderwelten des Menschen auf eigene Faust an sich selbst erforscht und als Werkzeug in die Psychotherapie eingeführt. In der Sportwissenschaft gehört mentales Training längst zum Alltag. Selbst

[12] Rilke, Rainer Maria. Archaischer Torso Apollos (Gedicht). // Sloterdijk, Peter. Du musst dein Leben ändern: Über Anthropotechnik. Suhrkamp, Frankfurt am Main 2009.

die Religionswissenschaft entdeckt innere Bilder neu als Weg zu einer authentischen religiösen Erfahrung: Es ist sogar die Rede von einer „imaginativen Wende".[13]

Worin besteht der Unterschied zwischen Vision und Imagination? Imaginationen setzen bewusst auf innere Bilder, während eine Vision unkontrolliert über uns hereinbricht. Eine Vision kann darüber hinaus eine zielgerichtete große Vorstellung eines einzelnen Menschen oder einer ganzen Gesellschaft bedeuten.

Was zu Beginn des 21. Jahrhunderts neu ist: Wir können heute mit ziemlicher Genauigkeit feststellen, was dabei im Gehirn passiert. Die moderne Neurobiologie sieht sich inzwischen in der Lage zu erklären, warum die Arbeit mit inneren Bildern ein so kraftvolles Instrument darstellt: Mindestens ein Drittel des gesamten menschlichen Gehirns beschäftigt sich mit der Verarbeitung von visuellen Eindrücken. Zählt man die übrigen Sinne dazu – Tasten oder Körperwahrnehmung, Hören, Riechen, Schmecken –, dann kommen große Teile unseres Denkorganes zum Einsatz.

Kurz zusammengefasst aktivieren bildliche Vorstellungen große Teile des Gehirns, insbesondere Zentren für sinnliche Wahrnehmung, aber auch Bereiche für Erinnerung und Emotion: das limbische System (es beinhaltet die beiden Mandelkerne – „Amygdala", den limbischen Teil der Großhirnrinde – „limbischer Kortex" und die beiden Seepferdchen – „Hippocampi"). All diese Systeme sind phylogenetisch, also in der Stammesgeschichte des Menschen, wesentlich älter als jene Systeme, die sich mit der Erzeugung von Sprache beschäftigen. Das Sprechen ist die jüngste evolutionäre Errungenschaft und nur beim Menschen voll ausgeprägt. Die Sprachzentren nehmen vergleichsweise wenig Raum im Gehirn ein. Aus diesem Grund ist der Einsatz unserer Fähigkeit zur Imagination so wirkmächtig; sie nutzt weite Areale im Gehirn und steht in direkter Verbindung zu unseren Emotionen. Die Psychologie und die Neurobiologie haben inzwischen gelernt, dass es sich bei unseren Vorstellungen nicht um Fantastereien oder Hirngespinste handelt. Sie beruhen vielmehr auf realen Prozessen im

[13] Traut, Lucia; Wilke, Annette. Religion – Imagination – Ästhetik: Vorstellungs- und Sinneswelten in Religion und Kultur. Vandenhoeck & Ruprecht, Göttingen 2015.

Gehirn. Dazu kommt: Unser Nervensystem verfügt über einen hohen Grad an Plastizität; die Verbindungen zwischen den Nervenzellen verhalten sich das ganze Leben lang plastisch, also formbar. Inzwischen hat die Wissenschaft sogar herausgefunden, dass sich in einem bestimmten Bereich des Gehirns (Hippocampus) lebenslang neue Nervenzellen bilden können, und mehr noch, was wir selbst dazu tun können, um uns sozusagen mehr „Nervenzellen" wachsen zu lassen. Bis ins höchste Lebensalter ist der Mensch damit also fähig, Neues zu erfahren und zu lernen.

Es gibt viele Bücher zum Thema Imagination und ständig erscheinen neue. Die meisten kratzen nur an der Oberfläche dieses Phänomens: „Setz dich hin, stell dir vor, was du in deinem Leben erreichen willst, dann wirst du es schaffen." Eine Visualisierung bildet zwar tatsächlich die Grundlage für Veränderung, greift allein aber zu kurz: **Wir müssen ins Handeln kommen!** Vorstellungen und Visionen weisen den Weg.

Sobald wir beginnen, uns auf diese inneren Bilder einzulassen, werden wir eine Entdeckung machen, die schon C. G. Jung faszinierte: Die inneren Bilder entwickeln eine Eigendynamik; sie beginnen sich von selbst zu verändern und ermöglichen auf diese Weise, direkt mit dem eigenen Unbewussten zu kommunizieren. Richtig angewendet kann daraus die Kraft entstehen, mit deren Hilfe wir über uns selbst hinauswachsen.

Die folgenden Seiten sollen die moderne Arbeit mit inneren Bildern in den verschiedensten Bereichen beleuchten, in einen größeren Kontext stellen und ihre Geschichte und ihre biologischen Grundlagen sowie Methoden für den Alltag vorstellen. Wer sich auf seine inneren Bilder bewusst einlassen kann, wird in seinem ganzen Dasein berührt und verändert – wird weiter gehen, als sie oder er es jemals für möglich gehalten hat.

Der Mensch befindet sich in ständiger Entwicklung, wie es der große Dichter Rainer Maria Rilke so treffend formuliert – der Philosoph Peter Sloterdijk hat zu diesem Imperativ ein ganzes Buch verfasst: „Du musst dein Leben ändern."

Reisen in innere Welten

Der Mensch ist ein „Homo imaginans".[14]

Colin McGinn

Was ist Imagination? Bilder, die wir vor unserem geistigen Auge sehen – Erinnerungen an die Kindheit, Tagträume über unsere Zukunft, Sehnsüchte, Wünsche –, begleiten uns das ganze Leben. Leider macht Schwarzmalerei einen nicht unerheblichen Teil unserer geistigen Welt aus. Im Guten wie im Schlechten: Das Erleben von Vorstellungsbildern gehört zum Alltag des Menschen.

Im 21. Jahrhundert lehrt uns die Wissenschaft von Seele, Geist und Gehirn, wie wir unsere inneren Bilder gezielter einsetzen können. Sie zeigt uns auf, dass es sich dabei nicht um schiere Phantasmagorien handelt, sondern dass sie realen Vorgängen im Gehirn entsprechen. Jede Änderung unserer Vorstellungen beruht auf der Aktivität von Neuronen und beeinflusst zugleich ihre Verknüpfungen untereinander. Somit verfügen wir über die Möglichkeit, bewusst gewählte innere Bilder für uns arbeiten zu lassen, sie weiterzuentwickeln, zu verändern und damit die Verbindungen in unserem Nervensystem zu steuern. Wir alle können die Fähigkeit entwickeln, mit dieser Methode gezielter das vegetative Nervensystem, unsere Emotionen und unser Denken zu beeinflussen, als das in den vergangenen Jahrtausenden überhaupt möglich schien. In den letzten 200 Jahren schärfte die Wissenschaft unsere Vorstellungen von der Arbeitsweise des Gehirns und geistigen Vorgängen erheblich. Wir haben unterscheiden gelernt, worauf unsere Visionen beruhen und was dabei im Organ des Denkens passiert.

Der rumänische Religionswissenschaftler Mircea Eliade war der Erste, der die „schamanische Reise" wissenschaftlich untersuchte. In seinem noch heute wegweisenden Werk „Schamanismus und archaische Ekstasetechnik"[15] beschrieb er Methoden

[14] McGinn, Colin. Das geistige Auge: Von der Macht der Vorstellungskraft. Primus, Darmstadt 2007.

[15] Eliade, Mircea. Schamanismus und archaische Ekstasetechnik. suhrkamp tb wissenschaft, Frankfurt am Main 1975.

zur Reise in spirituelle Welten und ihre Gemeinsamkeiten in verschiedenen Kulturen unseres Planeten. Noch heute vermögen Schamanen scheinbar in andere Dimensionen einzutreten, um dort Unterstützung durch ihr jeweiliges Krafttier zu suchen, mit dessen Hilfe sie ihre seelischen Energien mobilisieren, um Kranke zu heilen. Aus heutiger wissenschaftlicher Sicht handelt es sich dabei um hoch entwickelte Methoden der Imagination.

C. G. Jung gilt als einer der bedeutendsten Mitstreiter Sigmund Freuds. Er entdeckte diese Art von Reisen in die eigene Innenwelt für die moderne Psychologie neu und stieß dabei auf universell gültige Mechanismen der menschlichen Seele. Damit legte er den Grundstein für die moderne Psychotherapie. Wissenschaftlich ausgebildete Psychotherapeuten setzen regelmäßig derartige Methoden ein, um ihre Klienten in der Erfahrung ihres Selbst und ihres Unbewussten zu begleiten, um seelische Krankheiten zu behandeln oder sogar, um Patienten mit schweren psychischen Traumata zu unterstützen.

Neurologen wie der legendäre Oliver Sacks untersuchten Eingebungen von berühmten Visionären der Geschichte. So konnte Sacks zum Beispiel die Lichterscheinungen, welche die Heilige Hildegard von Bingen regelmäßig heimsuchten, als typische Aura einer Migräne[16] einstufen. In früheren Zeiten hätte man derartige Erscheinungen als göttliche Eingebungen interpretiert. Heutzutage sehen Hirnforscher das etwas nüchterner.

So ist es uns heute erstmals möglich, diese Phänomene wissenschaftlich einzustufen und damit noch gezielter einzusetzen. Inzwischen entwickelt sich die Arbeit mit inneren Bildern zu einem Megatrend in der modernen Psychologie.

Was genau meint Imagination?

Im modernen Sprachgebrauch meinen wir mit dem Ausdruck „Imagination“ zunächst einmal Bilder, die wir bewusst vor unserem geistigen Auge entstehen lassen. Das Wort Imagination steht für „Vorstellung“; diese kann jede unserer Sinnesmodalitäten betreffen. Allerdings stehen der Sehsinn und die visuelle Vorstellung

[16] Sacks, Oliver, Migräne. Rowohlt Tb, Hamburg 2019.

meist im Vordergrund, sind diese doch bei Primaten vergleichsweise hoch entwickelt. Wenn wir uns etwas intensiv vorstellen, werden in der Regel zugleich auch körperliche Reaktionen und Emotionen ausgelöst.

Ein Beispiel dafür: Versuchen Sie sich jetzt möglichst genau zu vergegenwärtigen, wie Sie in eine Zwiebel beißen. Spüren Sie, wie Ihre Zähne die Textur der Fasern durchdringen, hören Sie das knackende Geräusch, das in Ihrem Mund entsteht, fühlen Sie, wie der Saft, der aus den Zellen der Knolle austritt, Ihre Zunge benetzt. Vermutlich werden Sie sofort etwas von dem charakteristisch scharfen Geschmack spüren und den typisch stechenden Geruch wahrnehmen. Sicherlich wird auch gleich ein leichter Speichelfluss einsetzen, der die Schleimhäute in Ihrem Mund befeuchtet. Wahrscheinlich werden Sie sogar ein leicht ziehendes Gefühl auf den Bindehäuten Ihrer Augen fühlen, in Verbindung mit einem leichten Tränenfluss. So stark vermag die Vorstellungskraft auf unser vegetatives Nervensystem einzuwirken!

Imagination – ein Wort, mehrere Bedeutungen

Die Bezeichnung „Imagination" leitet sich ursprünglich vom lateinischen Wort „imago" ab. Die Sprache der alten Römer meinte damit ein Bild, aber auch ein Vorstellungsbild. Laut dem „kleinen Stowasser", dem Latein-Lexikon der österreichischen Gymnasien, bedeutet der Ausdruck „imago" so viel wie Bild, Abbild, aber auch Trugbild, Traumbild oder bildhafte Vorstellung. Davon leitet sich „imaginatio" ab, was für Einbildung, Traum oder Vorstellung steht.

Im Englischen steht „imagination" für die Vorstellungskraft oder Fantasie ganz allgemein. In Großbritannien und den USA heißt der bewusste Einsatz von Vorstellungen in unserem Sinne „mental imagery".[17]

[17] Kosslyn, Steven M.; et al. The Case for Mental Imagery. Oxford Psychology, Band 39. Oxford University Press, Oxford 2009.

Imagination – etwas Außergewöhnliches?

Imagination ist Alltag! Als Kind stellen wir uns vor, wir könnten fliegen oder wir besäßen Kräfte wie Superman. Wir malen uns aus, wie es wäre, wenn uns die Spielgefährtin im Kindergarten auch gern mögen würde, stellen uns vor, wie ein Zitronensorbet schmeckt oder imaginieren eine Fahrt mit der Geisterbahn auf dem Jahrmarkt und genießen das damit entstehende Gruseln. Wir imaginieren unsere Zukunft und stellen uns vor, wir würden einmal ein Buch schreiben, ein Handwerk erlernen oder ein Musikinstrument spielen und Konzerte geben.

Innere Bilder begegnen uns ständig – in unseren bildhaften Erinnerungen an Vergangenes oder in der Vorstellung, wie unsere Zukunft verlaufen könnte. Sie helfen bei unserer Berufswahl, indem sie uns verschiedene Szenarien erschauen lassen. Eine Grundlage, auf der wir uns für eine bestimmte Richtung entscheiden; meist eine bessere Hilfe als reines Nachdenken.

Nicht zuletzt ist Sexualität ohne Imagination nicht vorstellbar. Sexuelle Fantasien begleiten uns das ganze Leben, sehr explizit sogar. Ohne Tabus. Auch die persönliche Religion eines jeden Menschen kommt ohne bildhafte Vorstellungen nicht aus.

Was ist also neu an Imagination?

Neu ist, dass wir die Imagination heute mit den Methoden der Neurobiologie gezielt erforschen. Wir wissen inzwischen relativ genau, was im Gehirn passiert, wenn wir eine Vorstellung vor unserem geistigen Auge entstehen lassen. Heute sehen wir uns in der Lage, diese inneren Bilder gezielt zu steuern und sie für unser Leben nutzbar zu machen. Nicht nur, um unser Wohlbefinden zu erhöhen. Es gibt inzwischen zahllose Belege dafür, dass der gezielte Einsatz von inneren Vorstellungen dabei helfen kann, seelische Traumata aufzulösen, die Seele weiterzuentwickeln, die Kreativität in ungeahnte Höhen zu steigern, außergewöhnliche Kunstwerke zu schaffen, die Leistungsfähigkeit im Sport drastisch zu verbessern, die Motivation zu erhöhen, um auf jeglichem Gebiet Höchstleistungen zu vollbringen, wissenschaftliche Erkenntnisse zu generieren, Zugang zur eigenen Spiritualität zu finden und nicht zuletzt, um das Unbewusste bewusst zu machen und damit zu mehr Ganzheit als Mensch zu finden. Einer der Grundsätze des großen Pioniers der Psychotherapie, Sigmund Freud, lautete: „Was Es war, soll Ich werden." Damit meinte er, dass die Bewusstwerdung unbewusster Anteile, wie Triebe, Ängste, Sehnsüchte oder Wünsche, seelische Störungen heilen oder unsere Entwicklung als Mensch fördern könne.

Einsatzgebiete

Dieses Buch thematisiert die ganze Vielfalt der Anwendungsmöglichkeiten der Imagination als Methode. Selbst außergewöhnliche Bereiche wie etwa der Leistungssport oder die Kunst können uns dabei für unseren Alltag inspirieren. Sollten Sie selbst nach Höchstleistung in Ihrem Beruf streben oder etwas Bestimmtes in Ihrem Leben zur Spitze entwickeln wollen, dann lassen sich die vorgestellten Methoden ohne Schwierigkeiten in jeden Bereich transferieren und nutzbar machen.

Über uns selbst hinauswachsen

Dieses Buch möchte Sie auf eine spannende Reise in das Innere Ihrer Seele einladen. Das Auge des Geistes[18] ermöglicht Ihnen den Blick auf Ihr Unbewusstes und zugleich auf den großen Plan Ihres Lebens.

Wir werden im weiteren Verlauf feststellen, dass innere Bilder, Vorstellungen, Imaginationen, Fantasien und Tagträume ganz alltägliche Begleiter darstellen. Mithilfe der Erfahrungen, die wir aus der Geschichte der Menschheit schöpfen, können wir lernen, diese inneren Bilder gezielter und effizienter zu nutzen. Wir werden uns mit den philosophischen und psychologischen Grundlagen der Imagination vertraut machen und uns nicht zuletzt mit ihrer Neurophysiologie beschäftigen. Denn jeder Gedanke ist zugleich eine Aktivität von Milliarden Nervenzellen mit ihren Abermilliarden Synapsen. Wir wissen heute, dass es sich dabei keineswegs um Hirngespinste handelt, sondern dass jeder Gedanke

[18] Robertson, Ian. The Mind's Eye: The essential guide to boosting your mental, emotional and physical powers. Bantam, London 2011.

unser Gehirn verändert, die Netzwerke von Synapsen stärkt oder schwächt und nicht nur die elektrische Aktivität, sondern sogar die Struktur unseres Gehirns verändert.

Zahlreiche Beispiele zeigen die Möglichkeiten, als Quelle der Inspiration zu dienen und eine Vision für das eigene Leben zu finden. Mit ihrer Hilfe konnten viele Menschen Großes erreichen. Wenn wir lernen, unsere Fantasien, Vorstellungen, inneren Bilder bewusst für uns arbeiten zu lassen, dann helfen sie dabei, über uns selbst hinauszuwachsen.

Gefahren und Risiken

Eine kleine Warnung muss an diesem Orte stehen: Innere Bilder stellen ein sehr starkes Werkzeug dar. Da wir alle ständig innere Bilder verwenden, ist es hilfreich, sich ihre Wirkung bewusst zu machen, um sie gezielter einsetzen zu können. Doch: Wenn Sie an den Folgen eines seelischen Traumas oder an einer ernsthaften psychischen Krankheit leiden, empfiehlt es sich unbedingt, einen in dieser Methode Erfahrenen als Reiseführer ins Boot zu holen: einen Therapeuten, der Sie auf dem Weg in Ihr Unbewusstes begleitet. Denn auf diesem Weg lauern – wie auf jeder Reise – auch Gefahren. Mehr dazu finden Sie in dem Abschnitt über die Kontraindikationen (Gegenanzeigen) im Kapitel V.

Richtig angewendet wartet jedoch eine nie versiegende Quelle von Erkenntnissen und Inspirationen auf Sie, wenn Sie den Mut aufbringen, sich auf die geheimnisvollen Bilderwelten der Seele einzulassen. Sie könnten Territorien in Ihrem Innern kennenlernen, welche weit über Ihre bisher gesteckten Grenzen hinausreichen.

II. Visionen – Erbe der Menschheit

Frühgeschichte: zwischen Tag und Traum

Ich bin zu Hause zwischen Tag und Traum.[19]

Rainer Maria Rilke

Ostafrika, ca. 70.000 Jahre vor unserer Zeit. Eine Gruppe von Menschen lässt sich um ihr gemeinsames Lagerfeuer nieder. Die Milchstraße zieht sich über den unendlichen Sternenhimmel, wo sich langsam der Gebieter der Nacht erhebt, der Mond. Zweige knistern im Feuer, Rauch steigt auf in die Luft, ein rötlicher Schein beleuchtet abgespannte Gesichter. Müdigkeit und Erschöpfung herrschen vor, nach einem langen Tage. Irgendwann ist der letzte Bissen des Nachtmahls verschlungen, die letzte Geschichte zu Ende erzählt, der letzte Gesang verstummt. Den Blick ganz bei den immer kleiner werdenden Flammen, verselbstständigen sich nach und nach die Gedanken; jetzt gewinnen die inneren Bilder Oberhand, in einem Land an der Grenze zwischen Wachen und

[19] Rilke, Rainer Maria. Ich bin zu Hause zwischen Tag und Traum (Gedicht).

Träumen. Jetzt ist die Zeit, da weniger und weniger Reize aus der Umgebung ins Bewusstsein dringen und wo sich die Erlebnisse des Tages vermischen mit dem Nachhall vom Singsang des Schamanen oder von Erzählungen und Mythen, die von den Älteren immer wieder heraufbeschworen werden.

Anfänge

Die Anfänge der inneren Bilder verlieren sich im Dunkel der Frühgeschichte. Menschen, die so aussahen wie wir, traten vor etwa 150.000 Jahren im Osten Afrikas auf den Plan. Doch erst vor etwa 70.000 Jahren begann eine Entwicklung, in deren Zuge sie Kulturen bildeten, Artefakte wie Kleidung, Nadeln, scharfe Klingen, Öllampen oder Boote erfanden und schließlich die großen Wanderungen unternahmen, in deren Verlauf sie sich in wenigen Zehntausend Jahren auf der ganzen Welt ausbreiteten.[20] Mit sich auf die Reise nahmen sie im Gepäck ihr Wissen, ihre Kulturen, Visionen und Mythen. Reste davon lassen sich in unserem modernen Denken nach wie vor aufspüren. Mehr noch: Wir alle tragen die Fähigkeit, in Bildern zu denken, als Erbe unserer menschlichen Vorfahren in uns.

Der Philosoph und Religionswissenschaftler Stephen T. Asma vom Columbia College Chicago meint, die Fähigkeit der Imagination lasse sich in der Evolution bis weit in vorgeschichtliche Zeiten zurückverfolgen. In Wahrheit sei sie deutlich älter als unsere Fähigkeit zur Sprache. Damit besitzen

„[…] unsere bildlichen Vorstellungswelten Zugang zu dem vorsprachlichen, altertümlichen Geist in uns, welcher reich ist an Bildern, Emotionen und Assoziationen. Imagination gehört untrennbar zu unserem Innenleben. Man könnte sogar sagen, sie bilde ein ‚zweites Universum' in unseren Köpfen. Wir erfinden Tiere und Ereignisse, die nicht existieren, wir wiederholen Tatsachen aus der Geschichte mit anderem Ausgang, wir entwerfen soziale und moralische Utopien, wir schwelgen in Fantasie und sind in der Lage, uns vorzustellen, sowohl wie wir in der Vergangenheit gewesen sein könnten, als auch, was aus uns in der Zukunft noch werden könnte.

[20] Harari, Yuval Noah. Eine kurze Geschichte der Menschheit. DVA, München 2013.

Animationskünstler wie Hayao Miyazaki, Walt Disney und die Leute von den Pixar Studios sind Meister der Vorstellungskraft, aber sie kreieren nur eine öffentliche Version von unser aller Innenleben. Wenn man das fantastische Durcheinander im Geiste eines durchschnittlichen fünfjährigen Kindes sehen könnte, dann sähen Star Wars und Harry Potter nüchtern und langweilig daneben aus. Also stellt sich die Frage: Warum gibt es so wenig Untersuchungen unseres Vorstellungsvermögens durch Philosophen, Psychologen und die Wissenschaft?"[21] (Übers. v. Autor)

Denken schon Tiere in Bildern?

Hier stellt sich gleich eine große Frage: Verfügen bereits Tiere über so etwas wie eine visuelle Vorstellungskraft? Diese Frage lässt sich mit an Sicherheit grenzender Wahrscheinlichkeit durch ein klares Ja beantworten. Ein Indiz dafür ist der Gebrauch von Werkzeugen. Zum Beispiel berichtet die Primatenforscherin Jane Goodall über Schimpansen, die Steine verwenden, um Nüsse zu knacken.

Wenn ein Löwe durch die Savanne streunt, dann benutzt er Erinnerungsbilder, um sich in dieser kargen Landschaft zu orientieren. Um erfolgreich zu jagen, ist seine starke visuelle Vorstellungskraft überlebensnotwendig. Seine Erinnerung ermöglicht es ihm, vorauszuahnen, wo sich Beutetiere vermutlich aufhalten. Aufgrund seiner Erfahrung weiß er im Voraus, wie sie reagieren, wenn sie gejagt werden.

Wer die Anatomie des Sehsystems und die Verarbeitung der visuellen Wahrnehmung in den Nervenbahnen des Gehirns studiert, findet schnell heraus, dass sie bei allen höheren Säugetieren auf dem gleichen Bauplan beruhen. Der wesentliche Unterschied zum Gehirn des Menschen besteht darin, dass uns mehr Rechenleistung zur Verfügung steht. Mithilfe der sogenannten Assoziationsareale der Hirnrinde vermögen wir noch komplexere Vorstellungen zu bewältigen als unsere tierischen Verwandten.

Nicht nur das. Bei allen höheren Säugetieren lässt sich der sogenannte REM-Schlaf nachweisen. In dieser Schlafphase zeigen sich

[21] Asma, Steven T. Imagination is ancient. In: aeon Psyche. Digital Journal, Melbourne 2017.

schnelle Augenbewegungen, welche in Verbindung mit einer bestimmten Nervenaktivität stehen. Diese lässt sich durch die Messung der Hirnströme im EEG (Elektroenzephalogramm) nachweisen. Das bedeutet nichts weniger, als dass auch unsere näheren Verwandten im Tierreich träumen. Die Fähigkeit zu träumen ist ein deutlicher Hinweis dafür, dass auch Tiere über ein visuelles Vorstellungsvermögen verfügen.

Auch aus der Verhaltensbiologie gibt es deutliche Indizien, dass Tiere über eine gute visuelle Vorstellungskraft verfügen. Klar, denn warum sollte in der Stammesgeschichte plötzlich ein solcher Sprung auftreten? Aus neurologischer Sicht können wir davon ausgehen, dass die visuelle Wahrnehmung und damit das visuelle Bewusstsein eines Säugetieres eins zu eins dem menschlichen Sehsinn entsprechen. Auch wenn die Tiefe des Verstehens der Welt beim Menschen wohl höher entwickelt sein dürfte.

Frühzeit des Menschen

Das visuelle Vorstellungsvermögen war also bei den Hominiden von Anfang an gegeben. Es trat damit wohl Hunderttausende von Jahren vor dem Sprachvermögen auf den Plan.[22]

Der von uns Heutigen gerne verwendete Begriff „Steinzeit" trifft die Situation nicht ganz. Zwar fanden Werkzeuge und Waffen aus Stein in Form von Klingen oder Faustkeilen breite Anwendung und waren die einzigen Artefakte, welche die Äonen überstanden haben. Doch verfügten die Steinzeitmenschen bereits über eine ausgeklügelte Technologie, welche ihnen das Überleben in der Natur ermöglichte. Sie verwendeten dafür die Materialien, welche die Natur zur Verfügung stellte. Diese verrotteten allerdings innerhalb kurzer Zeit und übrig blieben einige Skelette, Höhlenmalereien und bearbeitete Steine: Ein Beispiel nachhaltiger Technologie! Dies zeigt sich beim Mann aus dem Eis – Ötzi –, der im Jahre 1991 aus seinem eisigen Grab am Hauslabjoch in den Tiroler Ötztaler Alpen wieder auftauchte und den Forschern tiefe Einblicke in die Lebenswelt der Jungsteinzeit ermöglichte. Höhlenmalereien, die etwa ab 40.000 vor unserer Zeit auftauchen, legen

[22] Asma, Stephen T. The Evolution of Imagination. Chicago University Press 2017.

Zeugnis ab von der hohen visuellen Gestaltungskraft und der Vorstellungswelt dieser Menschen.

Damit stellt die Imagination wohl eine der ältesten menschlichen Fähigkeiten dar und eine Möglichkeit, in die tiefsten Bereiche der Seele zu blicken. Wie wir später im Abschnitt über das Gehirn noch sehen werden, liegen die inneren Bilder sehr nahe an unseren Emotionen und ermöglichen damit den Zugang zu unserem Unbewussten.

Der Ursprung der Geschichten

Zeus, Herrscher des Himmels und der Götter, war bekannt für seine zahlreichen Affären. Eines Tages verliebte er sich in Kallisto, die schönste aller Nymphen. Sie zählte allerdings zum Kreis um Artemis, Göttin der Jagd, und war damit zu ewiger Jungfräulichkeit verpflichtet. So nahm der Göttervater die Gestalt der Artemis an und es gelang ihm, sich der Nymphe auf diese Weise widerstandslos zu nähern. Ob er sie verführte oder vergewaltigte, darüber scheiden sich die Geister. Jedenfalls wurde sie schwanger und gebar einen Sohn, Arcas. Schweren Herzens musste sie nun Artemis und ihre Gefährtinnen verlassen. Zu allem Überfluss wurde sie von Hera, der Gattin des Zeus, aus Eifersucht in eine Bärin verwandelt. Ihr Sohn Arcas entwickelte sich mit den Jahren zu einem erfolgreichen Jäger. Es kam, wie es kommen musste, und eines Tages traf Arcas auf seine Mutter, die Bärin. Aus mütterlicher Liebe versuchte sie, ihren wiedergefundenen Sohn zu umarmen. Doch Arcas fühlte sich von dem scheinbar gefährlichen Tier bedroht und schickte sich an, es zu töten. Um dies zu verhindern, entsandte Zeus die einstmals schöne Nymphe Kallisto in den Himmel und verwandelte sie in das Sternbild des Großen Bären. Zugleich machte er Arcas, ihren Sohn, zu dem des Kleinen Bären.[23]

Der Mythologe Julien d'Huy an der Pariser Sorbonne analysiert mithilfe von Computer-Modellen, Statistik und Stammbäumen die

[23] Nach d'Huy, Julien. Spektrum der Wissenschaft: Die Urahnen der großen Mythen In: https://www.spektrum.de/news/anthropologie-die-urahnen-der-grossen-mythen/1376932# (aufgerufen am 19.11.2022).

Mythen und Erzählungen der Völker weltweit. Er zerlegt die Geschichten in ihre kleinsten Bestandteile, sogenannte Mytheme, zum Beispiel „es gibt einen Helden“ oder „der Held ist ein Jäger“. Mithilfe von Stammbäumen, ähnlich wie sie Biologen für die Evolution des Menschen erstellen, lassen sich Erzählstrukturen miteinander vergleichen. Die Forschungen von Julien d'Huy scheinen zu belegen, dass die Menschheit im Zuge ihrer Ausbreitung über unseren Planeten ihre Erzählungen in ihre neuen Heimaten mitnahm, wo sie sich noch heute in jeweils leicht veränderter Form nachweisen lassen. Wie bei mündlicher Wiedergabe von einer Generation zur nächsten zu erwarten, verändern sich die Geschichten im Laufe der Zeit; manche Elemente werden weggelassen, verändert oder überhaupt ganz neu hinzugefügt.

So finden sich die Grundmuster bestimmter Mythen sowohl in der klassischen Literatur des antiken Griechenland als auch bei weit verstreuten Völkern, wie etwa bei den Tschuktschen, einem indigenen Volk im Osten Sibiriens, oder bei den Indianern Nordamerikas.

Die kosmische Jagd[24]

Die Grundstruktur der oben erzählten Geschichte vom Typ „Kosmische Jagd“ lautet: „Ein Jäger verfolgt oder erlegt ein Tier; beide werden zu Sternbildern.“ Sie taucht in Variationen in Nordamerika oder in Afrika auf. Die Irokesen erzählten sich etwa, wie drei Jäger im Herbst einen Bären durch den Wald jagten. Sie verwundeten ihn und sein Blut färbte die Blätter des Herbstwaldes rot, gelb und braun. Schließlich konnte das Tier auf einen Berg entkommen und von dort in den Himmel springen. Gemeinsam mit den Jägern wurde es zum Sternbild des – wie kann es anders sein – Großen Bären. Die schon erwähnten Tschuktschen sahen in dem Sternbild des Orion einen Jäger bei der Verfolgung eines Rentieres.

Die Jagd und der Sternenhimmel bildeten über Hunderttausende Jahre zentrale Themen unserer frühmenschlichen Vorfahren.

[24] Zitiert im Abschnitt: D'Huy, Julien. Spektrum der Wissenschaft: Die Urahnen der großen Mythen. (aufgerufen am 19.11.2022.)

D'Huy und seine Kollegen vermuten, dass die „Kosmische Jagd" sich auf eine Urerzählung zurückführen lässt, welche die Menschen im Zuge ihrer Ausbreitung über den ganzen Planeten mitgenommen haben. Sie muss daher zumindest zurückgehen auf eine Zeit, als noch eine Landbrücke Eurasien und Alaska verband und den frühen Menschen den Fußweg über Sibirien nach Nordamerika ermöglichte. Dieser Landweg bestand zwischen 25.000 und 14.000 v. Chr. – die Beringstraße. Daraus schließen die Forscher, dass sich die Urform der Kosmischen Jagd mindestens so lange zurückdatieren lässt: „Ein Mensch jagt ein großes, Gras fressendes Huftier mit Hörnern. Diese Jagd findet im Himmel statt, oder sie führt die Beteiligten dorthin. Das Tier überlebt und verwandelt sich in das Sternbild des Großen Bären."

Neben diesem Motiv fanden d'Huy und seine Kollegen weitere Erzählungen, die sich sowohl in der griechischen Mythologie als auch bei den Bewohnerinnen verschiedener Kontinente nachweisen lassen. Dazu zählt die klassische Episode des Riesen Polyphem, der Odysseus mitsamt Gefährten in seiner Höhle einschließt, um sie dort nach und nach aufzufressen. Doch der Listenreiche blendet den Riesen, indem er mit seinen Männern einen Pfahl anfertigt, dessen Spitze sie über dem Feuer zum Glühen bringen und dann in das Auge des Zyklopen stoßen. Danach entkommen sie, indem sie sich in das dichte Fell unter dem Bauch der Schafe hängen, während sie der Riese zum Weiden aus der Höhle laufen lässt. Verwandte Erzählungen fand d'Huy in Nordamerika, etwa beim Volk der Schwarzfußindianer, einem Stamm der Algonkin im heutigen Kanada:

„Sie erzählen von einem Raben, der Bisons in eine Höhle einsperrt. Ihrer wichtigsten Nahrungsquelle beraubt und vom Hungertod bedroht, nehmen die Indianer den Vogel gefangen und halten ihn über einen qualmenden Schacht, was das schwarze Gefieder erklärt und zudem an die Rolle des Feuers in der griechischen Sage erinnert. Der Rabe verspricht, die Tiere freizulassen, hält sich jedoch nicht daran (in gewisser Weise hatte auch der Zyklop ein Versprechen gebrochen: das den Griechen heilige Gebot der Gastfreundschaft, an das Odysseus appellierte). Nun verwandelt sich ein Indianer in einen Stab und ein zweiter in einen Welpen.

Die Tochter des Raben empfängt sie und führt sie in die Höhle. Dort verwandeln sich die beiden abermals, der eine in einen großen Hund und der andere in einen Menschen. Sie führen die Bisons ins Freie, doch um dem scharfen Blick des am Eingang wachenden Raben zu entgehen, verstecken sich beide im Fell eines Bisons."

Auch die klassische Geschichte über den Bildhauer Pygmalion, der sich in die von ihm geschaffene weibliche Statue verliebt, sie bekleidet, sie berührt und liebkost, und die von Venus, der Göttin der Liebe, zum Leben erweckt wird, taucht in ähnlicher Form in verschiedenen Kulturen auf. In den 1950er-Jahren wurde das gleichnamige Theaterstück von George Bernard Shaw als erfolgreiches Musical adaptiert. Der kauzige Professor Higgins nimmt sich eines Blumenmädchens von der Straße an. Er erzieht sie zu einer vornehmen Dame, bringt ihr das Idiom der Oberklasse bei und sorgt für Auftreten und Bildung. Damit gewinnt er eine Wette, die er mit seinem Freund abgeschlossen hat, und verliebt sich – nach zahlreichen Komplikationen – schließlich in sie. „Beim Volk der Venda im südlichen Afrika schnitzt ein Mann die Frauenskulptur aus einem Holzblock, die mal durch einen Priester, mal durch einen Gott lebendig wird. Als der Häuptling sie begehrt, wirft der Künstler die Frau zu Boden, wo sie wieder zu Holz wird."

Eine von d'Huy rekonstruierte Urform der Geschichte würde so lauten: „Ein Mann schnitzt aus einem Baumstumpf eine Frauengestalt, um seine Einsamkeit zu durchbrechen. Ein Gott haucht der Skulptur Leben ein, und sie verwandelt sich in eine schöne junge Frau. Sie wird zur Gattin ihres Schöpfers, jedoch gibt es daneben einen zweiten Mann, der sie gerne zur Gefährtin hätte."

Warum brauchen wir Mythen?

Warum, so möchte man fragen, erzählen Menschen einander Geschichten und Mythen, und warum halten sich manche davon so hartnäckig über die Jahrtausende? Nun – der Mensch als sprachbegabtes Tier versucht, sein Leben, seine Umgebung, die Welt, in der er lebt, zu verstehen. In Geschichten verpackte Erfahrungen bieten Erklärung, Anleitung zum Handeln, Wissen zum Überleben und sozialen Kitt.

Der Weg des Schamanen

Komm, Baby, entzünde mein Feuer.[25]

Jim Morrison

Die psychedelische Welle der späten 1960er-Jahre rückte veränderte Bewusstseinszustände in das Zentrum des Interesses einer neu entstehenden Jugendkultur. Jim Morrison, Poet und Sänger der populären Rockband The Doors, schien bei seinen legendären Auftritten Urkräfte zu entfesseln. Morrison behauptete, der Geist eines bei einem Autounfall verstorbenen Indianers habe von ihm Besitz ergriffen, und so mancher hielt ihn damals für einen Schamanen.

Ende der 1960er-Jahre erschienen die ersten Bände des amerikanischen Ethnologen Carlos Castaneda[26], der seine Lehrzeit bei dem mittelamerikanischen „Zauberer" Don Juan Matus in romanhafter Form darstellte. Zwar gilt die Authentizität seiner Bücher nach wie vor als umstritten, doch erweckte Castaneda ein starkes Interesse an anderen, innerseelischen Wirklichkeiten. Viele, die sich in unserer nüchtern abgeklärten Welt des rationalen Buchstabenwissens nicht ganz zu Hause fühlen, finden in seinen Büchern noch heute die Verheißung einer Welt jenseits eines profanen Alltagsbewusstseins.

Damals machten sich Anthropologen auf den Weg, die verschiedenen Erscheinungsformen des Schamanismus bei indigenen Völkern zu untersuchen. Einer von ihnen war Michael Harner. Als junger Absolvent der University of California, Berkeley, betrieb er Feldforschungen in einem Dorf der Conibo im östlichen Amazonasgebiet Perus. Um die Möglichkeiten der Bewusstseinsveränderung aus erster Hand zu studieren, ließ er sich in die dortige Praxis des Schamanismus einweihen. Ethnologen nennen dies „teilnehmende Beobachtung". In seinem Standardwerk „Der Weg des Schamanen" berichtete Harner von seinen ersten

[25] The Doors. Light my fire. (Song). USA 1967.
[26] Castaneda, Carlos. Die Lehren des Don Juan: Ein Yaqui-Weg des Wissens. Fischer, Frankfurt am Main 1988.

Erfahrungen mit der halluzinogenen Droge Ayahuasca, mit deren Hilfe er „erstaunlich reale, unbekannte Welten kennenlernte". In weiterer Folge studierte und verglich er Hunderte Spielarten des Schamanismus und stellte verblüffende Gemeinsamkeiten fest. Insbesondere, dass bewusstseinsverändernde Pflanzen nur zum kleineren Teil eingesetzt wurden und dass mithilfe von durch Trommeln oder Rasseln erzeugten Rhythmen ähnlich außergewöhnliche Effekte erzielt werden können.

„Bei unserer nächtlichen Arbeit mit verändertem Bewusstsein lernte ich viel über die anderen Welten der Schamanen, vor allem, dass man in ihnen mitfühlende spirituelle Kräfte finden und sich mit ihnen vereinigen kann, um Kranke zu heilen und Leiden in dieser Welt zu lindern. Ich erlernte auch Techniken schamanischer Divination/schamanischen Sehens, Methoden, um auf schwierige Fragen spirituelle Antworten zu erhalten."[27]

So stellte Harner Gemeinsamkeiten zwischen den Schamanismen weltweit fest und versuchte, einen gemeinsamen Kern herauszudestillieren. Er distanzierte sich von der Verwendung von Drogen, aufgrund der möglichen schädlichen Nebenwirkungen, und verwendete stattdessen den rhythmischen Klang von Trommeln. Er entdeckte, dass die Verwendung einer Frequenz von vier bis sieben Schlägen pro Sekunde die effektivste darstellte.

Aus neurologischer Sicht wird diese Frequenz von den Nervenzellen im Innenohr aufgenommen und über den Hörnerv zum Gehörzentrum des Großhirns weitergeleitet. Eine solche – von außen gesteuerte – rhythmische Aktivität der Nervenzellen nennt man „sonic driving". Eine ähnliche Methode der Verwendung von rhythmischen Lichtimpulsen setzen Nervenärzte in der alltäglichen Untersuchung der Hirnströme mittels EEG ein, das sogenannte „photic driving", welches sich in den abgeleiteten Signalen ablesen lässt. Eine solche rhythmische Aktivität von Nervenzellen dürfte dazu beitragen, dass es zum Eintreten einer Trance kommt. Jeder, der eine Techno-Disco aufsucht, erfährt ähnliche Effekte.

---

[27] Harner, Michael. Der Weg des Schamanen: Das praktische Grundlagenwerk des Schamanismus. Heine, München 2013.

Schamanismus

Der Begriff „Schamanismus" entstammt der Sprache der Evenken (früher Tungusen), einer weit verstreuten Volksgruppe in einer Region größer als Europa, welche Teile Sibiriens, der Mongolei und Chinas umfasst. Er fand dann über das Russische Eingang in die Begriffswelt der Völkerkunde. Mircea Eliade schreibt:

„Der Schamane ist zugleich Medizinmann, Priester und Totenführer, das heißt er übt die Heilkunst, regelt die öffentlichen Opfer an die Himmelsgötter und geleitet die Seelen der Verstorbenen ins Jenseits. Voraussetzung dafür ist seine Ekstasetechnik, das heißt die Fähigkeit, den Körper nach Willen zu verlassen und im Geiste weite Reisen zu unternehmen: zum Himmel, in die Meerestiefen oder in die Unterwelt, wobei die (vorgetäuschte oder echte) schamanische Trance als zeitweises Verlassen des Körpers durch die Seele betrachtet wird. Der Schamane hat als der eigentliche Ekstasespezialist zu gelten."[28]

Die Position des Schamanen in seiner jeweiligen Gemeinschaft scheint eine besonders privilegierte (gewesen) zu sein:

„In dieser Person sind zahlreiche, in der ‚Moderne' bereits differenzierte Positionen wie Arzt bzw. Heiler, Mystiker, Sozialarbeiter, Performancekünstler usw. vereint. Die Rolle des Schamanen auf einen Heiler oder gar Zauberer oder individuellen Spiritualisten zu reduzieren wäre verfehlt."[29]

Schamanismen

In unserer Zeit sollten wir vielleicht eher von „Schamanismen" sprechen, um die vielfältigen Ausprägungen der Ekstasetechniken traditioneller Kulturen zu bezeichnen. Zu verschiedenartig zeigen sie sich in den Erkenntnissen der Völkerkunde. Doch was verbindet alle diese Techniken? Michael Harner fasste sie in seinem Konzept des „Core-Schamanismus" zusammen. Er postulierte einen Kern an Gemeinsamkeiten, der sich in schamanischen Kulturen weltweit erkennen ließe. Dies wiese auf einen gemeinsamen

[28] Eliade, Mircea. A. a. O.

[29] Kleinod, Michael. Schamanismus und Globalisierung. Essay im Rahmen des Seminars „Kulturelle Globalisierung und Lokalisierung" (Ethnologie). Universität Trier. 2005.

Ursprung und eine Tradition hin, welche die Menschheit bei ihrer Ausbreitung auf dem Planeten mit sich genommen hätte, ähnlich der Ausbreitung von Mythen und Erzählungen, wie oben beschrieben. Alternativ könnten sich derartige Methoden auch spontan an verschiedenen Orten entwickelt haben, weil sie grundlegende Eigenschaften und Möglichkeiten des menschlichen Gehirns widerspiegeln. Harner versuchte in seiner Arbeit, diesen gemeinsamen Kern herauszuschälen; er machte ihn zugänglich und anschaulich, indem er seine Schülerinnen und Schüler schamanische Bilderwelten selbst erleben ließ.

Ob es sich bei einer solchen Herangehensweise tatsächlich um authentischen Schamanismus handelt oder vielmehr um eine Neukreation aus westlicher Perspektive, darüber dürfen wir die Anthropologen getrost streiten lassen. Tatsache scheint jedoch zu sein, dass Harner und seine Mitarbeiter von verschiedenen schamanischen Kulturen eine grundlegende menschliche Fertigkeit gelernt und übernommen haben: das Vermögen, in Bildern zu denken und durch die gezielte Arbeit mit diesen inneren Bildern seelische Entwicklungsprozesse auszulösen.

Gemeinsamkeiten

Die schamanische Reise steht laut Michael Harner im Mittelpunkt. Sie beginnt, indem der Reisende in eine Trance eintritt. Diese kann auf verschiedenste Weisen herbeigeführt werden, insbesondere durch Drogen, rhythmische Musik oder Gesänge. Der Neo-Schamanismus greift bevorzugt auf Trommeln zurück, da das Schlagen der Trommel – im Gegensatz zu Rauschmitteln – keine gefährlichen Komplikationen mit sich bringt. Im Zuge dieser Trance verlässt die Seele den Körper und begibt sich in eine der drei Welten: die Unterwelt, die Mittlere Welt oder die Oberwelt, welche eine zentrale Achse verbindet. Anklänge an solche ursprünglichen Vorstellungen finden sich in den verschiedensten Religionen, bis hin zum Christentum mit seinen Jenseitsmodellen von Himmel und Hölle. Jedenfalls trifft die reisende Seele auf verschiedene Geistwesen, mit welchen sie in Kontakt tritt: Das Totem in Form eines Tieres (zum Beispiel eines Elchs, Büffels oder

Adlers) oder diverser Helfergestalten. Bei uns in Europa kennen wir aus der Zeit des finsteren Mittelalters noch die Vorstellung vom „Hexenflug", wo die Hexe angeblich auf ihrem Besen sitzend weite Reisen unternehmen konnte; vermutlich eine dem schamanischen Flug verwandte Methode. Aus heutiger, wissenschaftlicher Sicht bedienten sich die Schamanen wohl der – ihnen und allen Menschen zugänglichen – Fähigkeit der Imagination.

Ein wesentlicher Unterschied zwischen der Seelenreise im Schamanismus und der heute eingesetzten Therapieformen liegt in der Tatsache, dass im Rahmen des schamanischen Fluges nur der Schamane in eine andere Wirklichkeit reist, nicht aber seine „Patienten". Heutige Verfahren erlauben es gerade den Patienten, mit Bildern in die andere Wirklichkeit ihres seelischen Innenraumes zu gelangen.

Die moderne Psychotherapie verwendet in der Imagination analoge Bilder, wie etwa den Eingang in eine Höhle (als Tor zur Unterwelt), Landschaften wie die berühmte grüne Wiese, den Meeresstrand oder das „Wasser des Lebens" (in etwa entsprechend der Mittleren Welt), den Lebensbaum (als zentrale Achse) oder den Flug (der Weg in die Obere Welt). In ähnlicher Weise entdeckte C. G. Jung die Vorstellung des Abstieges über die Treppe des Kellers in seinem Hause, um in die Welt seines Unbewussten zu gelangen.[30]

Das Erbe des Schamanen

Was lehrt uns das Studium der verschiedenen Spielarten des Schamanismus? Dass die Beschäftigung mit unseren inneren Bildern zum seelischen Inventar des Menschen gehört. Von den Anfängen in der ostafrikanischen Savanne bis zu den Weisen und Mystikern der Hochreligionen, von der Planung der nächsten Jagd auf die Bisonherde mithilfe der Vorstellungskraft über das uns allen bekannte bildliche Erinnerungsvermögen und unsere Tagträume spannt sich der Bogen bis zur gezielten Imagination im Coaching von Sportlern und in der Psychotherapie. Die moderne Wissenschaft belegt, dass es sich dabei um messbare Vorgänge in

[30] Jung, Carl Gustav. Erinnerungen, Träume, Gedanken. Patmos, Ostfildern 2018.

unserem Gehirn handelt. Wir glauben nicht mehr an transzendente Welten, in denen wir Geisterwesen begegnen – die gängige Interpretation derartiger Phänomene über die Jahrhunderttausende. Vielmehr lehrt uns die Wissenschaft, dass wir mithilfe der inneren Bilder die Verbindungen zwischen unseren Nervenzellen verändern und darüber ganz neue neuronale Netzwerke aufzubauen vermögen.

So entwickelt sich durch die Verbindung der Forschung von Pionieren wie Sigmund Freud und C. G. Jung mit der modernen Neurophysiologie aus einer uralten Psychotechnik von Schamanen – der Suche nach Visionen – ein starkes und wissenschaftlich belegbares Werkzeug der modernen Psychotherapie.

Gott – Die größte aller Imaginationen

Ach, ihr Brüder, dieser Gott, den ich schuf,
war Menschen-Werk und -Wahnsinn, gleich allen Göttern![31]

Friedrich Nietzsche

Das Dao, das genannt werden kann, ist nicht das ewige Dao.
Der Name, der genannt werden kann, ist nicht der ewige Name.[32]

Lao Tsu

Imagination und Religion sind untrennbar miteinander verbunden. Egal, ob wir vom Standpunkt des Gläubigen oder von der Warte des Atheisten ausgehen. Am Anfang jeder Religion stehen Bilder, welche die im Geiste vorgestellten Manifestationen des Numinosen darstellen. Diese finden in unzähligen Abbildungen ihren Ausdruck: Vom 40.000 Jahre alten Löwenmenschen[33], einer

[31] Nietzsche, Friedrich. Also sprach Zarathustra. S. 35. dtv, München 2020.
[32] Mitchell, Stephen. Tao Te Ching: Lao Tsu. Vers 1. (dt. Übers. v. Autor). Frances Lincoln Ltd., London 1999.
[33] MacGregor, Neil. Leben mit den Göttern: Die Welt der Religionen in Bildern und Objekten. C. H. Beck, München 2020.

hybriden Figur, aus dem Stoßzahn eines Mammuts gefertigt, der 1939 in einer Karsthöhle der Schwäbischen Alp entdeckt wurde, bis hin zum Deckenfresko der Sixtinischen Kapelle, wo ein alter Mann mit weißem Haar Adam symbolisch seinen Zeigefinger entgegenstreckt. Einige der größten Kunstwerke der Menschheit sind entstanden in der Auseinandersetzung des Individuums mit dem Erhabenen, mit der letztlich für uns Sterbliche nicht fassbaren Transzendenz. Allerdings entwickelte sich die Vorstellung des Göttlichen im Laufe der Jahrtausende weiter und wurde immer abstrakter, bis hin zu den Religionen der Moderne, in denen ein strenges Verbot besteht, Abbilder Gottes anzufertigen. Zu Recht: Wie sollten menschliche Bilder dem Urprinzip des Seins jemals gerecht werden?

Ein brennender Dornbusch

Moses gilt in der jüdisch-christlichen Tradition als der Prophet, der das jüdische Volk aus seiner Unterjochung im Reich des Pharaos befreite und durch das Tote Meer, das sich vor ihm teilte, durch die Wüste, über die Halbinsel Sinai, ins gelobte Land führte. Dorthin, „wo Milch und Honig überfließen“. Eine Reise, die nach der Überlieferung 40 Jahre dauerte. Moses wird auch im Islam verehrt, und zwar unter dem Namen Mūsā. Als einer von wenigen Auserwählten erhält Moses direkte Anweisungen von seinem Gott, dem Herrn.

Von der zentralen Begegnung Moses mit dem Göttlichen wird in dem Buch Exodus, dem zweiten der fünf Bücher Mose berichtet: Als der junge Moses die Herde „seines Schwiegervaters, des Priesters von Midian“, weidete, kam er an den Horeb, welcher in der Bibel als der „Berg Gottes“ bezeichnet wird.

„Da erschien ihm der Engel des HERRN in einer Feuerflamme mitten aus dem Dornbusch. Und er sah hin, und siehe, der Dornbusch brannte im Feuer, und der Dornbusch wurde nicht verzehrt. Und Mose sagte sich: Ich will doch hinzutreten und diese große Erscheinung sehen, warum der Dornbusch nicht verbrennt. Als aber der HERR sah, dass er herantrat, um zu sehen, da rief ihm Gott

mitten aus dem Dornbusch zu und sprach: Mose! Mose! Er antwortete: Hier bin ich. Und er sprach: Tritt näher heran! Zieh deine Sandalen von deinen Füßen, denn die Stätte, auf der du stehst, ist heiliger Boden! Dann sprach er: Ich bin der Gott deines Vaters, der Gott Abrahams, der Gott Isaaks und der Gott Jakobs. Da verhüllte Mose sein Gesicht, denn er fürchtete sich, Gott anzuschauen. Der HERR aber sprach: Gesehen habe ich das Elend meines Volkes in Ägypten, und sein Geschrei wegen seiner Antreiber habe ich gehört; ja ich kenne seine Schmerzen. Und ich bin herabgekommen, um es aus der Gewalt der Ägypter zu retten und es aus diesem Land hinauszuführen in ein gutes und geräumiges Land, in ein Land, das von Milch und Honig überfließt […].“[34]

Lesarten

Es gibt zwei Arten, diese Erzählung zu verstehen: Die traditionelle Variante lautet, dass Gott direkt mit seinem Propheten Verbindung aufnahm, um ihn seines Auserwähltseins zu versichern, sich ihm zu offenbaren und ihm den Auftrag für den Auszug mit seinem Volk aus Ägypten zu erteilen. Es gibt aber zumindest eine zweite mögliche Lesart. Der Psychologe C. G. Jung ging davon aus, dass biblischen Geschichten, die von göttlichen Erscheinungen, Visionen und Offenbarungen handeln, reale Erlebnisse der Protagonisten zugrunde liegen, wenn auch im Laufe der Jahrhunderte und Jahrtausende erweitert, verfälscht oder abgewandelt. Jung meinte, dass diese berichteten Erscheinungen im Prinzip auf etwas beruhen, das wir in heutiger Zeit als Imagination bezeichnen würden.[35] Wenn wir der Auffassung Jungs folgen, dann verfügten die Protagonisten dieser biblischen Geschichten über eine hoch entwickelte Vorstellungskraft. Allgemein begegnen wir in alten Schriften immer wieder Schilderungen von Träumen, welche als inspiriert durch eine höhere Macht verstanden wurden. Wobei sich der Unterschied zwischen einer Halluzination[36], einem

[34] Elberfelder Bibel. Ex 3,1 – Ex 4,17. SCM, Witten 2020.
[35] Dorst, Brigitte; Vogel, Ralf T. Aktive Imagination: Schöpferisch leben aus inneren Bildern. S. 26, 27. Kohlhammer, Stuttgart 2014.
[36] Davies, Jim. Imagination: The Science of Your Minds Greatest Power. S. 107. Pegasus, New York 2019.

Nachttraum und einer Imagination im Wachzustand nicht immer so genau festlegen lässt.

Ein klassisches Beispiel dafür ist der Traum Jakobs, laut der Heiligen Schrift Enkel des Urvaters Abraham. Auf der Flucht vor seinem Zwillingsbruder Esau bettete er seinen Kopf im Freien zum Schlafen auf einen Stein. Da zeigte sich ihm vor seinem inneren Auge eine Leiter zum Himmel mit Engeln, die auf- und abstiegen.

Der Kanon der Bibel endet mit der Apokalypse des Johannes. Ein überwältigendes Epos, voll von Bildern, die beim Lesen Gänsehaut hervorzurufen vermögen: das Buch mit sieben Siegeln, das Tier, die Hure Babylon usw. Der großen Vision des Johannes liegt eine Wucht inne, die auch uns Heutige noch in ihren Bann zieht.

Nachdem in biblischen Zeiten die modernen Begriffe über die Abläufe in unserem Gehirn noch nicht zur Verfügung standen: Was lag näher als das, was die großen Propheten der Heiligen Schrift vor ihrem inneren Auge gesehen haben, als göttliche Eingebungen zu interpretieren? Zugegeben: Manche streng Gläubige werden der Argumentation Jungs nicht folgen und an der eingangs geschilderten Deutung festhalten wollen – dem vermeintlichen Eingreifen eines real existierenden Gottes in das Weltgeschehen. Vielleicht verfügte ein mit Gesichten und Visionen ausgestattetes Weltbild in gewisser Weise über ein Mehr an psychologischer Tiefe als unsere moderne, prosaische Sicht der Dinge. Was aber sollte uns daran hindern, heute einen Teil dieses inneren Reichtums durch gezielte Imagination wieder für uns zurückzugewinnen? Denn wenn wir C. G. Jungs Argument folgen, ergibt sich für uns heute lebende Menschen ein großer Vorteil: Dann gehören die religiösen Erfahrungen der großen Propheten und Mystiker nicht nur einigen wenigen Auserwählten; dann steht diese Quelle der Einsicht, vielleicht sogar religiöser Erfahrung, uns allen zur Verfügung!

Mystiker und Weise nutzen diese Ressource seit Jahrtausenden. Der aus Spanien stammende junge Ignatius von Loyola war ursprünglich am spanischen Hof zum Caballero erzogen worden, zum Adeligen, zum Krieger. Eine schwere Verletzung durch eine Kanonenkugel zwang ihn zu einer längeren Rekonvaleszenz.

Während dieser erzwungenen Pause beschäftigte er sich der Legende nach intensiv mit religiöser und spiritueller Literatur. Loyola sollte zum Begründer des weltumspannenden und mächtigen Ordens der Jesuiten werden. Ignatius entwickelte zahlreiche geistige Übungen[37] für seine Mönche, aber auch für Laien, in denen er systematisch Imaginationen über religiöse Inhalte einbaute. Insbesondere empfahl er, sich Stellen aus der Heiligen Schrift bildlich vorzustellen. Als eine weitere Möglichkeit schlug er vor, den Blick Gottes auf die Welt zu imaginieren. Das Ziel dieser Übungen lag darin, sich mit allen inneren Sinnen der Vorstellung des Göttlichen zu nähern und damit den Glauben zu vertiefen.

Die imaginative Wende

Was, wenn die heute vielfach verkopfte und überintellektualisierte Theologie die uralten Techniken religiöser Imagination wiederentdecken würde? Welche neuen Möglichkeiten würden sich auftun, welch inneren Reichtum könnten wir finden? Auf welche sinnlich erfahrbaren Welten dürften wir stoßen, wenn wir über die Nüchternheit bloßer Auslegung von überlieferten Texten hinausgehen?

Tatsächlich arbeiten einige fortschrittliche Theologinnen bereits daran, solche alten Techniken wieder mit Leben zu erfüllen. Gerade in Deutschland beginnen junge Forscherinnen, die Imagination als Quelle religiöser Erfahrung zu entdecken. Inzwischen eröffnet sogar ein eigener Forschungszweig neue Perspektiven, eindrucksvoll nachzulesen in dem 2015 erschienenen Sammelband „Religion – Imagination – Ästhetik. Vorstellungs- und Sinneswelten in Religion und Kultur“, herausgegeben von Lucia Traut und Annette Wilke. „Keine Religion ohne Imagination“ lautet die These der beiden Forscherinnen: Die Vorstellungskraft sei letztlich unverzichtbarer Bestandteil bei jedem religiösen Erlebnis. Imagination trage

[37] Loyola, Ignatius von. Geistliche Übungen: Nach dem spanischen Autograph. (Übers. v. Peter Knauer). Echter, Würzburg 2008.

„[...] maßgeblich dazu bei, in den religiösen Vorstellungs- und Sinneswelten das biologische Leben und die Welt der Alltagsroutinen zu überschreiten und von der ‚Alltagswelt' in die ‚religiöse Welt' überzuwechseln. Imagination ermöglicht aber ebenso, Immanentes und Transzendentes, Alltagswirklichkeit und religiöse Wirklichkeit zugleich präsent zu halten und aufeinander zu beziehen, ja, zu verschmelzen und so dem Alltagsleben einen religiösen Sinn zu verleihen. Aus diesen Gründen wird die Vorstellungskraft in den Religionen auch oft explizit und bewusst als religiöse Technik eingesetzt, zum Beispiel in Meditationen oder Visualisierungen. Sie ist letztlich jedoch bei jedem religiösen Vollzug implizit beteiligt."[38]

Die Autorinnen unterstreichen außerdem, dass „Bilder, Farben und Arrangements" machtvolle Medien darstellen und solche Symbole als Verstärker eingesetzt werden können, welche die Inhalte der Imaginationen steuern und anregen.

Spontane religiöse Symbole

Immer wieder berichten Imaginanden, dass in ihren Vorstellungswelten spontan religiöse Symbole auftauchen: Lichtgestalten, das Auge Gottes, das Labyrinth, der Tunnel hin zum Licht, der Schlüssel usw. Eine solche Aufzählung ließe sich nach Belieben fortsetzen. Dies bemerkte zuerst der große Pionier der psychologischen Imagination C. G. Jung.[39]

In seiner Arbeit mit seelisch leidenden Menschen entdeckte der Psychiater, dass die Seele im Rahmen der Imagination, aber auch bei Träumen und sogar im extremen Zustand der Psychose spontan Bilder religiösen Inhaltes hervorbringt. Die menschliche Seele sei von Natur aus „religiös". Jung vermutete sogar, dass ein „Abweichen von dieser ihrer Grundnatur [...] Ursache zahlreicher Neurosen" sei, insbesondere in der zweiten Lebenshälfte. Jung schrieb in seiner gemeinsam mit Aniela Jaffé verfassten Autobiografie „Erinnerungen, Träume, Gedanken":

[38] Traut, Lucia; Wilke, Annette. Religion – Imagination – Ästhetik: Vorstellungs- und Sinneswelten in Religion und Kultur (Critical Studies in Religion/Religionswissenschaft (CSRRW) 7). S. 18. Vandenhoeck & Ruprecht, Göttingen 2015.
[39] Jung, Carl Gustav. A. a. O. S. 12.

„Ich finde, dass alle meine Gedanken um Gott kreisen, wie die Planeten um die Sonne und wie diese von ihm als der Sonne unwiderstehlich angezogen sind. Ich müsste es als größte Sünde empfinden, wenn ich dieser Gewalt Widerstand entgegensetzen sollte.“[40]

Der Sohn eines Theologen berichtete von seiner persönlichen Erfahrung Gottes. Er machte jedoch klar, dass der menschlichen Seele aus Sicht der Erkenntnistheorie immer nur ein „Gottesbild“, also so etwas wie eine blasse Vorstellung, zugänglich sei und wir Menschen diese Grenze nie zu überschreiten vermögen.

Auch der Theologe und Begründer der „Wertimagination“, Uwe Böschemeyer, setzt in seinen Seminaren immer wieder religiöse Bilder als Ausgangspunkt für Imaginationen ein. Dies kann zu so etwas wie authentischer religiöser Erfahrung führen.[41] So mancher fand schon über die Imagination religiöser Zeichen, Bilder und Geschichten zu seinem Glauben zurück.

Warum Religion?

Schon der Pionier der Psychologie, William James, Ende des 19. Jahrhunderts Professor an der Harvard University, stellte fest, dass veränderte Bewusstseinszustände zum Menschen gehören:

„Keine Betrachtung des Universums kann abschließend sein, die diese anderen Bewusstseinsformen ganz außer Betracht lässt. Wie sie zu betrachten sind, ist die Frage – denn sie sind durch einen Abgrund vom normalen Bewusstsein getrennt. Dennoch können sie unser Verhalten bestimmen, obwohl sie keine Formeln zu bieten haben; sie können uns Regionen erschließen, obwohl sie uns keine Karten liefern können. Auf jeden Fall verbieten sie einen voreiligen Abschluss unserer Rechnung mit der Realität.“[42]

Allerdings hielten Schamanen und Priester die Fähigkeit des Menschen, in vorgestellte Traumwelten zu dringen und dort mit imaginären Wesen zu kommunizieren, über Jahrtausende für ein

[40] Jung, Carl Gustav. A. a. O. S. 13.
[41] Böschemeyer, Uwe. Gottesleuchten: Begegnungen mit dem unbewussten Gott in unserer Seele. Kösel, München 2007.
[42] James, William. Die Vielfalt religiöser Erfahrung: Eine Studie über die menschliche Natur. S. 391. Verlag der Weltreligionen, Berlin 2014.

reales Phänomen, für eine Art Seelenflug oder Himmelsreise.[43] Dazu hält schon Mircea Eliade fest:

„Dieser Seelenmythus enthält keimhaft eine ganze Metaphysik der Autonomie und geistigen Freiheit des Menschen, und hier liegt der Ausgangspunkt für die frühesten Spekulationen über das freiwillige Verlassen des Körpers, die Allmacht der Intelligenz und die Unsterblichkeit der menschlichen Seele."[44]

Religionen stellen ein ubiquitäres Phänomen dar. Keine der uns bekannten Kulturen kommt ohne eine Form von Vorstellung einer Verbindung mit dem Transzendenten aus. Eine zentrale Frage des Menschen und der Theologie lautet daher: Warum gibt es überhaupt Religionen und was sind ihre Funktionen? Philosophen spekulieren seit Jahrtausenden darüber. Daniel Dennett, seines Zeichens einer der einflussreichsten Denker der Gegenwart, erforscht „Religion als natürliches Phänomen" und stellt sich damit bewusst gegen uralte Tabus, sich Glaubensvorstellungen mit dem kritischen Verstand zu nähern.[45]

Ganz ähnlich der lange Jahre in Graz lehrende Philosoph und Mitbegründer der Weltanschauungsanalyse Ernst Topitsch, der den Versuch unternahm, sich dem Phänomen Religion zu nähern wie ein Psychoanalytiker der menschlichen Seele. Er unterschied drei wesentliche Aufgaben der Religion: den Gewinn von Information über die Welt, konkrete Anleitungen für das Verhalten und nicht zuletzt die Stabilisierung des Gefühlslebens gegenüber dem „Druck der Realität", dem wir Menschen uns ausgesetzt sehen.

Topitsch entging zugleich nicht die politische Dimension von Religion, die seit Jahrtausenden als Herrschaftsinstrument und Machtmittel fungiert. So ließen sich seit Urzeiten geschickt irdische Herrschaftsverhältnisse legitimieren, indem mithilfe von religiösen Vorstellungen ein ganzes Königreich mitsamt seinen Heerscharen hinauf in den Himmel projiziert wurde. Von dort konnte es jederzeit als überirdisches Vorbild dienen, um das auf

---

[43] Topitsch, Ernst. Erkenntnis und Illusion: Grundstrukturen unserer Weltauffassung. S. 72. Hoffmann & Campe, Hamburg 1979.

[44] Eliade, Mircea. In: Ernst Topitsch. A. a. O. S. 72.

[45] Dennett, Daniel. Den Bann brechen: Religion als natürliches Phänomen. Verlag der Weltreligionen, Frankfurt am Main 2008.

der Erde bestehende System eines angeblich von Gott selbst eingesetzten Königs mitsamt seinen Beamten, Soldaten und Untertanen zu legitimieren. Sah sich nicht sogar Karl I., der letzte Kaiser der österreichischen Doppelmonarchie, der 1918 abdanken musste, als Herrscher von Gottes Gnaden?

Die Sicht der modernen Psychologie legt folgende Gedanken zur Existenz von religiösen Vorstellungen nahe: Der menschliche Geist stellt so etwas wie eine Erklärungsmaschine dar. Die Fähigkeit unseres Verstandes ist so hoch entwickelt, dass wir bei allen natürlichen Phänomenen nach ihren wahren Ursachen suchen. Als es noch keine wissenschaftliche Einsicht gab, zum Beispiel den Ursprung der Welt betreffend, blieb nichts anderes übrig, als nach einer Erklärung im Mythos zu greifen. Eine höhere Macht, traditionell Gott genannt, greift ein, erschafft Himmel und Erde, die Lebewesen und als Krone der Schöpfung schließlich den Menschen. Was erst Mythos war, bildet den Ausgangspunkt für weiteres Nachdenken, wird im Laufe der Jahrtausende immer wieder hinterfragt, genauer durchdacht, gemessen am Erkenntnisstand der jeweiligen Epoche, und schließlich landen wir bei der modernen Wissenschaft.

99 Namen Gottes

Im Islam gibt es eine Tradition, die von den „99 Namen Gottes“[46] oder „Allahs schönen Namen“ spricht. Darunter der Allwissende, der Allbarmherzige usw. Letzten Endes aber kann Gott wohl keinen Namen besitzen – Namen sind Menschenwerk. Die Gottesvorstellung der modernen abrahamitischen Religionen ist bereits so fortgeschritten und abstrakt, dass die Größe ihres Gottes jede menschliche Vorstellungskraft übersteigt und damit natürlich auch keinen Namen haben kann. Derselbe Gedanke steht im Wesentlichen hinter dem Bilderverbot aller modernen Religionen. Dieses findet sich zum Beispiel in den Zehn Geboten: „Du sollst dir kein Bildnis von Gott machen.“ Weil alle Vorstellungen, die wir uns von Gott machen können, grundsätzlich falsch sein müssen. Deshalb sind in islamischen Moscheen keine Darstellungen des Göttlichen oder des Propheten vorhanden.

[46] Steindl-Rast, David. 99 Namen Gottes: Betrachtungen. Tyrolia, Innsbruck 2019.

Reiter der Apokalypse

Berichte über Erscheinungen Gottes in der Welt durchziehen die Heilige Schrift, die Bibel. Eine besonders ausführliche Vision findet sich in ihrem letzten Buch, der Offenbarung des Johannes. Insbesondere der Kinohit „Das Omen“ aus dem Jahr 1976 und dessen Remake 2006 rückten vor allem bei jungen Menschen ein Motiv aus dem apokalyptischen Buch in den Fokus der Aufmerksamkeit. Die Mutter des Protagonisten Damien entdeckt auf dem Hinterkopf ihres schlafenden Sohnes die Zahl „666“ in Form eines Muttermales. Der Schrecken nimmt daraufhin seinen Lauf. Johannes von Patmos reiht in der biblischen Schilderung seiner Apokalypse eine Folge außerordentlich starker Bilder aneinander, die sprichwörtlich geworden sind. Dazu zählen: Das Buch mit sieben Siegeln, die vier Reiter der Apokalypse, die Zahl 666 als die Zahl des Tieres, die sieben Posaunen, das Tausendjährige Reich, das Neue Jerusalem. Diese Vielfalt erinnert mit ihrer visuellen Kraft an Bilder, die auch in heutigen Imaginationen immer wieder auftauchen.

Unzählige weitere Beispiele lassen sich in der Bibel finden. Dabei sei nur an die Visionen der Propheten Hesekiel und Daniel erinnert. Beide berichten unter anderem über Bilder von Gott und einem himmlischen Wagen auf Rädern, der von Engeln begleitet wird.

Wer den Film „Nostradamus“ aus dem Jahr 1994 gesehen hat, kann die Entstehung solcher inneren Bilder nachvollziehen: Michel de Nostredame, seines Zeichens Apotheker, Heiler und Seher, der sich nächtens immer wieder in ein abgeschiedenes Zimmer zurückzieht und von Visionen über Kriege und Naturkatastrophen heimgesucht wird. Er veröffentlichte zu seinen Lebzeiten regelmäßig Almanache mit Weissagungen, deren Bilderreichtum an Visionen oder Imaginationen erinnert. Zumindest teilweise dürfte er sich aber auch aus den Schriften anderer Seher oder Astrologen als Quelle seiner in Form von Vierzeilern verfassten Prophezeiungen bedient haben.

Auch die deutsche Äbtissin und Mystikerin Hildegard von Bingen erlebte Zeit ihres Lebens mächtige Visionen, die sie in Werken wie „Scivias“ (Abkürzung für das lateinische „Sci vias domini“

– „Wisse die Wege des Herrn“) ausführlich schilderte.[47] Oliver Sacks, der amerikanische Neurologe und Autor von einflussreichen Büchern wie „Die Frau, die ihren Mann mit einem Hut verwechselte“, interpretierte die von der Heiligen Hildegard beschriebenen Lichterscheinungen als die typischen visuellen Phänomene einer Migräneaura. Dieses Symptom war zu Hildegards Zeit noch nicht wissenschaftlich erforscht. Es liegt nahe, dass eine Nonne des 11. Jahrhunderts solche visuellen Phänomene als von Gott gesandte Botschaften verstand und die mit der Migräne zusammenhängenden körperlichen Beschwerden wie extrem starke Kopfschmerzen, Abgeschlagenheit, Licht- und Lärmempfindlichkeit, Übelkeit und Erbrechen als eine Folge ihres Kontaktes mit dem Überirdischen interpretierte. Es lässt sich heute spekulieren: Stammen die Visionen Hildegards aus einer Vermischung ihrer Migräneauren mit ihren Imaginationen?[48]

Islam

Mohammed, der Prophet, zog sich der Überlieferung nach zum Meditieren in eine Höhle am Berg Hira zurück. Dort wurde er von einer Vision des Erzengels Gabriels überrascht, der sich ihm offenbarte und ihn aufforderte, als Gesandter den neuen Glauben an einen Gott zu verkünden. Verschiedenste Interpretationen dieses Berichtes sind möglich; die weltweit am weitesten verbreitete ist wohl die einer echten Erscheinung eines Engels. Manche Kritiker behaupten jedoch, Mohammeds Visionen seien im Zuge von epileptischen Anfällen aufgetreten. Aus dem Blickwinkel unserer wissenschaftlichen Weltsicht liegt eine andere Erklärung näher: Könnte es sich nicht auch um Visionen im Sinne von spontan auftretenden inneren Bildern im Rahmen von Reizentzug in Verbindung mit intensivem Gebet gehandelt haben?

Eine große Tradition der Imagination findet sich auch im Sufismus, der Träumen und Visionen während bestimmter Formen der Meditation einen hohen Stellenwert zuweist.

[47] Dinzelbacher, Peter. Vision und Magie: Religiöses Erleben im Mittelalter. Verlag Ferdinand Schöningh, Paderborn 2019.
[48] Sacks, Oliver. A. a. O.

Tibetischer Buddhismus

Tenzin Gyatso, der XIV. Dalai Lama, gilt als einer der populärsten religiösen Führer der Gegenwart. Trotz seines hohen Alters bereist er die ganze Welt, diskutiert mit Wissenschaftlern über mögliche Zusammenhänge des Buddhismus mit der Neurobiologie und hält Vorträge. Mit seiner offenen und freundlichen Art und der von ihm verkörperten Lebensweisheit begeistert er seine Zuhörer für die tibetische Variante des Buddhismus, in der die Lehre des indischen Weisen Siddhartha Gautama auf animistische Vorstellungen der traditionellen Bön-Religion des alten Tibet trifft. Seine Freundschaft mit dem Kärntner Geographen und Bergsteiger Heinrich Harrer[49] wurde sogar Grundlage des Hollywood-Streifens „Sieben Jahre in Tibet" mit Brad Pitt in der Hauptrolle.

Die Meditationsübungen im tibetischen Buddhismus zeichnen sich durch eine außergewöhnliche Komplexität aus. Alexander Norman, der selbst buddhistische Philosophie studiert hat, führt in seiner Biografie des Dalai Lama eine ganze Reihe von Meditationspraktiken auf: Achtsamkeitsmeditation, ähnlich, wie sie im Westen zunehmend an Popularität gewinnt. Einsichtsmeditation, bei der sich die Person mit wachem Geist auf ein bestimmtes Objekt konzentriert, also einen Gegenstand, ein Thangka (eine meist auf Baumwolle oder Seide gemalte Abbildung einer Gottheit aus dem tibetischen Pantheon) oder eine Meditationsgottheit. Dazu kommen Atemübungen und eine Art von Yoga. Schließlich auch „Übungen, in denen der Meditierende sich selbst als Gottheit visualisiert". Ziel dieser Praxis sei „letztlich die vollkommene Beherrschung des Geistes".

Alexander Norman: „Es ist jedoch wichtig zu verstehen, dass Meditation mit all ihren Praktiken, im traditionellen tibetischen Sinne, keineswegs eine Abkehr oder Loslösung von der Welt bedeutet. Das tibetische Wort für Meditation, gom, bedeutet wörtlich übersetzt etwa so viel wie ‚sich mit etwas vertraut machen'. Indem der Meditierende beispielsweise ‚das eigene Selbst auf andere richtet', lenkt er seine Vorstellungskraft auf einen anderen Menschen,

[49] Harrer, Heinrich. Sieben Jahre in Tibet: Mein Leben am Hofe des Dalai Lama. Ullstein, Berlin 1997.

visualisiert einen Freund, eine andere beliebige Person und auch einen Feind, macht sich mit dessen emotionalen Zuständen vertraut, gewahrt positive, neutrale und negative Emotionen und findet schließlich zurück zum obersten Gefühl der liebenden Güte – mit dem Ziel, es so weit zu entwickeln, um auch den Feind darin aufzunehmen."[50]

Der tibetische Buddhismus verwendet nach Norman auch die Imagination sogenannter *„[...] Meditationsgottheiten, wobei äußere Form und Eigenschaften der jeweiligen Gottheit in der meditativen Versenkung visualisiert werden, als ein Mittel, um im Streben nach Erleuchtung die eigenen negativen Gedanken und Emotionen zu überwinden. Es handelt sich hierbei jedoch um äußerst fortgeschrittene Praktiken; ganz allgemein werden Schutzgottheiten mit achtsamer Vorsicht behandelt, denn es ist wohl verstanden, das furchterregende Energien, so sie fehlgeleitet sind, unermesslichen Schaden anrichten können."*

Ganz verwandte Praktiken tauchen auch in der westlichen Verhaltenstherapie wieder auf. Wenn zum Beispiel eine Studentin sich durch Visualisierung auf eine anstehende Prüfung vorbereitet oder sich auf eine schwierige Konfrontation mit einer bestimmten Person einstellt.

Der tibetische Buddhismus kennt die Praxis, zur Visionssuche heilige Orte aufzusuchen, welche in Zusammenhang mit einem zu lösenden Problem stehen. Dazu führt Alexander Norman als Beispiel den Bergsee Lhamo Latso an.

„Er wird traditionellerweise zur Auffindung der nächsten Inkarnation des Dalai Lama befragt, denn der See gilt als Wohnstatt der tibetischen Göttin Palden Lhamo, der Glorreichen Göttin, die mit allen Dalai Lamas eng verbunden ist und daher als deren persönliche Schutzgottheit angesehen wird. Schutzgottheiten (von denen zwischen fünfzehn und zwanzig umfassend belegt sind) sind ein wesentlicher Bestandteil der tibetischen Tradition. Dabei werden friedvolle Schutzgötter klar unterschieden von solchen, die in zornvoller Verkörperung erscheinen; ihr Hauptmerkmal besteht

[50] Norman, Alexander. Dalai Lama: Ein außergewöhnliches Leben. S. 167 ff. Quadriga, Köln 2020.

darin, die ‚zornvollen', oder negativen Aspekte von insbesondere vollendet erleuchteten Wesen zu lenken. Dieser Zorn dient dazu, sowohl die religiöse Lehre selbst als auch die Gemeinschaft der Praktizierenden zu beschützen.“

Insbesondere erwähnt Norman den Überwinder des Todes Yamantaka, den sowohl ordinierte Mönche als auch Laien der tibetischen Gelug-Schule in der Meditation regelmäßig imaginieren.

Daoismus

Anhänger des Dao setzen eine Reihe von Methoden zur Steigerung ihrer Lebensenergie – „Qi“ – ein. Dazu zählen insbesondere körperliche Übungen (Qigong) und Meditationen mit der Visualisierung von Energieströmen im Organismus. So lassen die Praktizierenden ihr Qi in ihrer Vorstellung über Akupunkturmeridiane und Energiezentren durch den ganzen Körper kreisen und erzielen damit eine spürbare Energetisierung und Harmonisierung der Lebenskraft. Es existieren zahllose Möglichkeiten der bildlichen Vorstellungen im Qigong. Zum Beispiel, sich selbst als so groß wie ein Berg oder im Körper eines bestimmten Meisters vorzustellen. Die Maxime lautet, dass sich mithilfe eines starken und gesunden Körpers leichter der Weg zur Erleuchtung finden lasse.

Die Liste von Beispielen für Imaginationen in der Mystik der Welt ließe sich endlos fortsetzen. Wohl jede Religion verfügt über ihren eigenen Kanon an Methoden der Divination, der Kontaktaufnahme mit dem vermeintlich Übernatürlichen.

Verdienst der Religionen

Darin besteht das große Verdienst der Religionen: Sie lehren uns schon seit Jahrtausenden, dass es da draußen etwas anderes gibt, als unsere Sinne uns „für wahr“ halten lassen. Die alten Traditionen sprechen von einer Welt, die jenseits liegt von allem, was wir aus unserer Lebenswelt unmittelbar kennen. Die hinduistische Philosophie verwendet den Begriff „Maya“[51]: Alles, was wir

[51] Jung, Carl Gustav. Die Psychologie des Kundalini-Yoga. Patmos, Ostfildern 2019.

in unserem Alltag wahrnehmen, beruhe auf einer Art Täuschung. Die Neurobiologie des 21. Jahrhunderts scheint diese Aussage zu bestätigen, wenn sie mittels genauer Analyse der menschlichen Wahrnehmung feststellt, dass unser Gehirn eine Wirklichkeit konstruiert. Auf den ersten Blick erscheint uns die Wirklichkeit als reale Gegebenheit, in der wir uns sicher bewegen. Bei genauerem Hinsehen, bei der Analyse optischer Täuschungen oder Störungen der Wahrnehmung im Rahmen neurologischer Erkrankungen erkennen wir die tiefe Wahrheit, die im Begriff „Maya“ liegt.

Das Problem mit den Religionen liegt allerdings darin, dass sie die eklatante Lücke, welche zwischen unserer Wahrnehmung und unserem Wissen klafft, mit ihren Fantasien anfüllen.[52] Da werden dann Heerscharen von Engeln erfunden, von Seraphim bis Cherubim, himmlische Reiche und Unterwelten, über die ein imaginierter Satan herrscht. Dazu Hierarchien von Göttern, hybride Wesen aus Mensch und Tier, wie der falkenköpfige Gott Horus der alten Ägypter oder der elefantenköpfige Ganesha des indischen Pantheons. Noch schlimmer wird es, wenn sich solche Vorstellungen zu alles beherrschenden Dogmen entwickeln, welche zum Kampf gegen Andersdenkende auffordern.

Jeder ein Mystiker?[53]

Die Erfahrungen C.G. Jungs und zahlreicher Psychologen und Theologinnen der Gegenwart weisen auf faszinierende Möglichkeiten unserer Seele hin. War die christliche Theologie in den letzten Jahrhunderten zu sehr in Logik und Rationalität[54] verhaftet, so entdecken wir jetzt alte Erkenntnisse neu: Das intuitive Wissen der großen Mystiker und Propheten ist uns im Grunde allen zugänglich. Wir können zugleich unseren Verstand einsetzen und erstmals auch verstehen, was dabei in unseren Gehirnen abläuft.

[52] Sloterdijk, Peter. Den Himmel zum Sprechen bringen: Über Theopoesie. Suhrkamp, Berlin 2020.
[53] Maslow, Abraham H. Jeder Mensch ist ein Mystiker: Impulse für die seelische Ganzwerdung. Peter Hammer, Wuppertal 2014.
[54] Vgl. Dawkins, Richard. Der Gotteswahn: Einer der einflussreichsten Intellektuellen der Gegenwart zeigt, warum der Glaube an Gott einer vernünftigen Betrachtung nicht standhalten kann. Ullstein, Berlin 2016.

Beide Zugangsweisen sind wertvoll und nützlich: Die eigene Anschauung der Mystikerin und des Mystikers in uns allen. Zugleich das durch Textanalysen und vergleichende Religionswissenschaft gewonnene Wissen.

In unserer Postmoderne gewinnen wir zunehmend eine zentrale Einsicht: Es gibt viele verschiedene Religionen und jede einzelne besitzt ihre eigenen Wege, Methoden und Widersprüche. Um in Zukunft ein friedliches Miteinander all dieser Religionen zu ermöglichen, müssen wir Antworten auf die eine große Frage suchen: Was ist das Wissen, die Sehnsucht, die Methode, die allen verschiedenen Religionen zugrunde liegt?[55]

Die eigene tiefe religiöse Erfahrung sprengt oft die tradierten Regeln und Vorstellungen. Nicht umsonst wurden Mystiker in verschiedenen Glaubenswelten verfolgt und manchmal sogar hingerichtet. Erstmals sind wir heute in der Lage, diese inneren Bilderwelten auch im Lichte der Neurobiologie[56] zu deuten und damit für uns alle nutzbar zu machen!

Heilende Träume bei den alten Griechen

Tempelschlaf in der Antike

Wie die Medizingeschichte nachgewiesen hat, verfügten die Länder der klassischen Antike bereits über eine hoch entwickelte medizinische Versorgung. Bereits im alten Ägypten waren Fachärzte tätig, die sich auf einzelne Organsysteme und die Behandlung bestimmter Krankheiten spezialisierten. Sie verfügten über eine Vielzahl von Rezepten zur äußeren und inneren Anwendung, besaßen aber auch das notwendige Wissen, um chirurgische

[55] Vgl. Küstenmacher, Marion; Haberer, Tilman; Küstenmacher, Werner Tiki. Gott 9.0: Wohin unsere Gesellschaft spirituell wachsen wird. Gütersloher Verlagshaus, München 2010. 2010. // Huxley, Aldous. Die ewige Philosophie. Philosophia perennis. Hans-Nietsch-Verlag. Rossdorf 2008

[56] McNamara, Patrick. The Cognitive Neuroscience of Religious Experience. Cambridge University Press 2022.

Eingriffe durchführen zu können, wie alte Aufzeichnungen bestätigen. Nachzulesen in den beiden wichtigsten erhaltenen medizinischen Dokumenten, dem „Edwin-Smith-Surgical-Papyrus" und dem „Papyrus Ebers". Zusätzlich waren die ägyptischen Priesterärzte auch Meister in der Kunst der Einbeziehung der Psyche, um Heilung zu bewirken.

Im klassischen Griechenland[57] besaßen Ärzte ein differenziertes Wissen in der Chirurgie und Wundbehandlung, wie schon Homer in der „Ilias" berichtete, dem großen Epos über den Trojanischen Krieg. Sie wandten ausgeklügelte Heilkünste an, unter anderem in den Hippokrates[58] zugeschriebenen Werken nachzulesen. Die griechischen Ärzte setzten neben Medikamenten und Chirurgie auch eine Art von Imagination ein. In ihren dem Heilgott Asklepios zugeschriebenen Heiligtümern begaben sich Heilungssuchende in eine Art von antikem Kurbetrieb, ausgestattet mit Quellen, Bädern und Theatern. Sie bereiteten sich unter anderem durch das Tragen einer speziellen Kleidung auf die verschiedenen Rituale vor. In diesen antiken Heilstätten fand auch der viel zitierte Tempelschlaf statt:

„Eine besondere kulturgeschichtliche Bedeutung kommt den griechischen Asklepieien (Aeskulap-Tempel) zu, in denen, nach besonderen rituellen Vorbereitungen wie Waschung und Neueinkleidung, der berühmte Tempelschlaf (Inkubation) stattfand. In einem unterirdischen Tempelraum (Abaton), in den hinein die Priester vermutlich suggestive Formeln sprachen, sollten dabei Träume und Visionen mit heilender Wirkung induziert werden. Hier begegnet uns in klassischer Weise bereits die Kombination von tranceförderndem Milieu mit gezielten Verbalsuggestionen."[59]

[57] Fox, Robin Lane. Die Entdeckung der Medizin: Eine Kulturgeschichte von Homer bis Hippokrates. Klett-Cotta, Stuttgart 2021.

[58] Flashar, Hellmut. Hippokrates: Meister der Heilkunst. C. H. Beck, München 2016. // Hippokrates. Die Heilkunst. Reclams Universalbibliothek, Stuttgart 2021.

[59] Hole, Günter. In: Revenstorf, Dirk; Burkhard, Peter (Hrsg.). Hypnose in Psychotherapie, Psychosomatik und Medizin: Manual für die Praxis. Springer, Berlin 2015.

Visionssuche bei den Indianern Nordamerikas

Von Schamanen zur Positiven Psychologie

Die gezielte Suche nach Visionen, inneren Bildern, Inspiration, Intuition, Trance und Ekstase – das alles sind keine Erfindungen der modernen westlichen Psychologie. Wie sich beim Vergleich der verschiedenen Psychotechniken rund um den Globus und in der Geschichte zeigt, zählen derartige Methoden zum kulturellen Erbe der Menschheit. Im Westen begegnen wir dem Phänomen von romantisierenden Nachschöpfungen indigener Initiationsriten, die von billigen Kopien bis hin zu fundierten Neuinterpretationen eines Neoschamanismus reichen. So war zum Beispiel der Anthropologe Michael Harner[60] in seinen Seminaren und Büchern bestrebt, möglichst authentische, schamanische Erfahrungen weiterzugeben.

Warum auch nicht? Das menschliche Gehirn, die emotionale und physische Ausstattung des heutigen Menschen unterscheiden sich in nichts von jenen der ersten Vertreter des Homo sapiens, welche vor mehr als 200.000 Jahren in der Steppe Ostafrikas auf den Plan traten. Unsere Möglichkeiten des Erkenntnisgewinnes und der spirituellen Erfahrung teilen wir in der modernen Gesellschaft mit indigenen Kulturen weltweit. Wir verfügen hier und heute zudem über einen entscheidenden Vorteil: Das Wissen und die Erfahrungen der Menschheit sind uns zu Beginn des 21. Jahrhunderts in einem Maße zugänglich wie noch nie zuvor. Hatte eine Adeptin vor 25.000 Jahren vielleicht einen oder eine Handvoll schamanischer Lehrer, so könnte sie heute auf einen Fundus ethnologischer und auch paläoanthropologischer Forschungsergebnisse zurückgreifen. Wie keine andere Kultur jemals zuvor sehen wir uns in der Lage, altes schamanisches Wissen mit modernen Erkenntnissen zu verbinden.

[60] Harner, Michael. Die Wirklichkeit des Schamanen: Ein Wegweiser in verborgene Welten und Bewusstseinsräume. Heyne, München 2016.

Eine Pyramide von Bedürfnissen

Wo früher der Spiritualität etwas völlig Irrationales bis leichtgradig Verrücktes anhaftete, da betrachtet die moderne, sogenannte Positive Psychologie (diese junge Disziplin untersucht Faktoren, welche die Seele stärken und gesunden lassen) die Suche nach Sinn als eine der entscheidenden Säulen der seelischen Gesundheit. So stellte zum Beispiel der amerikanische Psychologe Abraham Maslow[61] die Spiritualität an die Spitze einer Pyramide der menschlichen Bedürfnisse. An der Basis seines Stufenmodells stehen die lebenserhaltenden Grundbedürfnisse wie Essen, Trinken, Schlafen, darüber das Bedürfnis nach Sicherheit, weiter oben soziale Interaktionen, Anerkennung, Respekt, Wertschätzung, schließlich folgen Erkenntnis, Ästhetik und Selbstverwirklichung. Darüber, an der Spitze, sieht Maslow die Transzendenz, also das Bedürfnis der Überschreitung des Selbst im Sinne von Spiritualität.

Visionssuche

Die indigenen Kulturen der Indianer Nordamerikas begeben sich seit urdenklichen Zeiten auf die Suche nach Visionen („Vision quest"). Eine solche Visionssuche bildet fixen Bestandteil von sogenannten Übergangsriten[62] (rites de passage), wie sie insbesondere an der Schwelle vom Kindesalter zum Erwachsenenalter Brauch sind. Auch wir im Westen kennen solche Übergangsriten – sei es die Konfirmation, die Bar oder Bat Mitzwa, die formellen Prüfungen zur mittleren Reife oder zum Abitur – welche den Eintritt des Mädchens oder des Knaben in das Erwachsenenalter markieren, oder eine formelle Feier für den Hochschulabschluss.

Professor Anton Treuer vereint in seiner Person zwei Welten: Er lebt nicht nur in der indianischen Tradition des Ojibwe-Stammes, sondern ist auch Absolvent der Princeton University. Mit seinen Büchern und Vorträgen macht er regelmäßig auf die Werte der indigenen Kulturen Nordamerikas aufmerksam. In seinem

---

[61] Maslow, Abraham. Motivation und Persönlichkeit. Rowohlt, Hamburg 1981.
[62] Vivelo F. R. Handbuch der Kulturanthropologie: Eine grundlegende Einführung. Klett-Cotta, Stuttgart 1981.

Bestseller „Everything You Wanted to Know About Indians But Were Afraid to Ask“[63] formuliert er seine Aufgabe treffend: „Ich hielt einen Fuß im Wigwam und einen im Elfenbeinturm.“ Treuer stellt eine außergewöhnlich tiefe spirituelle Verbundenheit der Indianer Nordamerikas fest, insbesondere im Vergleich zu den anderen monotheistischen Glaubensrichtungen. Er berichtet, dass die meisten indianischen Religionen traditionellerweise weit weniger hierarchisch strukturiert seien oder durch rigide Organisationen vertreten würden als die drei abrahamitischen, also Christentum, Judentum und Islam.

Aus diesem Grunde erscheint aus seiner Sicht die Ausübung der indianischen spirituellen Tradition natürlicher und leichter zugänglich. Das Christentum setze ganz auf die Heilige Schrift. Jemandem, der nicht getauft sei, werde es verwehrt, an der Kommunion teilzunehmen. Bei der Spiritualität der Indianer existiere kein Buch mit Regeln, welches das angesammelte Wissen über den Schöpfer enthalte. An den meisten Zeremonien der Ureinwohner Nordamerikas könne jedes Stammesmitglied „mit einem guten Herzen“ teilnehmen.

Im Leben eines Indianers, einer Indianerin, sei es üblich, sich zu bestimmten Wendepunkten im Leben gezielt auf die Suche nach Visionen zu begeben. Ein bewährtes Mittel dazu bilden spezielle Rituale, welche häufig in Verbindung mit einer Periode des Fastens verbunden werden. Auf den solcherart gewonnenen persönlichen Erfahrungen bauen dann das religiöse Selbstverständnis und die Verbindung des Einzelnen mit der Allmacht auf. Dabei würde wesentlich weniger Macht in die Hände einer Führerfigur, also eines Rabbis, Priesters oder Imams gelegt werden als bei anderen Religionen. Treuer betont, dass ein Gebet für Indianer nicht ein wöchentliches Ereignis sei, das von irgendjemandem organisiert werden müsse. Das Gebet stelle vielmehr eine tägliche Praxis dar, welche Indianer für sich selbst ausüben. Auch der Zugang zu und die Teilnahme an aufwändigen Zeremonien seien für native Amerikaner nicht besonders streng geregelt.

[63] Treuer, Anton. Everything You Wanted to Know About Indians But Were Afraid to Ask. Young Readers Edition. Levine Querido, Montclair 2021.

Verbindung zur spirituellen Welt

Ziel einer Visionssuche, so der Indianer Anton Treuer, sei es, eine Verbindung zwischen dem Suchenden und der spirituellen Welt herzustellen. Viele Indianer seien davon überzeugt, dass der „Große Geist" für jeden Menschen einen Plan bereithalte. Das gezielte Fasten ermögliche es, einen flüchtigen Blick auf diesen göttlichen Plan zu erhaschen. Der Verzicht auf die Aufnahme von Nahrung und auch von Wasser führe zu einer gewissen Loslösung von der physischen Welt und erzeuge damit eine stärkere Verbindung zur spirituellen Dimension. Auf diese Weise herbeigeführte außergewöhnliche Bewusstseinszustände würden ermöglichen, dass „Geister" sich den Fastenden annähern und ihnen aus Mitgefühl Geschenke darbringen: Dies kann ein Lied sein, eine spezielle Medizin, das Recht, indianische Namen zu verleihen, oder sogar die Begleitung durch einen Führer aus der geistigen Welt.

Eine Visionssuche würde in der Regel durch ein erfahrenes Stammesmitglied angeleitet, das über die notwendigen Riten und Verhaltensweisen Bescheid wisse. Der Prozess beginne damit, diesem ein Geschenk zu überreichen, meist in Form von Tabak. Im Gegenzug dafür würden dem Suchenden genaue Instruktionen darüber mitgeteilt, wie er sich vorzubereiten habe sowie wann und in welcher Form das Ganze stattfinden solle.

Typischerweise würden Treuer zufolge Knaben und Mädchen im Frühling ermutigt, zu fasten, wenn das Gefühl der Erneuerung besonders stark sei: Heilkräuter sprießen überall, Vögel kehren von ihren Flügen aus dem Süden zurück und Tiere erwachen aus dem Winterschlaf. Die Welt erneuert sich um diese Jahreszeit physisch und spirituell. Grundsätzlich sei es in jedem Lebensalter möglich zu fasten, aber die beste Zeit für eine Visionssuche sei der Frühling des Lebens, weil es in jungen Jahren leichter falle, das Mitgefühl aus der Welt der Geister zu gewinnen. Erwachsene müssten oft länger ausharren, um eine gleich starke Verbindung herzustellen wie Jugendliche.

Schwitzhütten

Treuer zufolge bestehen Unterschiede in den Methoden der Vorbereitung und des Fastens selbst. Manche Indianer errichten eine Schwitzhütte, andere eine erhöhte Plattform, einige bevorzugen den bloßen Erdboden, weitere eine Hütte oder einen Baum. Gelegentlich würden Indianer in einer Gruppe mit anderen gemeinsam fasten, im Allgemeinen handle es sich aber um ein individuelles Ritual, das meist alleine durchgeführt werde. Männer und Frauen könnten zu jeder Zeit des Jahres fasten.

Eine Schwitzhütte besteht laut Treuer aus einem kleinen kuppelförmigen Rahmen, gemacht aus biegsamem Jungholz, bedeckt mit Rinde, Matten, Decken oder Tüchern aus Leinen. Die am Ritual Teilnehmenden erhitzen Steine in einem Feuer außerhalb der Hütte, welche dann hineingebracht werden. Durch das Ausgießen von Wasser über diesen Steinen bilde sich Dampf, wie in einer finnischen Sauna. Zum Ritual der Schwitzhütte kann es auch gehören, Pfeifen zu rauchen und Heilkräuter über die heißen Steine zu streuen, Lieder zum Rhythmus von Handtrommeln zu singen und bestimmte Gebete zu sprechen. Dies sei die optimale Vorbereitung auf die anschließende Visionssuche, aber auch für den Sonnentanz, die bekannteste und am weitesten verbreitete Zeremonie der Indianer Nordamerikas.

Letzten Endes geht es bei diesen Ritualen immer darum, die Voraussetzungen zu schaffen, in innere Bilderwelten einzutauchen und so spontane Visionen zu erfahren, welche dann mithilfe einer erfahrenen Person ausgelegt werden, um sie in die Lebenspraxis umzusetzen.

Clans und Totems

Indianer leben laut Treuer eingebettet in Clan-Systeme. Totems, wie bestimmte Tiere, beispielsweise Vögel oder Fische, aber auch spirituelle Wesen oder heilige Orte symbolisieren die Zugehörigkeit zu einem bestimmten Clan.

Jeder einzelne Clan pflegt spezielle Mythen über seinen Ursprung. Etwa von einem Menschen, der von dem späteren Totem-Tier des Stammes, also zum Beispiel einer Wölfin, adoptiert und aufgezogen wurde. Oder von einem Tier, etwa einem Bären, welches sich in einen Menschen verwandelt hat.

Insbesondere bei der traditionellen Namensgebung spielen Fasten, Visionssuche oder Träume eine zentrale Rolle. Zu jedem Eigennamen existiere eine Geschichte. Ein Familienmitglied erfahre zum Beispiel eine Vision oder einen Traum von einem riesigen Bären, der durch die Wolken komme. In der Folge erhielte das Kind dann den Namen „Bär“ verliehen. Beiden Eltern komme das Recht zu, dem Kind einen Namen zu schenken. Indianische Namen dienten auch der spirituellen Identifikation, mit deren Hilfe die traditionellen Geister die Menschen erkennen würden. Bei den Ojibwe beispielsweise sei der Begriff für Körper „niiyaw“, dies bedeute wörtlich „mein Gefäß“ und sage damit aus, dass der Körper als das Gefäß für die spirituelle Seele anzusehen sei.

Wiedergefundene Ganzheit

Anton Treuer macht in seinem Buch darauf aufmerksam, dass indigene Zeremonien häufig kopiert und kommerzialisiert werden, dabei bestehe jedoch die Gefahr, ihren tieferen Sinn zu verfehlen und ihre wahre Bedeutung zu verlieren.

Auf uns, von der westlichen Zivilisation geprägte Menschen, üben solche traditionellen Rituale eine eigene Faszination aus. Sie zeigen uns Wege der Seele auf, der wir in unserer von Logik und Rationalität geprägten Welt zu wenig Raum lassen. Damit wecken sie eine unbestimmte Sehnsucht nach verlorener Ganzheit.

III.
Die Wissenschaft der Imagination

Die Welt in meinem Kopf

Wie sind diese verschiedenen inneren Bilder,
die wir alle in unseren Köpfen haben,
dort hineingekommen? [64]

Gerald Hüther

Vorstellungsbilder schenken uns Entspannung und Glück, manchmal erfüllen sie uns aber auch mit Angst oder Panik. Wenn wir am Ende eines langen Skitages an einen Kaiserschmarren in der Hütte denken, dann läuft uns schon das Wasser im Munde zusammen. Die bloße Vorstellung einer heißen Liebesnacht vermag sexuelle Erregung hervorzurufen. Bilder des Gelingens erzeugen ein Gefühl von Stärke und Zuversicht. Warum entfalten Dinge, die wir uns nur vorstellen, eine solche Macht über unser Leben?

[64] Hüther, Gerald. Die Macht der inneren Bilder: Wie Visionen das Gehirn des Menschen und die Welt verändern. Vandenhoeck & Ruprecht, Göttingen 2004.

Um zu verstehen, warum unseren inneren Bildern eine derartige Kraft innewohnt, müssen wir untersuchen, was dabei in unserem Gehirn vor sich geht. Dabei steht vor allem eine Frage im Zentrum: Was passiert in unseren kleinen grauen Zellen, wenn wir einen Gegenstand tatsächlich sehen, im Vergleich dazu, wenn wir ihn uns bloß vorstellen? Die Neurowissenschaft hat diese Frage in den letzten Jahrzehnten mittels moderner Verfahren der Bildgebung (fMRT – funktionelle Magnetresonanztomographie, PET – Positronen-Emissionstomographie) und der Messung der elektrischen Aktivität von Nervenzellen (von einzelnen oder vielen Nervenzellen zugleich, wie in der Elektroenzephalographie) detailliert erforscht.

Die Sprache des Nervensystems

Wie funktioniert Wahrnehmung? Die fünf Sinne – Sehen, Schmecken, Riechen, Hören und Fühlen – werden über Sensoren unseres Körpers vermittelt. Im Wesentlichen setzen spezialisierte Sinneszellen physikalische Phänomene der Umgebung in elektrochemische Impulse in Nervenzellen um: Lichtstrahlen aus der Umgebung treffen auf Fotorezeptoren der Netzhaut. Moleküle aus der Nahrung docken an passende Geschmacksrezeptoren der Zunge an. In der Luft umherfliegende Teilchen heften sich an die Geruchsrezeptoren in der Nase. Schwingungen der Luft setzen das Trommelfell in Bewegung, welche über die Gehörknöchelchen in die Endolymphe der Schnecke in unserem Innenohr weitergeleitet wird und dort wiederum spezielle Rezeptoren aktiviert. Berührungen der Haut aktivieren entsprechende Tastsinneszellen.

Die fünf klassischen Sinne waren schon in der Antike bekannt. Dazu kommen weitere wie Temperatur, Schmerz, Gleichgewicht oder die Wahrnehmung der inneren Organe.

All diese verschiedenen Sensationen, die auf unsere Sinnesorgane einwirken, werden unmittelbar in eine einheitliche Sprache übersetzt, genauer gesagt in elektrochemische Impulse, die unsere Nervenzellen durchströmen. Sehr schön fasste diese Tatsache der in Wien geborene Kybernetiker Heinz von Foerster in Worte: Die Sprache unseres Nervensystems ist „Klick-Klick-Klick“![65] Durch diese „Sprache“ im Nervensystem erst entsteht die Möglichkeit, dass sich die verschiedenartigen Sinneseindrücke zu einer einheitlichen Wahrnehmung verbinden: Unser Gehirn setzt sie zu einem Bild der Welt zusammen.

Jede einzelne Nervenzelle kennt zwei Zustände: an oder aus. Ähnlich wie das Schaltelement eines Computers nur den Zustand „an“ oder „aus“ aufweist. Der binäre Code bildet also nicht nur die Grundlage der Verarbeitung von Daten in Computern, sondern auch im Nervensystem. Allerdings besteht ein gewaltiger Unterschied in der Komplexität. Die Aktivierung oder Hemmung der einzelnen Nervenzelle ergibt sich aus einer Summe von hemmenden und aktivierenden Signalen, die von wiederum anderen Nervenzellen ankommen. Bis zu 10.000 Synapsen wirken direkt auf eine einzige Nervenzelle! Zusätzlich beeinflussen über den Blutweg angespülte Hormone die Erregbarkeit der Zellen.

Riesige neuronale Netzwerke

Die Basis der Informationsverarbeitung in unserem Denkorgan ist also binär. Dann aber folgt die nächste Stufe der Komplexität: Jede einzelne Nervenzelle ist eingebunden in riesige Netzwerke von weiteren Nervenzellen. Salopp könnte man formulieren: Die Wahrnehmung eines bestimmten Gegenstandes oder eines Gesichtes führt zur Aktivierung eines riesigen Netzwerkes von Neuronen, welches verschiedene spezialisierte Areale des Gehirns miteinander verbindet. Die Lichtstrahlen aktivieren zuerst die Stäbchen- und Zapfenzellen auf der Netzhaut. Die dort ausgelösten Erregungsmuster gelangen über die Neuronen des Sehnervs weiter über die Sehbahn bis ganz an den hinteren Pol des Gehirns, den sogenannten Hinterhauptslappen, wo sich die primäre Sehrinde befindet. Dort werden die Nervenmuster von der Netzhaut somatotop – also 1 : 1 entsprechend dem Muster der Netzhaut – an der Hirnrinde abgebildet. Von hier gelangen die Informationen über entsprechende Verbindungen zu weiteren,

[65] Foerster, Heinz von. Erkenntnistheorien und Selbstorganisation. In: Schmidt, Siegfried J. Der Diskurs des radikalen Konstruktivismus. suhrkamp tb wissenschaft, Frankfurt am Main 1987.

sekundären und tertiären, Zentren, wo dann erst die Interpretation dieser Muster stattfindet. Zum Beispiel gibt es ein Areal, in dem die Erkennung von Gesichtern (und interessanterweise auch von Automarken!) stattfindet: im sogenannten Gyrus fusiformis an der Unterseite des rechten Schläfenlappens.

Beim Betrachten eines bestimmten Gesichtes beginnt ein riesiges Netzwerk von im Gehirn weit entfernten Nervenzellen miteinander zu schwingen. Erinnerungen an die Eigenschaften der zum wahrgenommenen Gesicht gehörenden Person werden wach: der Klang ihrer Stimme, ihre Gestalt, ihre Bedeutung in unserem Leben. Zugleich werden – wie schon erwähnt – starke Verbindungen zum limbischen System aktiviert, das für die emotionale Bewertung dieses Menschen steht. Dazu zählen insbesondere die beiden Mandelkerne (Amygdala), die beiden Seepferdchen (Hippocampi) und weitere limbische Teile der Hirnrinde (unter anderem der beidseits gelegene Gyrus cinguli).

Jetzt geschieht etwas ganz Erstaunliches; eine der letzten großen Fragen der Wissenschaft beschäftigt sich damit: Aus einem komplexen Muster elektrischer und chemischer Signale von Nervenzellen entsteht eine einheitliche und bewusste Wahrnehmung. Doch wie dieses Bewusstsein generiert wird, das uns qualitativ als etwas völlig anderes erscheint als die elektrischen Impulse in Nervenzellen, bildet den Ausgangspunkt endloser Debatten und harrt nach wie vor einer endgültigen Klärung.

Übrigens beschäftigt sich das Gehirn vornehmlich mit sich selbst. Es gibt erheblich mehr Synapsen innerhalb des Gehirns, die Informationen der Innenwelt verarbeiten, als solche, die sich mit Sinnesreizen aus der Außenwelt beschäftigen.

Wahrnehmung, Vorstellung und Traum

Worin liegt also der Unterschied zwischen der Wahrnehmung eines realen Gegenstandes, dessen bloßer Vorstellung im Wachbewusstsein und dessen Erscheinen in einem Traum?

Erste Antworten auf diese Fragestellung lieferten Untersuchungen mit modernen bildgebenden Verfahren, wie der funktionellen Magnetresonanztomographie (fMRT) oder der Positronen-

Emissionstomographie (PET). Eine wichtige Schlussfolgerung aus den dabei gewonnenen Erkenntnissen lautet: Die Wahrnehmung eines realen Gegenstandes, die Vorstellung dieses Gegenstandes im Wachbewusstsein oder dessen Auftauchen im Traum bedient sich zu einem guten Teil derselben Netzwerke im Gehirn.[66] Das bedeutet, wenn ich zum Beispiel die „Venus von Milo" im Louvre betrachte, sie mir nur vorstelle oder mir ihre Gestalt im Traum erscheint, dann laufen im Gehirn sehr ähnliche Aktivierungsmuster ab. Das Gehirn arbeitet in dieser Hinsicht sehr ökonomisch. Die Evolution hat nicht drei verschiedene Vorgänge für die Verarbeitung innerer Bilder entwickelt. Für uns bedeutet dies Folgendes:

Aus Sicht der Neurobiologie besteht kein großer Unterschied zwischen Wahrnehmen, Vorstellen und Träumen. Die Grenzen zwischen diesen Dimensionen scheinen zu verschwimmen. Träumen wir also unsere Welt nur?

Neurobiologie der Imagination

1. Vorstellungen bedienen sich großteils derselben Hirnareale wie Wahrnehmung und Bewegung

Die Neurobiologie verwendet für diese Theorie den etwas sperrigen Fachausdruck „Prinzip der funktionellen Äquivalenz".[67] Dies bedeutet, dass die bloße Vorstellung eines Gegenstandes sich im Wesentlichen derselben Hirnareale bedient wie die tatsächliche Wahrnehmung dieses Gegenstandes. Analoges gilt für die Vorstellung einer Bewegung und die tatsächliche Durchführung dieser Bewegung.[68] Das erklärt, warum das Training einer sportlichen oder musikalischen Aktivität in der Vorstellung auch die tatsächliche Ausführung trainiert.

[66] Vgl. Blackmore, Susan. A Day in the Life of the Brain: The Neuroscience of Consciousness from Dawn Till Dusk. Penguin, München 2016. // Borst, Grégoire. Neural Underpinning of Object Mental Imagery, Spatial Imagery and Motor Imagery. In: Ochsner, Kevin; Kosslyn, Stephen. The Oxford Handbook of Cognitive Neuroscience Vol. 1. Oxford University Press 2016.

[67] Mayer, Jan; Hermann, Hans-Dieter. Mentales Training: Grundlagen und Anwendung in Sport, Rehabilitation, Arbeit und Wirtschaft. Springer, Heidelberg 2015.

[68] Sacks, Oliver. Das innere Auge: Neue Fallgeschichten. Rororo, Hamburg 2012.

Visuelle Vorstellungen benutzen visuelle Areale des Gehirns

Laut dem österreichischen Neurobiologen Niels Birbaumer[69] werden bei der Vorstellung eines Objektes „all jene Hirnareale aktiviert, die auch bei seiner Wahrnehmung aktiviert werden. Die Reihenfolge der Aktivierung ist aber umgekehrt." Beim Anblick eines realen Objektes wird zuerst das primäre Sehzentrum (Area 17) angeregt und danach höhere Areale der Verarbeitung (zum Beispiel Area 18). Das primäre Sehzentrum befindet sich am hinteren (okzipitalen) Pol des Gehirns. Dort werden die vom Auge kommenden Nervenimpulse retinotop abgebildet, was ganz einfach bedeutet, dass die Aktivierung der Nervenzellen örtlich dem Verteilungsmuster der Sinneszellen der Netzhaut entspricht.

Danach wird das Signal in höheren Arealen der Hirnrinde weiterverarbeitet, welche zum Beispiel für die Erkennung von Farbe, Bewegung und schließlich für Bedeutung wie etwa das Erkennen von Gesichtern zuständig sind. Bei einer Vorstellung werden immer zuerst die höheren Areale aktiviert und dann erst die niedrigeren Stufen der Verarbeitung. Dies konnte mit bildgebenden Untersuchungen wie zum Beispiel fMRT nachgewiesen werden, welche eine lokale Zunahme der Durchblutung bei geistiger Aktivierung sichtbar macht. Birbaumer schreibt: „Zur Vorstellung von Objekten und Bewegungen werden dieselben Hirnareale wie zu ihrer Wahrnehmung und Ausführung benützt. Beim Abruf der Vorstellung aus dem Gedächtnis werden aber jene Areale zusätzlich aktiviert, wo die jeweilige Wahrnehmung oder Bewegung gespeichert ist". Das bedeutet, dass Vorstellungen sogar komplexere Vorgänge auslösen als eine reale Wahrnehmung, „weil eben mehr Hirnareale an ihrer Steuerung beteiligt sind."

Wenn ein visueller Inhalt, zum Beispiel Buchstaben, aus dem Gedächtnis abgerufen wird, dann lässt sich mittels PET eine Aktivierung im linken Schläfen- und Parietallappen, im rechten Parietallappen und in beiden Frontallappen des Gehirns feststellen. Diese frontale Aktivierung lässt sich auch mittels EEG

[69] Birbaumer, Niels; Schmidt, Robert F. Biologische Psychologie: Zusatzmaterialien im Web. S. 778. Springer, Heidelberg 2010.

demonstrieren. Sie hängt laut Birbaumer „vermutlich mit einer Aktivierung des Arbeitsgedächtnisses zusammen, das den Inhalt in seiner Abwesenheit am Leben erhält". Wird eine Vorstellung verbal abgerufen – das heißt, wir denken zum Beispiel an ein bestimmtes Wort und stellen uns daraufhin den entsprechenden Gegenstand vor –, dann erfolgt zuerst eine Aktivierung der linken perisylvischen Gehirnregion, wo die Sprachzentren lokalisiert sind.

Birbaumer führt ein weiteres Beispiel an: Wir alle kennen den Fall, dass eine Melodie in uns die bildhafte Erinnerung an eine Szene auslöst, welche wir in unserer Kindheit erlebt haben. Dabei aktiviert die Folge von Tönen zuerst den rechten Temporalbereich des Gehirns – der Schläfenlappen ist nämlich zuständig für die Erkennung von Tönen. Dies führt dann durch große Netzwerke von Assoziationsfasern (das sind Nervenbahnen, welche die verschiedenen Regionen des Gehirns miteinander verbinden) zur Aktivierung von visuellen Zentren im Hinterhauptslappen der Großhirnrinde, welche Sehreize von den Augen und zugleich bildhafte Vorstellungen verarbeitet. Über die bekannten Nervenverbindungen zum limbischen System führt diese Erinnerung zugleich zur Aktivierung der emotionalen Zentren und damit zur Auslösung von Gefühlen.

Birbaumer zufolge hängen visuelle Wahrnehmungen und Vorstellungen „durch die neuronalen Verknüpfungen zwischen den visuellen Assoziations- und Integrationsregionen und den Strukturen des limbischen Systems" mit den entsprechenden emotionalen Reaktionen zusammen. In limbischen Strukturen wie den beiden Mandelkernen, dem Hippocampus, dem Gyrus parahippocampalis und der Area entorhinalis werden komplexe visuelle Signale verarbeitet.

2. Bildliche Vorstellungen aktivieren große Teile unseres Gehirns

Die Imagination bedient sich großteils derselben Areale im Gehirn wie die entsprechende Wahrnehmung oder die Steuerung von Bewegung. Die Sprachzentren sind in der Evolution erst relativ spät entstanden und nur beim Menschen ausgeprägt. Sie nehmen daher erheblich weniger Oberfläche an der Hirnrinde ein als die Zentren, welche für Wahrnehmung und Bewegung zuständig sind.

Die stammesgeschichtlich älteren Bereiche für die Verarbeitung der Sinnesreize und die Steuerung der Motorik nehmen hingegen sehr viel Raum und damit Rechenleistung in Anspruch. Der an der University of California, Irvine, forschende Kognitionswissenschaftler Donald D. Hoffman stellt in seinem Buch „Visuelle Intelligenz" fest, dass die visuellen Systeme fast 50 Prozent[70] der Oberfläche unserer Hirnrinde beanspruchen. Das bedeutet: Mit visuellen oder motorischen Vorstellungen sind sehr umfangreiche Aktivierungsmuster verbunden.

Diese Areale verfügen über starke Vernetzungen zu den Zentren, die unsere Emotionen verarbeiten. Das bedeutet, dass wir durch Imagination direkt an unsere Gefühle herankommen! Die Sprachzentren weisen dementsprechend weniger starke Verbindungen zu den Zentren für die Verarbeitung der Emotionen auf. Dies zeigt sich daran, dass uns Bilder und Grafiken schneller ansprechen als Buchstaben und Texte. Daraus lässt sich ableiten, dass wir bei der Psychotherapie durch die Anwendung von Vorstellungen schneller und tiefer an die Emotionen herankommen als durch Reden allein.

[70] Hoffman, Donald D. Visuelle Intelligenz: Wie die Welt im Kopf entsteht. Klett-Cotta, Stuttgart 2000.

3. Innere Bilder wirken jenseits unseres logischen und sprachlichen Denkens

Zwei Arten des Denkens

Dem ursprünglich aus Israel stammenden US-Amerikaner Daniel Kahneman gelang etwas Außergewöhnliches: Er wurde im Jahre 2002 als Psychologe mit dem Nobelpreis für Wirtschaftswissenschaften ausgezeichnet. Den Preis gewann er für seine sogenannte „Prospect Theory", mit der er das menschliche Verhalten bei Urteilen und Entscheidungen im Wirtschaftssystem erklärte. Im Jahr 2011 erschien in den USA sein später auf Deutsch übersetztes Buch „Schnelles Denken, langsames Denken"[71]. Darin unterscheidet Kahneman zwei wesentliche Wege des Denkens: Ein schnelles „System 1", welches Objekte automatisch instinktiv und ganzheitlich erfasst, zum Beispiel wenn wir in ein wütendes Gesicht schauen. Sobald wir nur einen kurzen Blick auf dieses Gesicht werfen, wird uns sofort der emotionale Zustand dieser Person klar und eine entsprechende emotionale Reaktion in uns aktiviert. Das „System 2" geht logisch und analytisch vor und ist deutlich langsamer als das erstere.

Wenn wir uns in der Welt des bildhaften Denkens bewegen, dann bewegen wir uns automatisch in Kahnemans System 1. Die inneren Bilder aktivieren unmittelbar große Netzwerke in unserem Gehirn, die mit unseren Gefühlen in Verbindung stehen. Wir finden damit direkten Zugang zu unserem schnellen, ganzheitlichen System des Erkennens. Das langsamere System 2 kommt erst nachher zum Einsatz. Wir benötigen es, um die Erkenntnisse aus der Welt der Bilder mithilfe der Sprache und des Verstandes zu analysieren.

Was macht innere Bilder zu so einem mächtigen Instrument? Nach all dem, was wir heute über das Gehirn wissen, aktivieren innere Bilder weite Bereiche in unserem Gehirn, die wesentlich älter sind als unsere Sprache und unsere Logik. Sie nützen das vorsprachliche Denken, das wir zum Teil mit den höheren Säugetieren teilen. Innere Bilder aktivieren archaische Symbolwelten

[71] Kahnemann, Daniel. Schnelles Denken, langsames Denken. Siedler Verlag, München 2012.

und greifen damit auf das kollektive unbewusste Erbe der Menschheit zurück. Diese finden laut dem Psychologen C. G. Jung in den Mythen und Märchen aller Zeiten ihren Ausdruck. Mithilfe der Imagination gelangen wir direkt an die Quelle unserer Intuition.

4. Imagination aktiviert evolutionär alte Anteile des Gehirns

Der US-amerikanische Hirnforscher Paul Donald MacLean schlug zum leichteren Verständnis der komplexen anatomischen und funktionellen Gegebenheiten eine Dreiteilung in „Reptiliengehirn", „Säugetiergehirn" und „Primatengehirn"[72] vor. Dabei orientierte er sich an der Stammesgeschichte, also der evolutionären Entwicklung unseres Nervensystems.

Das Reptiliengehirn

Den stammesgeschichtlich ältesten Bereich unseres Denkorgans bezeichnete MacLean als Reptiliengehirn oder auch als „Protoreptilisches Gehirn". Es besteht aus dem Hirnstamm und dem Zwischenhirn. Der Hirnstamm verbindet das Groß- und Kleinhirn mit dem Rückenmark. Das Zwischenhirn schließt sich direkt daran an und liegt zwischen den beiden Hirnhälften. Dazu zählen auch die sogenannten Stammganglien, die zusammen mit dem Kleinhirn für die feine Koordination von Bewegungen sorgen. Das Reptiliengehirn koordiniert angeborene Instinkte sowie überlebenswichtige Funktionen wie Atmung, Herzschlag und Blutkreislauf. Es lässt sich nur eingeschränkt durch Lernen beeinflussen.

Das Säugetiergehirn

Das Säugetiergehirn oder auch „Paläomammalische Gehirn" ist der Sitz unserer Emotionen, des Motivationsverhaltens, der Steuerung von Ernährung und Reproduktion. Es besteht aus der Amygdala, dem Hypothalamus, der verschiedene Hormone koordiniert, dem Hippocampus, der unser Gedächtnis prägt, sowie dem

[72] MacLean, Paul D. A triune concept of the brain and behavior. University of Toronto Press 1973.

Gyrus cinguli als Teil des limbischen Systems. Ihnen allen gemein ist, dass sie entscheidend an der Regulierung unserer Gefühlswelt mitwirken. Im Zusammenspiel von Aufmerksamkeit und Emotionen findet im Säugetiergehirn Lernen statt.

Das Primatengehirn

Als Primatengehirn oder auch „Neomammalisches Gehirn" tituliert MacLean den Neocortex. Das ist jener Anteil der Hirnrinde, welcher den Menschenaffen und den Menschen auszeichnet. Hier lokalisiert die Wissenschaft den Sitz des Denkens, der Logik, der Sprache und der Vernunft. Insbesondere das Stirnhirn vermag unsere Affekte und unbewussten Impulse bis zu einem gewissen Grad zu beeinflussen. Die Sprach- und Assoziationszentren sind nur beim Menschen in einem derart hohen Maße ausgebildet.

Die Dreiteilung MacLeans wurde teilweise begeistert aufgenommen und – wie es häufig vorkommt – auch heftig kritisiert; die Abgrenzung der drei Bereiche erscheine zu vereinfacht und idealisiert. Beispielsweise lässt sich schon bei manchen Reptilien und Vögeln ein einfacher, kleinerer Neocortex nachweisen. Auch kann man Vögeln ihre Lernfähigkeit nicht absprechen. Der Vorteil dieser Dreiteilung liegt jedoch darin, dass sie die Zusammenhänge in übersichtlicher und eingängiger Form darstellt.[73]

Die Psychotherapie seit Sigmund Freud bedient sich hauptsächlich der Sprache und des verbalen Denkens. Zweifellos lassen sich durch Wörter unsere Emotionen aktivieren: Eine gute Nachricht kann uns glücklich machen, eine Hiobsbotschaft in die Tiefen der Verzweiflung werfen. Aus Sicht der Evolution zählen die Sprachzentren jedoch zu den ganz jungen Bereichen unseres Gehirns. Im Vergleich zu den Arealen der Hirnrinde, die sich mit der Wahrnehmung beschäftigen, wie zum Beispiel das Sehzentrum und die Bereiche für Hören, Körperwahrnehmung und Motorik, sind sie relativ klein. Beim Imaginieren dringen wir ganz tief in die evolutionär gesehen alten Bereiche des menschlichen Gehirns vor.

[73] Greenfield, Susan. Reiseführer Gehirn. Spektrum Akademischer Verlag, Heidelberg 2011.

5. Plastizität – neue Nervennetze bilden

Eine der wichtigsten Erkenntnisse der Gehirnforschung der letzten Jahrzehnte ist die lebenslange Fähigkeit unseres Gehirns, zu lernen. Wir vermögen bis ins hohe Alter, Verknüpfungen zwischen Nervenzellen und damit neuronale Netze auszubilden.[74] Sogar neue Nervenzellen entstehen ständig. Dies findet, soweit wir heute wissen, im Hippocampus statt. Dessen links und rechts an der Basis der beiden Schläfenlappen liegende Struktur erinnerte die alten Anatomen aufgrund ihrer Form an ein Seepferdchen. Der ursprünglich griechische Ausdruck Hippocampos bezeichnete in der Mythologie ein Fabelwesen, auf dem die Götter des Meeres ritten – vorne ein Pferd (Hippos) und hinten ein Seeungeheuer (Campos). Darstellungen davon finden sich auf altrömischen Mosaiken, wie im englischen Badeort Bath, oder als Statue am Trevi-Brunnen in Rom.

Der Hippocampus ist der Ort des Lernens, zugleich beteiligt er sich als Bestandteil des limbischen Systems an der Verarbeitung von Emotionen. Bei Exposition gegenüber massivem Stress oder bei schweren Depressionen vermindert sich die Zahl der Nervenzellen im Hippocampus; er kann dadurch sogar an Größe abnehmen. Wie wir inzwischen wissen, lässt sich erfreulicherweise die Zahl dieser Nervenzellen auch wieder steigern, zum Beispiel durch körperliches Training, durch Lernen oder durch die Einnahme von antidepressiv wirksamen Medikamenten.

Wann immer wir etwas Neues lernen, steht uns die Plastizität des Gehirns zur Verfügung, unser ganzes Leben lang. So schafft auch der Einsatz innerer Bilder neue Verknüpfungen zwischen unseren Nervenzellen und verändert die neuronalen Netzwerke, welche die verschiedenen Areale des Gehirns miteinander verbinden.

Unser Gehirn umprogrammieren

Unsere Vorstellungswelt bedient sich im Wesentlichen zu großen Teilen derselben Nervenzellen und Erregungsmuster wie die Wahrnehmung, die Motorik und die Emotionen des Alltags. Dies

[74] Kandel, Eric. Principles of Neural Science. McGraw Hill, New York 2021.

versetzt uns in die Lage, unser Gehirn sozusagen umzuprogrammieren, neue Fähigkeiten zu erwerben und uns als Menschen weiterzuentwickeln. Inzwischen hat die Wissenschaft herausgefunden, dass eine lebenslange geistige und körperliche Aktivität notwendig ist, um die Funktion unseres Nervensystems aufrechtzuerhalten. Wir haben erkannt, dass die Synapsen in unserem Gehirn ohne ständige Beanspruchung nach und nach abgebaut werden. Es gilt die Devise: „Use it or lose it."

Zusammenfassung: Warum wirkt Imagination?

1. Wie wir gesehen haben, aktiviert Imagination neuronale Netzwerke, die starke Verbindungen zu den Zentren aufweisen, die Emotionen regulieren. Diese Zentren sind weit älter und stärker vernetzt als die Sprachzentren, die in der Entwicklungsgeschichte erst spät, nämlich erst beim Menschen, auftauchen.

2. Imagination beansprucht weite Teile des Gehirns, insbesondere Bereiche für Wahrnehmung und Interpretation. Die während der Imagination am meisten genutzten Sinnesmodalitäten sind visuelle Systeme. Diese nehmen etwa die Hälfte der Rechenleistung unserer Hirnrinde ein. Zusätzlich kommen weitere Sinnesmodalitäten zum Einsatz. Wenn man die Karten der Gehirnoberfläche betrachtet, zeigt sich, dass diese große Areale der Hirnoberfläche einnehmen, nämlich den sensorischen und motorischen Kortex.

3. Innere Bilder wirken jenseits unseres logischen und sprachlichen Denkens. Sie aktivieren archaische Symbolwelten und den Bilderschatz des kollektiven unbewussten Erbes der Menschheit. Damit erreichen wir direkt unser intuitives Wissen bzw. das „schnelle Denken", wie es der Psychologe Daniel Kahneman genannt hat.

Tiefen des Seins

Die Arbeit mit inneren Bildern führt uns in die Tiefen unseres Seins. Daraus resultiert ihre transformative Kraft. Darum nutzen wir Menschen seit Urzeiten die Macht der inneren Welten. Unser Vorteil in der Moderne besteht darin, dass die Hirnforschung inzwischen im Prinzip versteht, welche Vorgänge dabei in unserem Nervensystem ablaufen. Die Erkenntnisse der Neurobiologie erlauben es uns, die Macht der Vorstellungen noch gezielter als bisher einzusetzen.

Neurophilosophie der Imagination

Es gibt mehr Dinge zwischen Himmel und Erde, Horatio,
als deine Philosophie sich träumen lässt.[75]

William Shakespeare

Seit Anbeginn der systematischen Suche nach Erkenntnis stellen Philosophen die Frage nach der Bedeutung menschlicher Vorstellungen.

Wer sich auf die Suche nach den einflussreichsten Denkern macht, der kommt an einem Namen nicht vorbei: Platon (427–347 v. Chr.). Der bekannteste Schüler des Philosophen Sokrates lehrte im antiken Athen. Es wurde sogar behauptet, dass die gesamte moderne Philosophie nur aus Fußnoten zu Platon bestehe.[76] Sämtliche Werke Platons bestehen aus Dialogen, in denen Sokrates mit Zeitgenossen debattierte. Immer ging es um die Suche nach sicherem Wissen, wobei Sokrates seine Gesprächspartner regelmäßig aufs Glatteis führte, um ihnen die Grenzen ihrer Kenntnis aufzuzeigen. Damit machte er sich offensichtlich nicht sonderlich beliebt; seine lästigen Fragen sollten ihm zum Verhängnis werden. Das Gericht in Athen verurteilte ihn zum Tode und zwang ihn, den – inzwischen sprichwörtlich gewordenen – Schierlingsbecher zu leeren.

Sokrates' philosophische Methode entwickelte sich sogar zum Vorbild einer eigenen Technik der Psychotherapie, dem „sokratischen Dialog"[77]. Dabei führt der Therapeut seine Klienten durch gezielte Fragen bis an die Grenzen des eigenen Denkens, um damit

[75] Shakespeare, William. Hamlet. The complete works of William Shakespeare: Geddes & Grosset, Glasgow 2008. Übers. v. Autor.
[76] Whitehead, Alfred North. Prozess und Realität: Entwurf einer Kosmologie. Suhrkamp, Frankfurt am Main 1987.
[77] Linden, Michael; Hautzinger, Martin. Verhaltenstherapiemanual: Erwachsene. Springer, Berlin 2022.

die Möglichkeiten, aber auch die inneren Hindernisse aufzuzeigen und auf diesem Wege seelische Entwicklung anzustoßen.

Wie Schatten in einer Höhle

In seinem berühmten Höhlengleichnis beschreibt Platon eine Gruppe von Menschen in einer Höhle. Sie sitzen dort derart gefesselt, dass sie nur auf eine Wand blicken können. Hinter ihnen brennt ein Feuer. Das Einzige, was die Gefesselten zu sehen bekommen, sind die Schatten, welche sich an der Wand vor ihnen bewegen. Dann wird einer der Gefangenen befreit, er darf die Höhle verlassen. Draußen blendet ihn das Licht der Sonne, er kann zunächst überhaupt nichts erkennen. Doch dann vermag er die Welt in ihrer ganzen Pracht wahrzunehmen. Reich an neuen Erkenntnissen kehrt er wieder in die Höhle zurück. Dort versucht er, seinen Kameraden diese neu gewonnenen Einsichten zu vermitteln. Doch es fällt ihnen schwer, ihm zu glauben. Sie sind sich der Beschränktheit ihrer Wahrnehmung nicht bewusst.

Genau darin sieht Platon[78] die Aufgabe des Philosophen: Menschen die Grenzen ihrer Wahrnehmung aufzuzeigen und mit ihnen das Wissen über die „wahre Wirklichkeit" zu teilen. Heute wird dieses Gleichnis oft dahingehend interpretiert, dass der Philosoph (oder der Neurobiologe) mehr versteht als dessen Mitmenschen und deshalb oft schwer verstanden oder verkannt wird. Platon bezog sich damit aber eigentlich auf die von ihm vermuteten „Ideen", also Bilder oder Urtypen, die eine eigene metaphysische Realität darstellen, welchen er eine Art höherer Wirklichkeit zuschrieb und welche nur der Philosoph zu erkennen in der Lage sei.

Von der Seele

Aristoteles (384–322 v. Chr.) begann seine philosophische Ausbildung in der berühmten Akademie Platons in Athen. Als einer der ersten Universalgelehrten der Geschichte beschäftigte er sich mit dem Begriff der Seele. In seinem Werk „De anima" („Über die Seele") widmete er sich ausführlich den Vorstellungen.

[78] Platon. Der Staat: Über das Gerechte. Meiner, Philosophische Bibliothek, Hamburg 1989.

Aristoteles[79] geht davon aus, dass unser Gedächtnis sogenannte Phantasmata – Überbleibsel von sinnlichen Wahrnehmungen – speichert. Diese werden immer wieder ins Bewusstsein geholt und miteinander in neue Kombinationen gesetzt. Eine Fähigkeit, die er „Phantasia" nannte und mit der er im Prinzip nichts anderes als Imagination meinte. Damit erklärte Aristoteles die Phantasia zur Grundlage für Erinnerungen, Träume und Vorstellungen über die Zukunft. In heutiger Zeit würden wir in diesem Zusammenhang von mentalen Repräsentationen sprechen.

Was existiert „wirklich"?

Eine der ältesten Fragen der Philosophie lautet: Was liegt der Realität zugrunde? Der Fachbegriff dafür lautet Ontologie. Der irische Bischof Berkeley[80] (1685–1753) vermutete, alles, was existiert, seien in Wahrheit nur Gedanken Gottes. Was existiert außerhalb unserer Wahrnehmung? Können wir es erfassen? Ist der Baum im Garten, den ich durch das offene Fenster sehe, auch noch da, wenn ich nicht hinsehe?

Wenn wir heute versuchen, diese Fragen aus Sicht der Neurobiologie zu beantworten, dann würden wir Folgendes konstatieren: Wir müssen davon ausgehen, dass außerhalb unserer Wahrnehmung eine „wirkliche" Welt existiert. Was diese Welt jedoch ist, können wir nicht wissen. Denn die Welt, die wir wahrnehmen, ist ein Produkt unserer Vorstellungskraft.

Biologie trifft Philosophie

Der Schotte David Hume (1711–1776) gilt als eine der zentralen Figuren in der Philosophie der Psychologie. Seine Gedanken schienen jedoch selbst für seine Epoche der Aufklärung so radikal, dass seine Bücher eine Zeit lang auf dem Index librorum prohibitorum (dem Index der verbotenen Bücher des Vatikans) landeten und er nie die von ihm angestrebte Position als Professor an einer Universität erlangte. Hume gewann durch den Verkauf seiner Bücher

[79] Corcilius, Klaus. Phantasia und Phantasie bei Aristoteles. In: Imagination, Transformation und die Entstehung des Neuen. De Gruyter, Berlin 2014.
[80] Berkeley, George. Eine Abhandlung über die Prinzipien der menschlichen Erkenntnis. Meiner, Philosophische Bibliothek, Hamburg 2004.

dennoch ein Vermögen – insbesondere seine „Geschichte von Großbritannien“ fand reißenden Absatz. Aus heutiger Sicht ist Hume jedoch weniger als Historiker oder Ökonom bekannt, vielmehr gilt er als einer der ganz großen Pioniere der Philosophie. Er beschäftigte sich unter anderem intensiv mit der menschlichen Vorstellungskraft. In seiner „Untersuchung über den menschlichen Verstand“[81] stellte Hume fest, dass unsere Vorstellungen blass erscheinen im Vergleich zu unseren Wahrnehmungen. Er wurde heftig dafür kritisiert, diese „Blässe“ als ein Kriterium für die Unterscheidung einer Vorstellung von der Wahrnehmung heranzuziehen.[82]

Existiert die Welt, wenn keiner hinschaut?

Bertrand Russell (1872–1970), Mathematiker und Philosoph an der Cambridge University, wurde für sein philosophisches Werk im Jahre 1950 mit dem Literaturnobelpreis ausgezeichnet.

In seinem vielgelesenen Einführungstext „Probleme der Philosophie“[83] stellte er die These auf, dass außerhalb von uns keine Farben existieren würden. Salopp gesagt: Wenn keiner hinschaut, dann gibt es keine Farben. Damit formulierte Russell eine These, die auf den ersten Blick unserer Intuition widerspricht; der Verstand möchte Protest einlegen. Doch der zweite Blick gibt dem Philosophen recht: Farben entstehen bei jedem Sehvorgang immer wieder neu aus dem komplexen Wechselspiel zwischen Lichtstrahlen, Netzhaut und Sehzentrum im Gehirn. In eine ähnliche Kerbe wie Bertrand Russell schlug der Universalgelehrte Galileo Galilei (1564–1642) dreieinhalb Jahrhunderte früher: „Ich glaube, dass Geschmack, Geruch, Farben und noch mehr […] im Bewusstsein wohnen. Würden folglich die lebenden Kreaturen entfernt, würden all diese Qualitäten weggewischt und ausgelöscht.“[84]

[81] Hume, David. Untersuchung über den menschlichen Verstand. Meiner, Philosophische Bibliothek, Hamburg 2022.
[82] McGinn, Colin. Das geistige Auge: Von der Macht der Vorstellungskraft. Primus, Darmstadt 2007.
[83] Russell, Bertrand. Probleme der Philosophie. edition suhrkamp, Frankfurt am Main 1967.
[84] Galilei, Galileo. In: Hoffmann, Donald D. Relativ real: Warum wir die Wirklichkeit nicht erfassen können und wie die Evolution unsere Wahrnehmung geformt hat. dtv, München 2020.

Dinge „an sich" ...

Der Denker Immanuel Kant (1724–1804) aus dem ehemaligen Ostpreußen gilt als der große Kauz unter den Philosophen. Sein heimatliches Königsberg sollte er sein Lebtag lang nie verlassen. Dennoch hinterließ er der Nachwelt eine Reihe von Erkenntnissen: Mit dem sogenannten „kategorischen Imperativ" werden Schüler noch heute regelmäßig „gequält". Sein Hauptwerk „Kritik der reinen Vernunft"[85] zählt zu den einflussreichsten Werken der Philosophie überhaupt, wird aber aufgrund seiner gewundenen Ausdrucksweise allerhöchstens von Expertinnen genossen.

Dieses Buch enthält einen zentralen Gedanken, der uns noch Jahrhunderte später beschäftigt: Der menschliche Geist ist von Geburt an kein unbeschriebenes Blatt. Vielmehr bringen wir Kategorien des Denkens mit, die uns angeboren sind. Das bedeutet, wir nehmen nicht die Welt wahr, wie sie ist, vielmehr wird unsere Wahrnehmung durch die angeborenen Anschauungen des Verstandes – wie zum Beispiel Raum und Zeit – geprägt. Die Welt, wie sie außerhalb unserer Sinne existiert, können wir nicht kennen, also die „Dinge an sich" – so nennt Kant alles, was hinter den Erscheinungen in unserer Wahrnehmung liegt. Ein Gedanke, den die moderne Neurobiologie zu bestätigen scheint. Wir kennen nur, was uns unsere Sinne zeigen – das komplexe Produkt aus dem Zusammenspiel von physikalischen Phänomenen, den Sinnesorganen und unserem Gehirn.

Bewusstsein – schwere und leichte Probleme

Eines der letzten großen Rätsel der Wissenschaft besteht in der Frage: Wie entsteht Bewusstsein? Wie ist es möglich, dass sich ein Lebewesen mithilfe von elektrochemischen Signalen in Nervenzellen seiner selbst und seiner Umgebung bewusst wird? Unser menschliches Bewusstsein scheint eine Qualität zu besitzen, die über die bloßen Regeln der Physik hinausgeht. Der US-amerikanische Philosoph David Chalmers[86] unterscheidet ein „easy problem"

[85] Kant, Immanuel. Kritik der reinen Vernunft. Meiner, Philosophische Bibliothek, Hamburg 1998.

[86] Chalmers, David. Facing Up to the Problem of Consciousness. Journal of Consciousness Studies. 2(3):200-19, 1995.

von einem „hard problem". Das leichte Problem betrifft die Funktion und das Zusammenspiel der Nervenzellen in der Verarbeitung von Information. Das schwierige Problem besteht in der Frage, wie aus Nervenimpulsen schließlich Bewusstsein entsteht. Sind wir nur ein „Haufen von Neuronen", wie es der Nobelpreisträger und Mitentdecker der Erbsubstanz, Francis Crick, in seinem Buch „Was die Seele wirklich ist"[87] Alice im Wunderland in den Mund legt? Oder ist die menschliche Seele so etwas wie der „göttliche Funke" in uns? Könnte die Seele vielleicht tatsächlich ein unsterbliches Wesen sein, das unabhängig von einem Körper zu existieren vermag, wie Menschen seit Urzeiten vermuten?

Die Leere vom Ich

> Die Verfechter der Substanz sind wie Kühe.
> Die Anhänger der Leere noch schlimmer. [88]
>
> Saraha (ca. 9. Jh.)

Wollen wir gemeinsam ein kleines Gedankenexperiment wagen? Machen Sie es sich gemütlich. Richten Sie Ihr Bewusstsein jetzt auf Ihr Ich, also auf alle Gedanken, Wörter und Bilder, die gerade in Ihrem Kopf herumspuken, sowie auf all jene Sinneseindrücke, welche auf Sie einströmen, die Farben und Gegenstände in Ihrem Gesichtsfeld, die Gerüche in Ihrer Nase, die Geräusche in Ihren Ohren, den Kleiderstoff auf Ihrer Haut, den Druck der Unterlage, auf der Sie jetzt sitzen oder liegen. Als Nächstes schließen Sie Ihre Augen und unterbrechen dadurch den Akt des Sehens. Jetzt nehmen Sie einmal die Stille um sich wahr. Sie werden merken, wie all die Dinge um Sie herum plötzlich an Bedeutung verlieren. In der Monotonie und der Stille verschwinden nach und nach die Empfindungen von Geruch, Geschmack und den Grenzen des Körpers.

---

[87] Crick, Francis. Was die Seele wirklich ist: Die naturwissenschaftliche Erforschung des Bewusstseins. Artemis & Winkler, München 1997.
[88] Zit. in: Varela, Francisco; Thompson, Evan. Der Mittlere Weg der Erkenntnis: Der Brückenschlag zwischen wissenschaftlicher Theorie und menschlicher Erfahrung. Scherz Verlag, Bern 1991.

Dann lassen Sie alle Gedanken ziehen, denken Sie einmal an – nichts. Zuletzt warten Sie, bis durch die Bewegungslosigkeit alle Empfindungen Ihres Körpers verblassen. Lassen Sie nach und nach all die Inhalte verschwinden, die sonst immer Ihr Bewusstsein füllen. Was bleibt übrig, wenn Sie sich an einen ganz ruhigen Ort zurückziehen und all die Sinneseindrücke loslassen? Richtig: im Idealfall nichts. Leere. Die Leere Ihres Ichs. Ohne Wahrnehmungen (innen oder außen) bleibt – Leere.

Sobald wir auf alle sinnlichen Eindrücke verzichten, bleibt so etwas wie „reines" Bewusstsein als Potenzial übrig. Reines Gewahrsein ohne Inhalt. Das Ich löst sich auf. Verschwindet. Es entsteht Leere, als Nicht-Wahrnehmung, als Nicht-Eindruck. Dieses Phänomen haben im Laufe der Jahrtausende viele Meditierende in Ost und West aus eigener Anschauung kennengelernt. Es existiert in uns eine Art leerer Raum, in dem sich Bewusstsein ereignen kann. Von dieser Erfahrung spricht übrigens auch der Physiker und Neurobiologe Christof Koch in seinem wegweisenden Buch „Bewusstsein – Warum es weit verbreitet ist, aber nicht digitalisiert werden kann."[89]

Intentionalität

Ein zentrales Phänomen in der Philosophie der Psychologie trägt die auf den ersten Blick etwas verwirrende Bezeichnung „Intentionalität". Sie wurde von dem deutschen Psychologen Franz Brentano im 19. Jahrhundert geprägt und in moderner Zeit durch den US-amerikanischen Philosophen John Searle[90] vertieft:

Unser Bewusstsein ist immer auf etwas gerichtet, es hat immer einen Inhalt. Bewusstsein ohne Inhalt ist schlicht nicht denkbar. Das wirft in der Diskussion um die Meditation der Leere folgende Frage auf: Was bleibt vom Bewusstsein, ohne Inhalt? Vielleicht bleibt in diesem Zustand so etwas übrig wie latentes Bewusstsein als eine reine Möglichkeit. Manche Formen der

[89] Koch, Christof. Bewusstsein: Warum es weit verbreitet ist, aber nicht digitalisiert werden kann. Springer, Berlin 2020.
[90] Searle, John. Geist: Eine Einführung. Suhrkamp, Frankfurt am Main 2007.

geistigen Schulung, insbesondere die Zen-Meditation (chinesisch: Chan) verfolgen das Ziel, gerade diesen Zustand zu erreichen.[91]

Der Irrtum des René Descartes

Im Alltag unterliegen wir einer Sinnestäuschung. Die lebhafte Wahrnehmung der Welt, in der wir unser Leben verbringen, vermittelt uns den Eindruck, wir besäßen so etwas wie ein substanzielles Ich – eine geistige Substanz oder „Res cogitans" – wie sie der französische Philosoph René Descartes in seinen berühmten „Meditationes de prima philosophia" bezeichnete: Eine Seele, die unabhängig vom Körper existiert und nach dem Tod auf geheimnisvolle Weise weiterleben soll. Darin sieht der einflussreiche amerikanische Hirnforscher Antonio Damasio den Irrtum Descartes'.[92]

In der Matrix

Thomas Metzinger, der sich der philosophischen Erforschung des Bewusstseins verschrieben hat, verwendet für dieses Phänomen die Metapher vom „Ego-Tunnel".[93] All die Wahrnehmungen, die unseren Alltag und unser Leben ausmachen, umhüllen sozusagen einen Tunnel aus – Sie werden es schon vermuten – Leere. Metzinger sieht uns als „virtuelles Selbst in einer virtuellen Realität". Unser „Selbst" existiere gar nicht. Leben wir also alle in der Matrix?[94]

Radikaler Konstruktivismus

Die ehrwürdig ergraute Tradition der philosophischen Erkenntnistheorie (sie stellt mit Kant die Frage: „Was kann ich wissen?") erfuhr im 20. Jahrhundert dank des Siegeszuges der kognitiven Wissenschaften aufregende neue Impulse. Am radikalsten formulierten es die beiden chilenischen Neurobiologen Umberto

---

[91] Han, Byung-Chul. Philosophie des Zen-Buddhismus. Reclam, Ditzingen 2002.
[92] Damasio, Antonio. Descartes' Irrtum: Fühlen, Denken und das menschliche Gehirn. List, Berlin 2004.
[93] Metzinger, Thomas. Der Ego-Tunnel: Eine neue Philosophie des Selbst. Btv, Berlin 2010.
[94] Vgl. Matrix – The Complete Trilogy. Mit Audiokommentar von u. a. Ken Wilber. Blu-ray. Warner Brothers, Hamburg 2013.

Maturana und Francisco Varela: Die Wirklichkeit ist uns nicht zugänglich. Wir leben in einer großteils von der Außenwelt abgekoppelten Realität, vergleichbar mit einem Unterseeboot, das sich mithilfe seines Echolotes durch das Meer bewegt. Auch das Echolot gibt nicht die Realität des Meeres wieder, sondern es zeichnet lediglich Linien und Muster auf einen Bildschirm. Trotzdem vermag ein geschulter Navigator mit deren Hilfe sein U-Boot sicher durch die Untiefen des Meeres zu manövrieren.[95]

Imagination als Ursprung der Freiheit

Frankreich verfügt über eine jahrhundertealte Institution: Die des öffentlichen Intellektuellen, der alle Genregrenzen überschreitet und nicht nur als Philosoph, sondern auch als Literat von sich reden macht. Seit Voltaire feiert die Grande Nation ihre Intellektuellen wie Helden. Jean-Paul Sartre war einer davon. Es ist wenig bekannt, dass Sartre sich intensiv mit dem Thema der menschlichen Vorstellungskraft beschäftigt hat. In der Schlussfolgerung seines Werkes über das Imaginäre formuliert er:

„Deshalb ist es uns erlaubt zu schließen: Die Imagination ist nicht eine empirische Kraft, welche dem Bewusstsein hinzugefügt wird, sondern sie ist das Bewusstsein als Ganzes, welches seine Freiheit verwirklicht; jede konkrete und reale Situation des Bewusstseins in der Welt geht schwanger mit dem Imaginären, indem es sich immer präsentiert als ein Überschreiten des Realen. Daraus folgt nicht, dass jede Wahrnehmung der Wirklichkeit sich in das Imaginäre verwandeln muss, sondern das Bewusstsein ist immer ‚in anderen Umständen', weil es immer frei ist, es gibt immer und in jedem Augenblick die konkrete Möglichkeit, das Irreale zu produzieren."[96]

Das bedeutet für uns mit Jean-Paul Sartre: Wir sind frei, gerade weil wir die Fähigkeit besitzen, uns Dinge vorzustellen, die nicht existieren.

---

[95] Maturana, Humberto; Varela, Francisco. Der Baum der Erkenntnis. Fischer, Frankfurt am Main 2009.
[96] Sartre, Jean-Paul. L'imaginaire: Folio Essais. Gallimard, Paris 2005. (dt. Übers. v. Autor).

Die Philosophen lehren uns, dass wir die Welt – unsere Welt – immer schon imaginieren, ja sogar, dass wir unseren Imaginationen überhaupt nicht zu entkommen vermögen. Auch das, was wir für die Wahrnehmung einer Außenwelt halten, die scheinbar unabhängig von unserem Bewusstsein existiert, ist, philosophisch betrachtet, ein Akt der Imagination.

Die Natur der Wirklichkeit

Der Fortschritt der heutigen Wissenschaft zerstört
die grundlegenden Voraussetzungen unseres Alltagsbegriffs
von Realität.[97]

Slavoj Zizek

Jerusalem, anno domini 31: Der Evangelist Johannes berichtet über ein Verhör, welches vermutlich im Palast des damaligen Statthalters der römischen Provinz Judäa stattfand. Jesus Christus war von seinem Häscher an die Schergen der Besatzungsmacht ausgeliefert worden. Nachdem die Soldaten ihn gegeißelt und mit einer Dornenkrone verhöhnt haben, führen sie ihn vor den obersten Richter und Vertreter des römischen Imperiums. Pontius Pilatus vernimmt den Gefangenen. Am Ende des Verhörs stellt er ihm eine Frage, die in die Geschichte eingehen sollte: „Was ist Wahrheit?" Pilatus erhält darauf keine Antwort. Schließlich lässt er Jesus in einen Purpurmantel gehüllt und mit der Dornenkrone auf dem Kopf vor das Volk führen.

Der Historiker und Erforscher der Heiligen Schrift, Robin Fox, vertritt in seinem Buch „Die andere Geschichte der Bibel"[98] die Ansicht, dass dieses Verhör wohl nicht genau so abgelaufen sein könne. Es hätte zumindest noch eine dritte Person anwesend sein

---

[97] Zizek, Slavoj. Wie ein Dieb bei Tageslicht: Macht im Zeitalter des posthumanen Kapitalismus. S. Fischer, Frankfurt am Main 2019.

[98] Fox, Robin Lane. Die andere Geschichte der Bibel: Fakt und Fiktion in der Heiligen Schrift. Klett-Cotta, Stuttgart 2019.

müssen, als Dolmetscher zwischen dem Römer, der wohl kein Aramäisch oder Hebräisch sprach, und dem Zimmermann aus Nazareth, der vermutlich weder Latein noch Griechisch konnte. Dazu kommt: Wer hätte dem Evangelisten den genauen Wortlaut dieses Verhörs berichten können?

Was ist Wahrheit?

Eine der ältesten Fragen der Philosophen. Im Alltag meinen wir mit „Wahrheit" die Übereinstimmung einer Aussage oder Wahrnehmung mit der Wirklichkeit, mit den Tatsachen. Die Philosophie formuliert im Wesentlichen zwei Theorien, um dieses Phänomen zu erklären: die Korrespondenztheorie und die Kohärenztheorie.

Die Korrespondenztheorie besagt, dass eine Tatsache wahr sei, wenn sie mit der Wirklichkeit übereinstimme. Doch hier wird es philosophisch gesehen spannend. Denn sobald wir versuchen, die beiden Begriffe Wahrheit und Wirklichkeit zu erfassen, scheinen sich die Vorstellungen davon plötzlich in immer größerer Unschärfe zu verlieren. Ist die Welt, wie sie uns erscheint, ein Konstrukt unseres Gehirns, erfunden von unseren Nervenzellen und Synapsen? Eine simulierte Matrix, die uns hilft, zu überleben, und die uns so real erscheint, dass wir sie für die wahre Welt halten?

Die Kohärenztheorie besagt vereinfacht formuliert, dass eine Aussage dann als wahr gelte, wenn sie mit der Gesamtheit anderer Aussagen übereinstimme. Damit kommt der Intersubjektivität eine zentrale Rolle zu. Die Schwäche dieser Theorie besteht darin, dass sie sich schon gar nicht auf eine „objektive Realität" – wie auch immer diese auszusehen vermag – zu beziehen scheint und dass das gesamte Ideengebäude, auf das sie sich bezieht, ja falsch sein kann. Unzählige Variationen dieser Ideen füllen Bibliotheken.

Sinnestäuschungen

Erste Widersprüche in unserem Blick auf die Realität tauchen auf, wenn wir an die Grenzen der Wahrnehmung stoßen. Optische Täuschungen, wie der „Necker-Würfel" oder die „Café-Wall-Illusion" führen uns buchstäblich vor Augen, dass unsere visuelle

Wahrnehmung nicht ganz so zuverlässig ist, wie sie uns prima vista erscheint.

Wahrscheinlich hat in unseren Breiten jeder den Necker-Würfel schon gesehen: Zwei schräg verschobene Quadrate mit durch vier Linien verbundenen Ecken auf zweidimensionaler Ebene dargestellt ergeben die Illusion eines dreidimensionalen Würfels, der noch dazu abwechselnd in zwei Positionen gesehen werden kann.

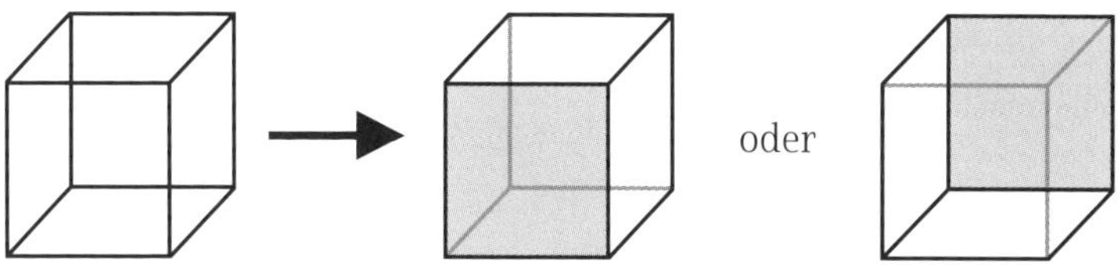

In der sogenannten Kaffeehaus-Täuschung oder Café-Wall-Illusion erzeugt das Muster aus verschobenen schwarzen und weißen Quadraten die eindrückliche Illusion von schrägen Linien, die tatsächlich völlig parallel zueinander liegen. Die Bezeichnung für diese Illusion, die sich in weißen und grünen Fliesen an der Außenfassade eines Kaffeehauses in Bristol abgebildet fand, prägte der britische Kognitionspsychologe Richard L. Gregory[99] im Jahre 1973.

[99] Gregory, Richard L. Eye and Brain. The Psychology of Seeing. Princeton University Press 2015.

Der blinde Fleck

Ein weiteres Beispiel für die Unvollständigkeit unserer Wahrnehmung: der blinde Fleck in unseren Augen. Wie wäre es, wenn ein kleiner Ausschnitt unseres Gesichtsfeldes einfach fehlte, ohne dass uns das überhaupt auffiele? Das ist tatsächlich der Fall: Auf unserer Netzhaut gibt es in jedem der beiden Augen eine Stelle, an der sich die Nervenfasern sammeln, um dann gebündelt als Sehnerv am hinteren Pol des Augapfels auszutreten und weiter zum Gehirn zu ziehen. An dieser Stelle der Netzhaut liegt der berühmte „blinde Fleck". Er wird in unserer visuellen Wahrnehmung einfach „wegretouchiert".

Sie können diesen blinden Fleck mit einem ganz einfachen Experiment entdecken: Zeichnen Sie auf ein Blatt Papier einen Punkt und etwa zehn Zentimeter rechts daneben ein kleines Kreuz. Schließen Sie Ihr linkes Auge. Fixieren Sie mit dem rechten Auge den Punkt und bewegen Sie sich langsam mit dem Kopf darauf zu und dann wieder weg. An einer bestimmten Stelle wird das Kreuz verschwinden, nur um dann wieder aufzutauchen, sobald Sie die Distanz zum Blatt Papier neuerlich verändern oder das Blatt etwas nach links oder rechts verschieben. Der Versuch lässt sich auch mit zwei nebeneinander gehaltenen Daumen oder Münzen durchführen. Das Experiment wurde erstmals im Jahre 1668 von dem französischen Naturforscher Edme Mariotte in seiner Publikation „Nouvelle découverte touchant la veüe" beschrieben.

Die Untersuchung der Funktion unserer Sinne lehrt uns, dass sie nur einen kleinen Ausschnitt der physikalischen und chemischen Phänomene unserer Umgebung wiedergeben. Der größte Teil der elektromagnetischen Schwingungen bleibt für das Auge unsichtbar, das Spektrum des sichtbaren Lichtes macht nur einen relativ kleinen Anteil aus. Farbenblinde sehen Farben anders. Unsere Ohren sind sehr fein entwickelt, trotzdem ist die Frequenz der wahrnehmbaren Schwingungen nach oben und unten begrenzt. „Unser Geschmacks- und Geruchsinn vermögen feinste Nuancen zu unterscheiden, doch auch hier bestehen Limitierungen."

Naive Realisten

Aus Sicht der Philosophen kommen wir alle als „naive Realisten“[100] zur Welt. Wir bewegen uns von Kindesbeinen an mit größter Selbstverständlichkeit durch eine Umgebung aus Farben, Formen, Gerüchen, Geräuschen. Unsere Sinne ermöglichen uns das Manövrieren durch unsere Lebenswelt mit schlafwandlerischer Sicherheit. Wir nehmen die Dinge der Außenwelt scheinbar so wahr, wie sie sind: das Blau des Himmels über uns, das Grün der Wiese, das Plätschern des Baches, den Duft von frisch gemähtem Heu. Wir sind der Überzeugung, dass da draußen die Farben des Regenbogens existieren, dass es Töne und Geräusche gibt, wie Vogelgezwitscher oder die ersten vier Töne der 5. Symphonie von Ludwig van Beethoven. Es besteht auf den ersten Blick kein Grund, daran zu zweifeln, dass die Welt so ist, wie sie uns erscheint.

Die Erforschung unserer Sinnesorgane und der damit zusammenhängenden Physik, Chemie und Elektrizität lehrt uns jedoch, dass in der äußeren Welt keine Farben oder Töne existieren. Da draußen gibt es nur elektromagnetische Schwingungen von Lichtstrahlen oder Wellen von Luftmolekülen. Streng genommen existieren nicht einmal diese, denn auch Lichtstrahlen und schwingende Luftmoleküle sind letzten Endes nur Modelle in unserer Vorstellung, gedankliche Konstrukte, die uns helfen, die Welt um uns herum irgendwie zu begreifen.

Ohne dass ein Mensch da wäre, um elektromagnetische Wellen in Licht und Luftschwingungen in Schall umzusetzen, gäbe es kein Licht und keine Töne. Ohnehin bleibt der größte Teil für Auge und Ohr unerkannt. Unsere Augen können nur einen kleinen Ausschnitt aus dem existierenden Farbspektrum sehen; das menschliche Ohr kann nur Töne zwischen 20 und 20.000 Hertz wahrnehmen. Das Sehvermögen einer Biene mit ihren Facettenaugen hingegen reicht weit in den ultravioletten Bereich hinein; das Hörvermögen einer Fledermaus bewegt sich deutlich im Ultraschallbereich, sodass sie ihre Ohren wie ein Echolot einzusetzen vermag.

[100] Wörterbuch der philosophischen Begriffe. Meiner, Philosophische Bibliothek, Hamburg 2013.

Die Welt jenseits der Wahrnehmung

Im Alltag bemerken wir die Grenzen unserer Wahrnehmung nicht. Um darüber hinausblicken zu können, benötigen wir Intuition, Theorien und Messinstrumente.

Natürlich müssen wir davon ausgehen, dass „dort draußen" eine „reale" Welt existiert, die jenseits unserer Sinnesorgane liegt; doch wie sie „wirklich" aussieht, können wir nicht erfassen. Es macht nicht einmal Sinn, darüber zu sprechen, wie diese Welt „wirklich" aussehen könnte. Die Wirklichkeit scheint sich aufzulösen in einen tanzenden Wirbel aus reiner Energie. Somit bestätigt die moderne Sinnesphysiologie in Kombination mit der Neurobiologie die Kernaussage des Philosophen Immanuel Kant: Das „Ding an sich" ist uns nicht zugänglich.

Sobald wir die Wirklichkeit zu ergreifen versuchen, scheint sie dem Griff unserer Hand zu entweichen, so, als ob wir mit den Händen die Luft fassen wollten. Wir können die Welt unserer Vorstellungen nicht verlassen, so sehr wir es auch anstreben mögen. Es bleibt uns nur, uns vorzustellen, was dahintersteckt. Wie es der Pilot und Schriftsteller Antoine de Saint-Exupéry treffend formulierte: „Man sieht nur mit dem Herzen gut. Das Wesentliche ist für die Augen unsichtbar."

Die wahren Abenteuer sind im Kopf

Der österreichische Poet, Sänger und Künstler André Heller singt: „Die wahren Abenteuer sind im Kopf. Und sind sie nicht im Kopf, dann sind sie nirgendwo." Unser Gehirn simuliert eine Wirklichkeit, und zwar so perfekt, dass es großen Aufwand benötigt, diese Tatsache überhaupt zu gewahren. Doch genau diese simulierte Wirklichkeit ist für uns die Welt, in der wir leben. Diese Welt ist das Zuhause unseres Ichs: Muster aus Netzwerken von Neuronen, Netzwerke, die sich ständig wandeln. Tatsächlich verlassen wir diese simulierte Wirklichkeit nie.

Unsere Vorstellungsbilder vermögen es nicht, die Nervennetzwerke auf genau dieselbe Art zu aktivieren wie die Wahrnehmung. Aus diesem Grund erscheinen uns die nur vorgestellten

Objekte meist blasser, als wenn wir sie direkt betrachten (wie schon David Hume feststellte).

Durch sehr viel Übung ist es möglich, die Vorstellungskraft deutlich zu verbessern, wie zum Beispiel Ludwig van Beethoven beweist, der in fast völlig ertaubtem Zustand einige der größten Werke komponierte, welche die Kunst je hervorgebracht hat. Man denke nur an seinen Chorsatz zu Schillers Ode „An die Freude", welche Europa zu seiner Hymne erkoren hat.

Die Welt als Täuschung?

Die großen Mystikerinnen, Philosophen und Wissenschaftler wissen seit Jahrtausenden, dass es auf der Welt mehr gibt, als wir mit unseren Sinnen wahrzunehmen vermögen. Denken wir nur an Radioaktivität, die wir nur mit unseren Messgeräten wie dem Geigerzähler detektieren, deren verheerende Auswirkungen wir aber dann doch wieder direkt sehen können.

Die Veden zählen zu den ältesten schriftlichen Aufzeichnungen der Menschheit. Es handelt sich dabei um eine grundlegende Sammlung von spirituellen Texten, welche die Basis des Hinduismus bilden. Sie wurden aber auch im deutschen Sprachraum weit rezipiert, zum Beispiel von den Gebrüdern Grimm, Arthur Schopenhauer oder C. G. Jung. Letzterer war besonders fasziniert von dem Begriff „Maya"[101], der besagt, die von uns wahrgenommene Realität stelle eine Täuschung dar. Die Welt, die uns unsere Sinne vermitteln, ist nicht real, sondern Illusion. Die Aufgabe des Weisen bestehe darin, diese Täuschung mit dem „Schwert des Verstandes" und der aus Meditation und religiösen Lehren gewonnenen Einsicht zu durchdringen. Die moderne Sinnesphysiologie (die Lehre von der Funktion unserer Sinne) legt Belege dafür vor, dass die Rishis, die mythischen Weisen des alten Indien, denen die heiligen Texte angeblich offenbart wurden, mit dieser Einsicht möglicherweise nicht unrecht hatten.

[101] Jung, Carl Gustav. Die Psychologie des Kundalini-Yoga: Nach Aufzeichnungen des Seminars 1932. Patmos, Ostfildern 2022.

Relativ real

Der amerikanische Kognitionspsychologe Donald D. Hoffman hat die Erkenntnisse der Neurobiologie in seinem wichtigen Werk „Relativ real – Warum wir die Wirklichkeit nicht erfassen können und wie die Evolution unsere Wahrnehmung geformt hat“[102] zusammengefasst. Er vergleicht die in uns entstehende Welt mit der Benutzeroberfläche eines Computers. Hoffman argumentiert, dass wir nicht glauben würden, das kleine Icon auf dem Computerbildschirm sei die Datei selbst. Wir wissen ganz genau, dass es sich bei einem Icon lediglich um ein Symbol handelt, welches für ein komplexes Gefüge von Schaltkreisen steht. Genauso erschafft das Gehirn eine Realität, die uns hilft, zu überleben. Sie stellt uns eine dreidimensionale Benutzeroberfläche der „wirklichen“ Außenwelt in Form von Symbolen vor. Diese selbst ist uns nicht direkt zugänglich.

Verantwortung für unsere Wirklichkeit

Wie entsteht Bewusstsein? Eines der letzten großen Rätsel unserer Zeit. Bewusstsein hat immer einen Inhalt, ist immer auf etwas gerichtet. Wenn wir uns in einen Zustand der Leere versetzen, bleibt da kein Bewusstsein. Gerichtetheit – Philosophen nennen dieses Phänomen „Intentionalität“ – ist zentraler Bestandteil und Voraussetzung von Bewusstsein. Wo keine Wahrnehmung ist, da ist auch kein Bewusstsein. Der Philosoph Bischof Berkeley hat dieses Phänomen vor Jahrhunderten schon auf den Punkt gebracht: „Esse est percipi“ – Sein ist Wahrgenommenwerden..

Die moderne Neurobiologie scheint uns eine Tatsache zu bestätigen, die Philosophen und Mystiker früherer Zeiten immer schon wussten: Die Welt, wie wir sie kennen, wie wir sie lieben, wie wir sie manchmal hassen, entsteht in unserem Kopf. Sie tritt über die Sinnesorgane zu einem Außen in Beziehung, dessen wahre Natur uns nicht zugänglich ist.

[102] Hoffmann, Donald D. Relativ real: Warum wir die Wirklichkeit nicht erfassen können und wie die Evolution unsere Wahrnehmung geformt hat. dtv, München 2020.

Zusammenfassend können wir festhalten, dass wir die Welt nicht direkt wahrnehmen, sondern vielmehr „für wahr" nehmen. Daraus ergibt sich folgende Konsequenz: Die Welt in unserem Kopf ist eine Realität – aber eben unsere Realität. Es liegt in unserer Hand, diese Realität mitzuerschaffen. Übernehmen wir also die Verantwortung für unsere Wirklichkeit![103]

Die Kunst des Träumens

Alles, was man vergessen will, schreit im Traum um Hilfe.[104]

Elias Canetti

Warum träumen wir?

Jeder von uns kennt die Trugbilder des Schlafes. In unseren Träumen tauchen wir in eine bizarre Welt ein, in eine andere Wirklichkeit, surreal, von ungezähmter Wildheit, von grenzenlosen Freuden und ungezügelten Ängsten. Gelegentlich wünschen wir, eine nächtliche Ekstase würde ewig andauern, manchmal flüchten wir in Panik vor einem Ungeheuer. Gelegentlich gelangen wir sogar während des Traumes zu Bewusstsein und erkennen, dass wir uns gerade in den Armen des Morpheus befinden.

Ein von der Außenwelt entkoppelbares System

Träume weisen eine enge Verwandtschaft mit den Imaginationen im wachen Zustand auf. Unsere nächtlichen Erlebnisse beweisen, dass Bewusstseinsinhalte vorübergehend völlig unabhängig von Außenreizen zu existieren vermögen. Analog dazu können sich unsere Vorstellungen im Wachzustand unabhängig von äußeren,

[103] Maturana, Humberto; Varela, Francisco. Der Baum der Erkenntnis: Die biologischen Wurzeln menschlichen Erkennens. Fischer, Frankfurt am Main 2009.
[104] Canetti, Elias. Die Provinz des Menschen: Aufzeichnungen 1942–1972. Hanser, München 1973.

über die Augen vermittelten Informationen bilden. Diese Welten fühlen sich sehr real an. Aus diesem Grund glauben Menschen von alters her, dass eine unabhängige Seele existiere, welche die Fähigkeit besitzt, sich unter bestimmten Voraussetzungen vom Körper zu trennen. Die Wissenschaft nimmt heute eine andere Position ein.

Mithilfe von Klarträumen ist es möglich, die Traumwelten mit wachem Bewusstsein zu bereisen. Ähnliches geschieht während der Imagination. Wir sind dann ganz in unserer inneren Realität. Allerdings bedingen die Wahrnehmung der Außen- und der Innenwelt einander. Interessanterweise führt die Trennung der Zufuhr von Sinnesreizen aus der Außenwelt zum spontanen Auftreten innerer Bilder. Dieses Phänomen zeigt sich, sobald wir die Augen schließen oder wenn wir uns ganz von der Welt der Sinne abschotten, zum Beispiel im sogenannten „Samadhi-Tank".

Träume wirken in aller Regel so echt, dass wir während des Traumes vorübergehend die Traumwelt für die eigentliche reale Welt halten. Dies drückt sehr poetisch die Parabel vom Schmetterlingstraum des Dschuang Dschou aus.

Der Schmetterlingstraum

„Einst träumte dem Dschuang Dschou er sei Schmetterling.
Er flatterte umher als Schmetterling und freute seines Lebens
sich und wusste nichts mehr von Dschuang Dschou. Da
wacht er plötzlich auf, nun war er wirklich und wahrhaftig
wieder der Dschuang Dschou.
Jetzt weiß ich nicht, ob der Dschuang Dschou geträumt,
daß er ein Schmetterling sei, oder ob der Schmetterling
nun träumt, er sei Dschuang Dschou. Und doch
ist sicherlich Dschuang Dschou von einem
Schmetterling verschieden. Das ist der Wandel aller Dinge."[105]

[105] Wilhelm, Richard (Übers.). Chinesische Sommergedichte. Tsingtau 1919. // Online: https://m.ngiyaw-ebooks.org/ngiyaw/wilhelm/sommergedichte/sommergedichte.htm (aufgerufen am 13.11.2022).

Unser Gehirn bedient sich im Wesentlichen derselben Mechanismen, um die Wahrnehmung der Außenwelt zu konstruieren wie um die Bilder der Träume und Vorstellungen hervorzubringen. Ein zentraler Unterschied zwischen unseren nächtlichen Träumen und den Tagträumen oder Imaginationen liegt darin, dass wir in der Regel die Träume des Tages bewusst zu steuern vermögen.

Fortgeschrittene Meditierende, wie zum Beispiel in der tibetischen Tradition von Tenzin Wangyal Rinpoche[106], suchen auch während der Nacht bewusst zu bleiben, um dabei die eigenen Träume zu kontrollieren. Sie sind angeblich in der Lage, ihr Wachbewusstsein während des Einschlafens in ihre Traumwelt mitzunehmen. Ähnliches beschreibt der Anthropologe Carlos Castaneda in seinem Roman „Die Kunst des Träumens" über die schamanischen Techniken seines Lehrers in Mexiko. Die moderne Psychologie erforscht inzwischen sogar das sogenannte „luzide Träumen", bei dem „Oneironauten" während des Traumes ihr Bewusstsein erlangen und dann aktiv das Geschehen mitgestalten.

Warum fühlen sich Träume so real an? Die Erklärung dafür liegt darin, dass sie sich großteils derselben neuronalen Netze bedienen, wie sie zur Wahrnehmung der Außenwelt notwendig sind. Während des Traumschlafes macht sich die Gehirnaktivität unter Wegfall der Außenreize selbstständig. Auch in der Imagination werden analoge neuronale Netze aktiviert, wenn auch vielleicht nicht so stark wie bei der Wahrnehmung oder beim Traum. Diese Fähigkeit lässt sich durch Übung allerdings erheblich verbessern.

Traumtheorien

Wohl seit es uns Menschen gibt, stellen wir uns die Frage, warum wir im Schlaf jede Nacht in die geheimnisvollen Welten der Träume eintreten. Die Menschen der Antike, von Mesopotamien über Israel, Ägypten bis ins klassische Griechenland, sahen in Träumen Botschaften der Götter und richteten ihr Handeln danach aus. Die

[106] Wangyal Rinpoche, Tenzin. Übung der Nacht: Tibetische Meditationen in Schlaf und Traum. Goldmann, München 2008.

Bibel berichtet zum Beispiel, dass Josef einem Traum folgte, der ihm riet, mit seiner Frau Maria und seinem Sohn Jesus Christus vor den Häschern des Herodes nach Ägypten zu fliehen.

Bereits vier Jahrhunderte zuvor betrachtete der Philosoph Aristoteles aus Stagira auf Chalkidike den Inhalt der Träume – mit der Rationalität eines Wissenschaftlers – als einen Nachhall der Wahrnehmung. Damit bereitete er den Weg für die systematische Erforschung unserer nächtlichen „Abenteuer im Kopf".

In der Moderne erforschte der Wiener Neurologe Sigmund Freud[107] den Traum als den Königsweg zum Unbewussten. Er sah ihn zugleich als Hüter des Schlafes wie auch als Erfüller verborgener Wünsche. Seien diese Wünsche gesellschaftlich nicht akzeptabel, dann wandle der innere Zensor sie in gewisse Symbole um. Zum Beispiel werde der als peinlich empfundene Phallus im Traum zu einer Lanze oder einer Schlange umgeformt. Deren Botschaft bleibe dem Bewusstsein verborgen und bedürfe der Deutung durch den erfahrenen Psychoanalytiker. Freuds jüngerer Weggefährte C. G. Jung untersuchte empirisch die Parallelen zwischen Träumen und Psychosen, indem er sich deren Inhalte von seinen Patienten schildern ließ.

Der Schlafforscher John Allan Hobson[108] vermutete, dass der Traum auf zufälligen Erregungsmustern des Gehirns beruht, die dann unter Rückgriff auf die eigenen Erinnerungen zu Geschichten verwoben werden. Er sah in Träumen so etwas wie komplexe Halluzinationen. Andere, wie Owen Flanagan, sehen in Träumen lediglich Nebenprodukte des Schlafes ohne Bedeutung. Der britische Philosoph Colin McGinn[109] unterstreicht jedenfalls, dass wir beim Träumen in eine virtuelle Welt eintauchen und diese während des Träumens für wahr halten.

Modernere Studien weisen darauf hin, dass dem Traum eine zentrale Rolle bei der Konsolidierung von Gedächtnisinhalten zukommt. Andere betonen wiederum, dass es um das Löschen von Erinnerungen gehe. Die ältere Ansicht, dass Träume nur in der sogenannten REM-Phase auftreten, gilt inzwischen als widerlegt.

[107] Freud, Sigmund. Die Traumdeutung. Deuticke, Leipzig und Wien 1900.
[108] Hobson, Allen. Dreaming: A Very Short Introduction. Oxford University Press 2011.
[109] McGinn, Colin. A. a. O.

Woher kommen die Inhalte unserer Träume?

Beim Schlafen fallen die von der Außenwelt im Gehirn ankommenden Sinnesdaten fast vollständig weg. Damit wird die ordnende Kraft im Nervensystem sozusagen sich selbst überlassen. Messungen der elektrischen Aktivität von einzelnen Nervenzellen zeigen, dass diese ständig spontan, also von sich aus feuern. Es ist davon auszugehen, dass sich diese Aktivität von Milliarden von Nervenzellen unter Wegfall von Außenreizen selbst organisiert, was zu den oft bizarren Inhalten unserer Träume führt. Dazu kommt, dass die Sinneseindrücke des Tages eine gewisse Spur in den neuronalen Netzwerken hinterlassen. Die Psychologie nennt diesen Vorgang „Priming".[110] Das heißt, wenn ein Ensemble von Nervenzellen einmal aktiviert wurde, steigt die Wahrscheinlichkeit, dass dasselbe Netzwerk wieder aktiviert wird.

Wir kennen dieses Phänomen aus dem Alltag: Wenn wir zum Beispiel ein bestimmtes Wort hören, dann werden wir es anschließend eher wiederverwenden. Ein analoges Phänomen könnte der Grund sein, warum Inhalte des Tages während des Schlafes in unseren Träumen wieder auftauchen. Das gilt insbesondere dann, wenn diese Eindrücke besonders stark gewesen sind oder von intensiven Emotionen begleitet wurden. Dazu gibt es Hinweise, dass die nächtliche Wiederholung im Traum – handle es sich um Erlebnisse des Tages, neu gelernte Bewegungsmuster oder einfach gelernte Inhalte – die Konsolidierung im Gedächtnis fördert.

Zudem wissen wir alle aus eigener Erfahrung: Wenn während des Schlafes Sinneseindrücke die Barriere des Schlafbewusstseins durchdringen, wie zum Beispiel ein lautes Geräusch, Druck in der Blase oder ein Schmerz in der Schulter, so wird diese Wahrnehmung oft in das Traumgeschehen eingebaut.

Warum wir träumen

Alles in allem können wir aus heutiger Sicht die Entstehung der Träume folgendermaßen erklären: Unser Gehirn interpretiert im Traum die spontane Aktivität von einzelnen und ganzen Verbänden

[110] Maderthaner, Rainer. Psychologie. utb basics, Wien 2021.

von Nervenzellen und verwebt sie zu komplexen Geschichten; die Erlebnisse des Tages führen zu einem Priming der Neuronen. Nachdem sie tagsüber gemeinsam beansprucht wurden, kommt es zu einer erhöhten Wahrscheinlichkeit, auch nachts im Traum wieder spontan zu feuern. Dies könnte eine mögliche Erklärung für das Auftauchen unserer Erlebnisse und Gedanken des vergangenen Tages im Traum sein.

Spontane innere Bilder

Reizentzug

Die Erfahrung zeigt, dass Reizentzug zum spontanen Auftreten innerer Bilder führt. Daher ziehen sich zu diesem Zweck Menschen auf der Suche nach Visionen seit jeher in die Einsamkeit der Wüste oder in die Berge zurück. Sie nehmen dafür bereitwillig große körperliche Strapazen auf sich. Schon die Bibel berichtet darüber. Heilige Berge wie der Kailash in Tibet ziehen als Orte der Sehnsucht nach wie vor Scharen von Pilgern an. Der „Jakobsweg" in Europa inspiriert auch in unserer scheinbar säkularisierten Epoche die Menschen. Eine ganz modern erscheinende Variante des Reizentzuges entwickelte sich im Rahmen der New-Age-Bewegung zum Dauerbrenner:

Der US-amerikanische Biologe und Neurophysiologe John Cunningham Lilly entwickelte Mitte der 1950er-Jahre am National Institute of Mental Health in Bethesda, Maryland, eine Methode des Reizentzugs: Er legte seine Versuchspersonen in eine Art Badewanne mit Deckel. Das Schweben in körperwarmem Salzwasser bei gleichzeitiger Abschirmung gegenüber Licht und Geräuschen führte zu einer fast vollständigen Reizdeprivation. Dadurch gelang es Lilly regelmäßig, bei sich selbst und seinen Versuchspersonen veränderte Bewusstseinszustände hervorzurufen.

Seine Erlebnisse schilderte er in dem 1972 erschienenen Buch „Das Zentrum des Zyklons". Laut einem Online-Bericht von Spiegel Wissenschaft erfuhr Lilly in seinem Tank bizarre Visionen:

„Sonnen explodieren, purpurne Schlingpflanzen steigen aus der Ursuppe, durch ihre Schlingen schwingen sich nicht Affen, sondern fremdartige Fische, Einzeller tanzen und teilen sich immer weiter. Lilly wird zu seiner ‚eigenen Spermazelle', die sich ein Ei sucht, er erlebt, wie er sich selbst gebiert. Kosmische Orgasmen durchströmen seinen Leib."[111]

(Allerdings begann Lilly zusätzlich LSD, in immer höheren Dosen, einzunehmen, um seine psychedelischen Erfahrungen weiter zu steigern, was ihm schließlich einen Aufenthalt in der Psychiatrie einbrachte.)

Heutzutage wird das sogenannte „Floating" bereits in so manchen Wellness-Programmen angeboten. Anstatt von völliger Dunkelheit darf man sich von gedämpftem Licht umgeben lassen, während man in der Isolation – völlig abgeschirmt von Außenreizen – im Wasser schwebt. Keine Geräusche, bis auf jene, welche der eigene Körper produziert: der Strom des Atems, das leichte Pulsieren des Blutes und das sanfte Schwappen des Wassers. Dabei stellen sich spontan lebhafte Bilder, Fantasien oder Gedanken ein.

Meditieren

Meditierende berichten regelmäßig über unwillkürlich auftauchende innere Bilder, während sie ihre Sinne von der Außenwelt zurückzuziehen versuchen. Es gibt bestimmte Formen der Meditation, die genau diese Erlebnisse anstreben. In anderen Richtungen, wie zum Beispiel im Zen, liegt das Ziel gerade darin, diesen inneren Bildern mit der eigenen Aufmerksamkeit nicht zu folgen und einen Zustand innerer Leere zu erreichen. Hier wird das Abschweifen in innere Bilderwelten sogar als Fehler angesehen.[112]

Jedes Mal, wenn wir unsere Augen schließen, erscheint vor dem schwarzen Hintergrund ein buntes Spektrum an Farben, Formen und Gestalten. Dieses setzt sich zum Teil aus farbigen

---

[111] https://www.spiegel.de/wissenschaft/mensch/john-c-lilly-rausch-der-tiefe-a-422301.html (aufgerufen am 29.10.2022).

[112] Die verschiedenen Wege der Meditation finden sich ausführlich dargestellt bei dem Erforscher der Emotionalen Intelligenz, Daniel Goleman. Meditation: Wege nach innen. in Psychologie Heute. Beltz, Weinheim 1990.

Nachbildern zusammen, die eine Eigendynamik entwickeln. Bei einer seltenen neurologischen Erkrankung führt der Ausfall eines Teils des Gesichtsfeldes zu überraschenden Halluzinationen, welche diese Leerstelle ausfüllen: das Charles-Bonnet-Syndrom.

Charles-Bonnet-Syndrom

Der Schweizer Charles Lullin lebte im 18. Jahrhundert und musste sich wegen eines Grauen Stars – einer Trübung der Augenlinse – einem Eingriff unterziehen. Zur damaligen Zeit bestand die gängige Operationsmethode im sogenannten „Starstich“: Mittels einer Nadel schoben Ärzte die Linse in das Innere des Augapfels. Man kann sich vorstellen, dass eine solche Intervention nicht immer ganz ohne Komplikationen ablief. Es kam oft zu Infektionen, einer Erhöhung des Augendrucks und in der Folge manchmal zum Verlust des Sehvermögens. (Heutzutage ersetzen Medizinerinnen eine nicht mehr vollständig durchsichtige Augenlinse einfach durch eine Linse aus Kunststoff.)

Nach der Operation verschlechterte sich Lullins Augenlicht weiter und er erblindete teilweise. Einige Jahre nach dem Eingriff bemerkte er visuelle Sinnestäuschungen, über die er nicht ganz ohne Erheiterung berichtet haben soll: Er sah an den blinden Stellen Männer und Frauen, Kutschen und Häuser und – besonders faszinierend – sich selbst als seinen eigenen Doppelgänger. Lullin war sich aber immer bewusst, dass es sich dabei nur um Sinnestäuschungen handelte. Sein Enkel, der Jurist und Naturforscher Charles Bonnet, sollte diese Erscheinungen dokumentieren und zum Namensgeber dieses Syndroms werden. Berichten zufolge soll er gegen Ende seines Lebens selbst an diesem Syndrom erkrankt sein.

Neurologen begegnen auch in heutiger Zeit immer wieder Patienten, welche am Charles-Bonnet-Syndrom[113] leiden. Eine Schädigung im Bereich des Auges oder der Sehbahn führt zum Ausfall eines Teils des Gesichtsfeldes. Das Gehirn füllt solche Lücken der Wahrnehmung durch eigene Bilder aus. Dies können alle Arten

[113] Damas, Mora. The Charles Bonnet syndrome in perspective. In: Psychological Medicine, Cambridge University Press, 12, 1982.

von Lichterscheinungen sein, geometrische Formen, Muster wie Kacheln, Verzerrungen des Bildes oder komplexe Halluzinationen wie Comicfiguren oder Personen. Interessanterweise durchschauen die Betroffenen, dass diese von ihnen wahrgenommenen Bilder nicht real sind. Ein erhöhtes Risiko für das Auftreten dieser Störung ist eine soziale Isoliertheit der Betroffenen – möglicherweise, weil sie weniger visuelle Stimuli von außen erhalten.

Schlafentzug

Streng genommen braucht es keine Samadhi-Tanks oder neurologischen Syndrome, um spontane Trugbilder zu erleben. Dafür reicht ein längerer Schlafentzug: Soldaten berichten manchmal darüber, dass bei großer Übermüdung die Grenzen von Innen- und Außenwelt teilweise zu verschwimmen beginnen. Aber schon ein nächtlicher Spaziergang im Wald reicht aus, um im Dunklen vermeintliche Gestalten zu sehen, die nicht da sind, oder ganz einfach, um einen Stein als lauerndes Tier zu verkennen.

In solchen Phänomenen liegt vermutlich der Ursprung von animistischen Religionen früherer Zeiten, wo Naturgeister in Pflanzen, Quellen oder Höhlen walteten. Unser Gehirn ist ja sozusagen eine Erklärungsmaschine; der Verstand versucht sich auf alles, was ins Bewusstsein dringt, einen Reim zu machen.

Heute wissen wir, dass es sich dabei um fantastische Interpretationen der Sinneseindrücke durch das Gehirn handelt. In zurückliegenden Zeiten lag es wohl näher, solche Erscheinungen als „Naturgeister“ zu interpretieren. Dank der Allgegenwart von künstlichem Licht sehen wir uns im heutigen Alltag selten längere Zeit dem Dunkel der Natur ausgesetzt.

Innenwelten – Außenwelten

Wenn wir die Erkenntnisse der modernen Neurobiologie mit den gesammelten Menschheitserfahrungen von Visionen und Imaginationen verbinden, dann können wir schlussfolgern: Wir verlassen die Welt der von unserem Gehirn produzierten Bilder niemals! Tagsüber stimulieren Sinnesdaten die Hervorbringung unserer inneren Welt. Träume beanspruchen zum großen Teil dieselben Nervennetzwerke wie die Wahrnehmung der Außenwelt. Auch die bewusst hervorgerufenen und spontan sich verändernden Bilder der Imagination bewegen sich zu großen Teilen auf denselben Bahnen wie die Außenwahrnehmung und das Träumen.

Unser Gehirn ist auf die ständige Stimulation durch Sinnesreize und Gedanken angewiesen, um seine Funktion aufrechterhalten zu können. Wenn die konstanten Reize wegfallen, besteht Gefahr, dass nicht benutzte Synapsen und Nervenzellen abgebaut werden und damit die Schärfe der Begrifflichkeiten abnimmt. Der Yogi, der sich in eine Höhle zurückzieht, wird im Laufe der Jahre vermutlich seine Fähigkeit verlieren, in der Welt zurechtzukommen.

Maya – die Welt als Täuschung?

So betrachtet, beginnen aus neurologischer Sicht die strengen Grenzen zwischen Innen- und Außenwelten zu zerfließen. Insbesondere die alten Inder behaupteten ja, dass die Welt in unserem Bewusstsein „Maya" – also eine Illusion – sei. Ein Gedanke, mit dem sich C. G. Jung intensiv befasste. Dies führt uns wieder zurück zum „Schmetterlingstraum" des Dschuang Dschou. Das Buch in der Übersetzung von Richard Wilhelm hat den Psychiater C. G. Jung so sehr inspiriert, dass er dafür sogar einen Kommentar[114] verfasst hat.

[114] Jung, C. G. In: Wilhelm, Richard. Geheimnis der goldenen Blüte. Diederichs, München 2005.

IV. Psychologie – die Wiederentdeckung der Seele

Der Psychonaut – C. G. Jung

Die ersten Imaginationen und Träume waren
wie feurig-flüssiger Basalt, aus ihnen kristallisierte sich der
Stein, den ich bearbeiten konnte.[115]

C. G. Jung

Das Jahr 1913 sollte sich zu einem Schicksalsjahr für C. G. Jung und zugleich für die Geschichte der modernen Psychologie entwickeln. Kurz zuvor hatte sich Jung mit seinem Mentor Sigmund Freud in Wien überworfen, der ihn schon zu seinem Nachfolger aufbauen wollte. Doch Jung eignete sich nicht als Epigone. Zwei Genies, Seite an Seite, das konnte nicht lange gut gehen. Seine andauernde Ehekrise setzte dem Schweizer außerdem zu. Im Oktober machte Jung eine verstörende Erfahrung: Während einer

[115] Jung, Carl Gustav. Erinnerungen, Träume, Gedanken. S. 222. Patmos, Ostfildern 2018.

Zugfahrt von Zürich nach Schaffhausen, als er am Fenster seines Abteils sitzend die imposante Bergwelt an sich vorüberziehen sah, fand er sich plötzlich überschwemmt von einer Bilderflut geradezu biblischen Ausmaßes:[116]

„Im Oktober, als ich mich allein auf einer Reise befand, wurde ich plötzlich von einem Gesicht befallen: Ich sah eine ungeheure Flut, die alle nördlichen und tief gelegenen Länder zwischen der Nordsee und den Alpen bedeckte. Die Flut reichte von England bis nach Russland und von den Küsten der Nordsee bis fast zu den Alpen. Als sie die Schweiz erreichte, sah ich, dass die Berge höher und höher wuchsen, wie um unser Land zu schützen. Eine schreckliche Katastrophe spielte sich ab. Ich sah die gewaltigen gelben Wogen, die schwimmenden Trümmer der Kulturwerke und den Tod von ungezählten Tausenden. Dann verwandelte sich das Meer in Blut. Dieses Gesicht währte etwa eine Stunde, es verwirrte mich und machte mir übel. Ich schämte mich meiner Schwäche. Es vergingen zwei Wochen, dann kehrte das Gesicht unter denselben Umständen wieder, nur die Verwandlung in Blut war noch schrecklicher. Eine innere Stimme sprach: ‚Sieh es an, es ist ganz wirklich, und es wird so sein; daran ist nicht zu zweifeln.‘“[117]

Jung fürchtete, verrückt zu werden; zugleich faszinierte es ihn, als Psychiater an sich selbst Zustände untersuchen zu können, die er in ähnlicher Form als Psychosen bei seinen Patienten in der Klinik Burghölzli studierte. Ähnliche Erscheinungen hatte er schon als Jugendlicher bei seiner Cousine beobachten können, die als Medium regelmäßig in Trance trat und in diesem Zustand der Entrücktheit angeblich mit Wesen aus dem Jenseits kommunizierte. Unwillkürlich erinnert diese „creative illness“ Jungs an die schamanische Krankheit als notwendige Voraussetzung der Initiation eines Schamanen, von der Mircea Eliade in „Schamanismus und archaische Ekstasetechnik“ berichtet hat. Laut Eliade musste ein zukünftiger Schamane auf seinem Weg eine schwere Krise oder Erkrankung wie zum Beispiel Epilepsie überstanden haben.

[116] Lachman, Gary. Lost Knowledge of the Imagination. Floris Books, London 2017.
[117] Jung, Carl Gustav. A. a. O. S. 196.

Jung sollte noch mehrere solcher Visionen erleben – bis am 28. Juli 1914 der Erste Weltkrieg ausbrach. Dies erhob die Visionen Jungs in den Status einer Präkognition: Es ließe sich spekulieren, dass Jung kraft seiner hoch entwickelten Intuition die entsprechenden Vorzeichen wahrnahm und den Albtraum vorhersah, der den europäischen Kontinent erwartete.

Jung beschloss, diese inneren Bilder an sich selbst zu erforschen, und begann damit in der Vorweihnachtszeit 1913. In seiner Autobiografie „Erinnerungen, Träume, Gedanken" schildert er mit der Luzidität des Psychiaters sein Vorgehen: Er stieg mithilfe der Vorstellungskraft – ähnlich wie von Schamanen berichtet – in eine Art untere Welt hinab. Dort machte er Erfahrungen, die sein rationales Denken weit hinter sich ließen. Er traf auf Gestalten, die scheinbar eine von seinem Ich verschiedene Existenz besaßen. Unter anderem begegnete er dort Philemon, der zu seinem Führer durch die inneren Welten werden sollte. Mit seinem geistigen Begleiter hielt Jung regelmäßig Zwiesprache, er ließ sich von ihm leiten und lehren (eine Tatsache, die ihm selbst über lange Zeit offenbar peinlich war). Jung begegnete dort sozusagen persönlich seinen Archetypen; diese verkörperten Urprinzipien der Menschheit: zum Beispiel der Anima als Personifizierung des Weiblichen und ihrem männlichen Gegenstück, dem Animus, der Mutter, oder dem göttlichen Schelm (heute besser bekannt als der „Trickster").

Im Laufe der Jahrzehnte entwickelte Jung aus seinen eigenen Erfahrungen im Reich des Unbewussten eine gänzlich neue Richtung der Psychotherapie und setzte die von ihm sogenannte „Aktive Imagination" ein, um das Unbewusste seiner Patienten zu erforschen. Lassen wir dazu C. G. Jung selbst zu Wort kommen:

„Bei der aktiven Imagination kommt es darauf an, dass Sie mit irgendeinem Bild beginnen [...] Betrachten Sie das Bild und beobachten Sie genau, wie es sich zu entfalten oder zu verändern beginnt. Vermeiden Sie jeden Versuch, es in irgendeine bestimmte Form zu bringen, tun Sie einfach nichts anderes als beobachten, welche Veränderungen spontan eintreten [...] Ungeduldiges Springen von einem Thema zum anderen ist sorgfältig zu vermeiden. Halten Sie an dem einen von Ihnen gewählten Bild fest und warten

Sie, bis es sich von selbst wandelt. Alle diese Wandlungen müssen Sie sorgsam beobachten und müssen schließlich selbst in das Bild hineingehen: Kommt eine Figur vor, die spricht, dann sagen auch Sie, was Sie zu sagen haben, und hören Sie auf das, was er oder sie zu sagen hat. Auf diese Weise können Sie nicht nur Ihr Unbewusstes analysieren, sondern Sie geben dem Unbewussten die Chance, Sie zu analysieren. Und so erschaffen Sie nach und nach die Einheit von Bewusstsein und Unbewusstem, ohne die es überhaupt keine Individuation gibt."[118]

Jung empfiehlt also, ein Bild vor dem inneren Auge entstehen zu lassen, es nicht zu beeinflussen und sich davon überraschen zu lassen, was dann passiert. Auch Kommunikation mit imaginären Figuren ist möglich. Dabei entsteht eine wechselseitige Analyse: Das Selbst analysiert das Unbewusste und das Unbewusste analysiert wiederum Sie selber! Dieses Vorgehen ermöglicht laut Jung den Prozess der Individuation. Damit meint Jung die Entfaltung des Selbst, über alle Widerstände hinweg. Das Ziel der Aktiven Imagination, so schreibt der Arzt und jungsche Analytiker Wolfgang Roth, bestehe darin, unbewusste Inhalte zu entdecken und in das Bewusstsein zu integrieren. Auf diese Weise ließe „sich das schöpferische Potential des Unbewussten nutzbar machen, wenn beispielsweise bestimmte Selbsterkenntnisse oder Lösungsmöglichkeiten anhand von hilfreichen Traumfiguren vermittelt werden".[119]

Psychologie der Mythen

Somit gelang es C. G. Jung als erstem Psychologen der Neuzeit, selbst in das Reich einzutauchen, aus dem die Mythen und Märchen aller Zeiten schöpfen. Er erkannte, dass dieses unbekannte Terrain im Prinzip uns allen zugänglich ist, und er bahnte für uns den Weg dorthin. Zugleich stellte Jung mit Überraschung fest, dass er auch in der Analyse der Fantasien und Halluzinationen seiner psychiatrischen Patienten auf ähnlich gelagerte Vorstellungen traf:

[118] Jung, C. G. (1947, Briefe II), zitiert nach Dorst, Brigitte; Vogel, Ralf T. Aktive Imagination: Schöpferisch leben aus inneren Bildern. Kohlhammer, Stuttgart 2014.
[119] Roth, Wolfgang. C. G. Jung verstehen: Grundlagen der analytischen Psychologie, S. 52. Patmos, Ostfildern 2020.

„Es ist nahezu eine Ironie, dass ich als Psychiater bei meinem Experiment sozusagen auf Schritt und Tritt demjenigen psychischen Material begegnet bin, das die Bausteine einer Psychose liefert und das man darum auch im Irrenhaus findet. Es ist jene Welt unbewusster Bilder, die den Geisteskranken in eine fatale Verwirrung setzt, zugleich aber auch eine Matrix der mythenbildenden Fantasie, die unserem rationalen Zeitalter entschwunden ist.“[120]

Der deutsche Schriftsteller Ernst Jünger erlangte Berühmtheit durch die Schilderung seiner Erlebnisse als junger Kriegsfreiwilliger im Ersten Weltkrieg.[121] In späteren Jahren wandte er sich der Erforschung der eigenen Psyche zu, unter anderem, indem er mit halluzinogenen Drogen experimentierte. Jünger verwendete den Ausdruck „Psychonaut“: Das Kompositum aus „Psyche“ und „-naut“ (vergleiche „Astronaut“) bezeichnet einen Menschen, der mithilfe von schamanischer Ekstase, Drogen oder Techniken der modernen Psychologie in die reiche Bilderwelt seines eigenen und des kollektiven Unbewussten taucht.

Aufgabe unserer moderneren Zeit ist es, zu entdecken, welche neurochemischen und biologischen Vorgänge dabei ablaufen. Die Neurobiologie reißt den Schleier des Geheimnisvollen von solchen archaischen Phänomenen der Seele. Dieses Wissen lässt uns die früher als seltsam belächelten Praktiken von Schamanen, Heilerinnen, Priestern, Hexen und inzwischen auch Psychotherapeutinnen als real und als – wissenschaftlich begründbar – wirksam erkennen.

[120] Jung, C. G. Erinnerungen, Träume, Gedanken. S. 120. Patmos, Ostfildern 2018.
[121] Jünger, Ernst. In Stahlgewittern: Mit Adnoten von Helmuth Kiesel. Klett-Cotta, Stuttgart 2015.

Psychotherapie – Gesegnet seien die Seltsamen!

Gesegnet seien die Seltsamen –
Dichter, Sonderlinge, Schriftsteller, Mystiker, Ketzer, Maler und Troubadoure – denn sie lehren uns die Welt [...] mit anderen Augen zu sehen.[122]

Jacob Nordby

Trance: Zwischen Wachen und Schlafen

Das Zwischenreich, welches am Übergang vom Wachen zum Schlafen liegt, wird von Dämonen, Heiligen und Fabelwesen bevölkert. Der französische Arzt Alfred Maury prägte den Begriff „Hypnagoge Zustände" für die reichen Bilderwelten, welche sich uns Menschen beim Einschlafen eröffnen. Er beschäftigte sich mit der Deutung von Träumen und dem Einfluss von Außenreizen auf den Inhalt von Träumen. Dafür wurde er sogar von Sigmund Freud in seinem Werk „Die Traumdeutung" zitiert. Die Halluzinationen des Aufwachens bezeichnete er im Gegenzug als „Hypnopompe Zustände".

Immer, wenn die äußeren Sinnesreize nach und nach abnehmen und aufhören, die inneren Welten zu überlagern, übernimmt das Reich der Bilder. Ein Phänomen, das von jeher Anwendung findet in Trance, bestimmten Formen der Meditation, absichtlichem Reizentzug, Hypnose und natürlich in der Imagination.

Der Übergang zu Halluzinationen ist in gewisser Weise ein fließender. Halluzinationen definieren sich allerdings als unfreiwillige Intrusionen von Bildern oder Stimmen als Symptom psychischer oder neurologischer Krankheiten oder extremer Bewusstseinszustände, wie sie Schlafentzug, Reizentzug, massiver Stress oder Drogen hervorrufen. Unter bestimmten Umständen

[122] Nordby, Jacob, zitiert nach Jones, Leslie-Ann. John Lennon: Genie und Rebell. Piper, München 2022.

kann jedes Gehirn Halluzinationen hervorbringen. Der indisch-britische Neurophysiologe Anil Seth[123] geht sogar so weit zu behaupten, dass wir alle unsere Realität sozusagen halluzinieren.

Erfahrene „Psychonauten" wie C. G. Jung sowie Psychotherapeuten unserer Epoche berichten, dass wir in den genannten Zwischenzuständen Dinge zu erfahren in der Lage sind, zu denen wir mithilfe der „normalen" Vernunft kaum Zugang finden. Wir erreichen damit die Quelle einer „höheren" Weisheit, die in uns allen schlummert. Wir erleben innere Bilderwelten, ähnlich den Halluzinationen, aber eben nicht krankhaft, sondern als Teil unseres normalen, gesunden Bewusstseins. Dabei geht es gar nicht darum, unser logisches Denken abzuwerten; es hat uns als Spezies erfolgreich gemacht. Aber das logische Ich neigt dazu, andere Bewusstseinszustände herabzusetzen. Beide Formen des Denkens – Vernunft und Intuition – gehören zu unserer physiologischen Grundausstattung und besitzen Notwendigkeit.

Welthauptstadt der Psychoanalyse – Wien

Zu Beginn des 20. Jahrhunderts entwickelte sich in Wien, der Hauptstadt der österreichisch-ungarischen Doppelmonarchie, die Urmutter aller heute bekannten Formen der Psychotherapie: die Psychoanalyse, entdeckt – oder erfunden – vom Wiener Nervenarzt Sigmund Freud. Innerhalb weniger Jahrzehnte entfaltete sich daraus eine schwindelerregende Vielzahl von Schulen der Psychotherapie, die um die Deutungshoheit der menschlichen Seele wetteiferten. Große Therapeuten wie Sigmund Freud, C. G. Jung, Alfred Adler, Viktor Frankl, Fritz Perls, Johannes Heinrich Schultz, Milton Erickson, Otto Kernberg – die Liste ließe sich fast beliebig fortsetzen – drückten unserem modernen Bild von der Seele weltweit ihren Stempel auf.

Lange Zeit war es für Patienten schwierig, sich in diesem Dschungel zurechtzufinden. Doch eine neue Generation von Psychotherapeutinnen beginnt, die großen Errungenschaften zu integrieren und erprobt jene Verfahren, die den Test der Zeit bestanden und sich als wirksam erwiesen haben. Trotz aller Bemühungen zur

[123] Seth, Anil. Being You: A New Science of Consciousness. Penguin, New York 2021.

Integration bleibt jede Therapeutin und jeder Therapeut ein Individuum mit allen Vorlieben und Idiosynkrasien, sodass sich nach wie vor Raum für eine unendliche Vielfalt aufspannt.

Urvater der Seelenlehre – Sigmund Freud

Wo Es war, soll Ich werden.[124]

Sigmund Freud

Stefan Zweig beschreibt in seinem autobiografischen Werk „Die Welt von gestern" Wien, wie er es zu Beginn des 20. Jahrhunderts erlebt hat. Der spätere Literat saugte als Schüler die Atmosphäre in der Metropole des damaligen Vielvölkerstaates mit Begeisterung in sich auf: erfüllt von Kunst, Literatur, Musik und Philosophie. Zwar betrachteten viele Zeitgenossen Österreich in den Jahren vor dem Ersten Weltkrieg als dekadent. Aus heutiger Sicht jedoch erreichte die Kultur damals eine Blüte der Entwicklung, die sich nur vergleichen lässt mit dem Athen der klassischen Zeit oder dem Florenz der Medici. Werke von Österreichern, wie die Gemälde eines Gustav Klimt, die Gedichte eines Rainer Maria Rilke oder die Symphonien eines Gustav Mahler, gingen in den Kanon der Kunstgeschichte ein. Die Wiener Medizinische Schule besaß Weltgeltung. Die Wissenschaft blühte.

Diese Atmosphäre der Liebe für alles Geistige inspirierte Sigmund Freud[125]; er wurde schließlich Teil davon. In Wien entwickelte er seine klassische Technik der Psychoanalyse: Während sich seine Patientinnen und Patienten auf der sprichwörtlich gewordenen Couch ausstreckten, sollten sie ihm jeden einzelnen ihrer Gedanken schildern, unzensiert und in freier Assoziation. Damit eröffnete sich Freud ein Zugang zu ihrem Unbewussten.

[124] Freud, Sigmund. Gesammelte Werke: Neue Folge der Vorlesungen zur Einführung in die Psychoanalyse. S. Fischer, Frankfurt am Main 2005.
[125] Freud, Sigmund. Abriss der Psychoanalyse. Reclam, Ditzingen 2010.

Doch der Königsweg in die unbewusste Welt des Menschen (in der Terminologie Freuds die konfliktbehaftete Zone zwischen Es, Ich und Über-Ich) öffnete sich am eindrücklichsten in der Deutung der Träume. Denn unsere nächtlichen Erlebnisse spülen das Unbewusste an die Oberfläche. Damit offenbarten sich dem österreichischen Seelenforscher wie unter einem Vergrößerungsglas die unbewussten Konflikte, welche die Neurosen seiner Patienten verursachten.

Sigmund Freud wurde damit zu dem Pionier in der Erforschung der menschlichen Seele. Ohne Freud würden wir heute anders denken. Seine Methoden und Begriffe haben sich inzwischen weiterentwickelt und wir können sie zu Beginn des 21. Jahrhunderts im Lichte einer besseren Kenntnis der Funktionen unseres Nervensystems verstehen. Freud musste im Laufe der Jahrzehnte erhebliche Kritik einstecken, seine Methoden bewerten nicht wenige moderne Therapeuten heute als überholt und wenig praktikabel.

Wie auch immer man über Freud denken mag,[126] er schrieb uns allen ins Stammbuch, „dass das Ich nicht Herr sei in seinem eigenen Haus".[127] Damit drückte er aus, dass unbewusste Emotionen, Triebe und Konflikte mehr Macht über uns besitzen, als uns lieb sein mag. Freud stieß damit den Menschen ein weiteres Mal von seinem Thron; wie schon Nikolaus Kopernikus ein paar Jahrhunderte zuvor den Planeten Erde aus dem Mittelpunkt des bekannten Universums verbannt und Charles Darwin den Menschen als Erbe einer langen Ahnenreihe von Säugetieren erkannt hatte.

Wer es schafft, mehr Licht in seine seelischen Abgründe zu bringen, versetzt sich damit in die Lage, einen Zuwachs an Kontrolle über sein Leben und eine zuvor nie gekannte Leichtigkeit im Sein zu gewinnen. Die Auseinandersetzung mit dem Traum und dessen Inhalten markiert einen historischen Meilenstein für die Entwicklung der bewussten Imagination.

---

[126] Onfray, Michel. Anti Freud: Die Psychoanalyse wird entzaubert. Knaus, München 2011.

[127] Freud, Sigmund. Eine Schwierigkeit der Psychoanalyse. Imago, Zeitschrift für Anwendung der Psychoanalyse auf die Geisteswissenschaften, Wien 1917.

Entdeckung der inneren Welten – Aktive Imagination

Der junge Psychiater aus Zürich, C. G. Jung, galt lange als Kronprinz und designierter Nachfolger Sigmund Freuds. Jung sollte allerdings einen völlig anderen Weg einschlagen. Dennoch nannte er seine Methode Jahrzehnte später – in Anlehnung an Freud – „Analytische Psychologie". C. G. Jung entdeckte spontan die Bilderwelten in seinem Inneren und entwickelte daraus seine „Aktive Imagination" als Grundlage einer ganz neuen Richtung in der Behandlung der Seele.

Was ist Aktive Imagination?

Die Aktive Imagination nach C. G. Jung sucht die direkte Auseinandersetzung mit der Welt des Unbewussten unter Verwendung innerer Bilder. Dies geschieht entweder alleine oder unter Anleitung durch einen Therapeuten: Man schließt die Augen oder fixiert einen bestimmten Punkt, dann versetzt man sich in einen Zustand innerer Ruhe, indem man die Atmung verlangsamt und die Muskulatur entspannt. Jetzt stellt man sich eine Art Pforte vor, die man durchschreitet. Bei C. G. Jung war es eine Kellertreppe, die er langsam nach unten stieg. Andere wählen zum Beispiel ein Flussufer oder einen Waldweg als Ausgangspunkt.

Alternativ können auch Motive aus einem eigenen Traum, eine Stimmung oder eine körperliche Empfindung oder sogar ein bestimmtes Symptom verwendet werden. Als Nächstes gilt es, darauf zu warten, welches Bild sich vor dem geistigen Auge formt. C. G. Jung selbst hielt seine Erfahrungen regelmäßig schriftlich oder in bunten Farben auf Papier fest – eindrucksvoll nachzuvollziehen in seinem berühmten „Roten Buch".[128] Aufgrund seiner umfassenden Belesenheit entdeckte Jung Gemeinsamkeiten seiner Erlebnisse mit den großen Texten aus Mystik, Religion und Literatur. Dazu zählen das ägyptische Totenbuch, das „Pert em hru", das „Erscheinen im Licht" und das „Amduat", der „Weg der menschlichen Seele

[128] Jung, C. G. Das Rote Buch. Patmos, Ostfildern 2013.

durch den verborgenen Raum". Diese Texte sind uns, auf Papyrus geschrieben, überliefert; als Grabbeigaben waren sie den Verstorbenen mit auf ihre Reise ins Jenseits gegeben worden. Es gibt sogar Hinweise dafür, dass sie den Toten vorgelesen wurden.

Texte aus der Bibel, insbesondere aus dem Tanach (hebräisch für das Alte Testament) wurden von C. G. Jung selbst als Imaginationen aufgefasst, so beispielsweise die Gespräche zwischen den Propheten und Jahwe (dem alten biblischen Namen für Gott) oder im Neuen Testament die Begegnung von Jesus Christus mit dem Satan in der Wüste. Auch das tibetische Totenbuch, das „Bardo Thödol", kann als eine Mischung aus Imaginationen, Visionen und komplexen theologischen Vorstellungen aufgefasst werden. Aus diesem Buch wurde in der tibetischen Tradition Sterbenden vorgelesen. Auch Dante Alighieris göttliche Komödie knüpfte an alte mystische Traditionen der Reise ins Jenseits an und kann zumindest teilweise als Frucht von Imaginationen aufgefasst werden. Ähnliches gilt für die Geschichten über Alice im Wunderland von Lewis Carroll oder die Erzählung „Die Morgenlandfahrt" von Hermann Hesse aus dem Jahr 1932.

In den dargestellten Werken geht es immer um eine Art von „Seelenfahrt", also um Reisen in imaginierte Welten, wie sie Menschen seit Urzeiten unternommen haben. Dieses ermöglichte es entsprechend den Vorstellungen von C. G. Jung, tief in die Bereiche des menschlichen Unbewussten vorzudringen. Immer als Schritte auf dem Weg zur Individuation, der Vervollkommnung als Mensch, der Verwirklichung unseres Potenzials. Dazu Jung: Es „[…] hört das Denken in Sprachform auf, Bild drängt sich an Bild, Gefühl an Gefühl". Damit gelang es ihm, weit tiefer an die Erfahrung der unbewussten Inhalte der Seele vorzudringen, als dies durch die Verwendung der Sprache in einer Therapie damals überhaupt möglich gewesen wäre. Zur Verbindung von inneren Bildern mit der Wirklichkeit schrieb C. G. Jung in einem Brief aus dem Jahre 1929:

„Ich bin tatsächlich überzeugt, dass die schöpferische Einbildungskraft das uns einzig zugängliche Urphänomen ist, der eigentliche seelische Wesensgrund, die einzige unmittelbare Wirklichkeit. Daher spreche ich von ‚esse in anima', dem einzigen Sein, das wir unmittelbar erfahren können."

Die Nachfolgerin und Ehrenpräsidentin der Internationalen Gesellschaft für Tiefenpsychologie, Verena Kast, stellt fest: *„Alle Menschen können imaginieren und die Fähigkeit dazu kann natürlich geübt werden.“*[129]

Mögliche Schwierigkeiten

Die jungsche Analytikerin und Psychotherapeutin Brigitte Dorst schildert in ihrem Buch „Aktive Imagination“ mögliche Schwierigkeiten, welche bei der Imagination auftreten können; schließlich sei diese Methode ja nicht so etwas wie ein „netter Spaziergang durch eine wohl gestaltete seelische Innenlandschaft“. Bei Imaginationen können furchterregende Personen oder Situationen auftreten. Brigitte Dorst empfiehlt zu versuchen, sich diesen zu stellen, um sich mit ihnen auseinanderzusetzen. Im Notfall besteht aber jederzeit die Möglichkeit, die Imagination zu verlassen. Wenn möglich aber sollte man später neuerlich in diese Situation einsteigen.

Andererseits kann es dazu kommen, dass in der Imagination aufgetretene Bilder im Wachzustand weiter persistieren. Dies sieht Dorst als eine Aufforderung, sich mit diesen Bildern und ihrer möglichen Bedeutung für das eigene Leben auseinanderzusetzen. Alternativ könnte man Gegenbilder kreieren, wie zum Beispiel einen sicheren Ort aufsuchen oder innere Helferfiguren hinzuziehen.

Was wir von Harry Potter lernen können

Eine mögliche Gefahr besteht laut Dorst[130] darin, sich in einer Wunsch-Traum-Welt zu verlieren. Es ist wichtig, diese zu erkennen, sodass unsere Fantasien und Wunschträume nicht unsere Auseinandersetzung mit der Realität verhindern, wohl aber als Leitstern im Leben dienen.

Manchmal kann das vorübergehende Eintauchen in Wunschträume durchaus über eine belastende, vielleicht gerade nicht

[129] Kast, Verena. Was wirklich zählt, ist das gelebte Leben: Die Kraft des Lebensrückblicks. Herder, Freiburg 2014.

[130] Die in diesem Abschnitt dargestellten Informationen verdanke ich zu großen Teilen dem Werk von Dorst, Brigitte; Vogel, Ralf T. Aktive Imagination: Schöpferisch leben aus inneren Bildern. Kohlhammer, Stuttgart 2014.

sehr zufriedenstellende Realität hinweghelfen. Wir alle kennen Harry Potter: Harry trifft in einem abgelegenen Raum des Schlosses Hogwarts auf den Spiegel „Nerhegeb". Jedem, der in diesen Spiegel sieht, zeigt sich, was er in seinem tiefsten Inneren wünscht. Der Leiter der Schule, Professor Albus Dumbledore, warnt Harry jedoch vor der Gefahr, sich in diesen Trugbildern der eigenen Wünsche zu verlieren. Der Name des Spiegels „Nerhegeb" bedeutet übrigens von hinten nach vorne gelesen „Begehren".

Was wir bei dieser Geschichte von Harry Potter lernen können: Es hilft uns im Leben, unsere größten Wünsche sozusagen im Spiegel Nerhegeb zu betrachten, um sie uns bewusst zu machen. Dabei dürfen wir aber nicht wie hypnotisiert von dieser Vorstellung vor dem Spiegel hängenbleiben, sondern wir müssen ins Leben zurückkehren. Ein Beispiel: Ich kann von meiner Traumpartnerin fantasieren und sie mir ein Leben lang in allen ihren Eigenschaften genauestens ausmalen. Wenn ich mich aber nicht aufmache und versuche, meinen Wunsch mit der Realität irgendwie in Einklang zu bringen, bin ich nicht bereit, zu kämpfen und ein Risiko einzugehen. Das erschwert das Finden.

Es kann passieren, dass sich die inneren Bilder nicht einstellen wollen. Das ist möglich, sowohl in der therapeutischen Arbeit als auch im eigenen Experiment. C. G. Jung empfiehlt dazu die Haltung des Wu-Wei aus dem Daoismus: Tun, ohne zu tun – was so viel bedeutet wie geschehen lassen, ohne etwas zu erzwingen; eines der Grundprinzipien, die uns der chinesische Weise Laotse nahelegt.

Weiters besteht die Möglichkeit, dass ein innerer Widerstand auftritt und so das Auftauchen von imaginierten Bildern behindert wird. Dies kann ein allgemeiner Widerstand gegen die Auseinandersetzungen mit bestimmten Inhalten des Unbewussten sein (ein bekanntes Phänomen seit der Psychoanalyse) oder eine Folge zu geringer Motivation am Üben.

Die Bedeutung der Arbeit von Sigmund Freud und Carl Gustav Jung für die moderne Psychotherapie kann nicht überschätzt werden. Ihre Erkenntnisse fanden nicht nur Eingang in die Psychotherapie, sondern sie haben auch die Welt der Kunst zutiefst beeinflusst. Man denke nur an die Werke des surrealistischen Malers

Salvador Dali, der Sigmund Freud als „Bahnbrecher“ sah und diesen über Vermittlung durch Stefan Zweig sogar persönlich traf.

Trance als heilende Kraft – Hypnose

Der Doyen der Hypnose in Österreich, Dr. Günther Bartl, arbeitet selbst mit über 90 Jahren zweimal wöchentlich in seiner Praxis als Allgemeinmediziner und bildet junge Ärzte in der Kunst der Hypnose aus. Bartl weist darauf hin, dass hypnotische Phänomene weiter verbreitet sind, als wir gemeinhin vermuten. Rhythmische repetitive Muster vermögen in ihrer Monotonie einen Zustand von Trance hervorzurufen. Die Aktivität des Gehirns wird in der Hypnose auf eine niedrigere Stufe gesenkt, wie Hirnscans zeigen. Das Bewusstsein engt sich ein, das Spektrum der Wahrnehmung fokussiert sich auf einen ganz schmalen Bereich. Doch entgegen einer weit verbreiteten Annahme verliert die hypnotisierte Person nicht ihren freien Willen. Auch ihr Bewusstsein bleibt erhalten; sie bleibt auch während der Hypnose im Prinzip immer handlungsfähig. Der gesamte Organismus wird in eine tiefe Entspannung geführt, dominiert vom parasympathischen Teil des Nervensystems.

In diesem Zustand entsteht eine ausgeprägte Empfänglichkeit für Suggestionen. Hypnose[131] lässt sich daher in vielen Bereichen einsetzen: von der Behandlung von Depressionen und Ängsten bis hin zur Raucherentwöhnung. Regelmäßige Hypnosen können zu einem entspannteren Gesamtzustand führen. Als Nebeneffekt, berichtet Bartl, sei auch er selbst durch die Beschäftigung mit Hypnose „sozial verträglicher“ geworden, wie ihm seine Familie rückgemeldet habe.

Als sehr wirksam hat sich eine allseits bekannte Form der Selbsthypnose herausgestellt: Das bereits erwähnte „Autogene Training“. Es gilt als eine der am besten wissenschaftlich erforschten Techniken der Entspannung.

[131] Hole, Günter. In: Revenstorf, Dirk; Burkhard, Peter (Hrsg.). A. a. O.

Auf dem Weg zur Wissenschaft – KiP

Auf diesen Grundlagen baute Mitte des 20. Jahrhunderts der deutsche Psychiater Hanscarl Leuner[132] die Methode der Imagination weiter aus, nachdem er sich unter anderem mit psychotischen Zuständen und der Wirkung halluzinogener Drogen beschäftigt hatte. Er war von den Arbeiten des deutschen Psychiaters Ernst Kretschmer und des Begründers des Autogenen Trainings, Johannes H. Schultz, beeinflusst.

Hinter der Abkürzung KiP verbirgt sich der Zungenbrecher „Katathym Imaginative Psychotherapie". Der Begriff „Katathym" leitet sich von der griechischen Vorsilbe „kata" ab, welche für „gemäß" steht, und dem griechischen Wort „thymos" für „Lebenskraft". Die KiP wird einzeln oder in Gruppen durchgeführt.

Der Internist und Psychotherapeut Dr. Eberhard Wilke unterscheidet Imagination von dem häufig synonym verwendeten Begriff „Visualisierung". Wilke versteht unter Visualisierungen „willentlich erzeugte und gesteuerte Vorstellungen", bei denen „optische Vorstellungen und verbale Kommunikationen" eingesetzt werden. Im Gegensatz dazu geht es beim Imaginieren um ein „nicht willentlich gesteuertes Erleben in allen Sinnesmodalitäten".

Als das eigentliche Feld der Arbeit sieht Wilke die Ebene der Symbole selbst: Das menschliche Denken sei immer ein Denken in Symbolen; zum Beispiel ist jedes einzelne Wort ein Symbol, genauso wie ein inneres Bild ein Symbol für den realen Gegenstand ist und nicht der Gegenstand selbst. Die Stärke der KiP sieht Wilke darin, dass sich die Imaginationen „individuell und kreativ entfalten": Die inneren Bilder dürfen also ihre eigene Dynamik entfalten und sozusagen spontan ihre Geschichte erzählen. Im Unterschied zum Autogenen Training oder zur Psychoanalyse, wo Träume im Nachhinein gedeutet werden, spricht der Therapeut während der Reise in die eigene Bilderwelt mit dem Klienten und kann ihn damit in die innere Wirklichkeit seines Tagtraumes begleiten. Nach

[132] Leuner, Hanscarl; fortgeführt von Wilke, Eberhard. Katathym-imaginative Psychotherapie (KiP). Thieme, Stuttgart 2011. // Bahrke, Ulrich; Nohr, Karin. Katathym Imaginative Psychotherapie: Lehrbuch der Arbeit mit Imaginationen in psychodynamischen Psychotherapien. Springer, Berlin 2018.

dem Begründer der KiP, Hanscarl Leuner, entspreche die Imagination dem Primärvorgang nach Freud und damit einer Art von magischem Denken.

Aufgrund der Erkenntnisse, die Leuner während einer Vielzahl von Imaginationen gewonnen hatte, „kristallisierten" sich „eine Reihe von Regeln und häufigen Abläufen heraus". Das Gebiet der Anwendungen ist erstaunlich groß und reicht von Depressionen über Ängste und Phobien, Zwangserkrankungen bis zu psychosomatischen Beschwerden. Natürlich ist die KiP auch ein bewährtes Mittel, um die menschliche Persönlichkeit wachsen und reifen zu lassen. Begriffe aus der Psychoanalyse bleiben eine wesentliche Grundlage. So kann beispielsweise die Schwierigkeit, sich ein bestimmtes inneres Bild auszumalen, Zeichen von „Widerstand" sein, eines Schutzmechanismus der Seele, um sich vor der Aktivierung einer zu intensiven Emotion oder Erinnerung zu schützen.

Leuner entwickelte einen mehr oder weniger standardisierten Ablauf: Die Grundstufe beginnt mit der Imagination bewährter Standardmotive, wie einer Wiese, eines Baches, eines Berges, eines Hauses oder auch eines Waldrandes. Jedes dieser Motive will bestimmte Emotionen oder Themen wecken oder auch nur ein sicheres Gefühl entwickeln. Zu den Motiven der Mittelstufe zählen Vorstellungen einer wichtigen Beziehungsperson, wie zum Beispiel der Partnerin oder des Partners, eines Rosenbusches, der eher bei Frauen zur Anwendung kommt und für Liebe und Sexualität stehen kann, eines Löwen, der die innere Aggressivität symbolisiert, oder ideale Vorstellungen des eigenen Ichs. Die höchste Stufe verwendet Symbole wie eine Höhle, ein Sumpfloch oder einen Vulkan. Eine spannende Möglichkeit bietet auch das sogenannte Probehandeln, wo der Imaginand eine schwierige Situation wie zum Beispiel eine Prüfung oder einen öffentlichen Vortrag in seiner Vorstellung vorwegnimmt und im Reich der inneren Bilder sozusagen im Trockentraining übt.

Die Kunst der Entspannung – Autogenes Training

In unserer Zeit der Hektik und überspannten Aktivität, in der Epoche der U-Bahnen und Überschallflugzeuge, in der Ausgefülltheit unserer Arbeitstage braucht es einen Gegenpol – Techniken, um das innere Gleichgewicht wiederherzustellen. Alle Religionen der Welt setzen seit jeher auf Meditation, Andacht und Gebet, um einen Zustand der Entspannung und des Wohlbefindens zu erreichen. Doch nicht jeder will oder kann sich mit den Inhalten einer Glaubensrichtung identifizieren. Aus diesem Grund suchten Pioniere der Psychologie Methoden zu entwickeln, welche losgelöst von jedweder Theologie funktionieren. Dazu zählen die heute sehr populäre achtsamkeitsbasierte Stress-Reduktion (MBSR) des US-amerikanischen Molekularbiologen Jon Kabat-Zinn, die Progressive Muskelentspannung des US-amerikanischen Arztes Edmund Jacobson oder moderne, säkularisierte Formen von Yoga und Meditation.

Einer der ersten, der zu Beginn des 20. Jahrhunderts den Wert der Entspannung für die seelische, aber auch körperliche Gesundheit entdeckte, war der deutsche Arzt Johannes Heinrich Schultz.[133] Als Sohn eines Theologen interessierte er sich früh für die menschliche Seele und wurde Psychiater und Psychotherapeut. Aus seiner Beschäftigung mit der damals außerordentlich populären Hypnose entwickelte er die erste wissenschaftlich fundierte Methode der Entspannung: das Autogene Training. Mit diesem etwas sperrigen Begriff wollte er ausdrücken, dass der Mensch aus sich selbst heraus durch regelmäßiges Üben zu einem Zustand innerer Ruhe finden kann – nach der altgriechischen Vorsilbe „auto" für selbsttätig und dem lateinischen Begriff „generare" für Herstellen oder Generieren. Ursprünglich für Patienten mit psychischen Herausforderungen entwickelt, erkannte Schultz früh den Wert des Autogenen Trainings auch für Gesunde.

[133] Schultz, Johannes H. Autogenes Training – Das Original-Übungsbuch: Die Anleitung vom Begründer der Selbstentspannung. Trias, Stuttgart 2020.

Der besondere Vorteil liegt in der Einfachheit der Technik, die sich in wenigen Stunden erlernen lässt.

Die Monotonie der Wiederholung von einfachen sprachlichen Formeln lässt ein tiefes Gefühl des Wohlbefindens entstehen. Dies erinnert an das monotone Rezitieren von Mantras im Hinduismus oder Buddhismus beziehungsweise an das Rosenkranzgebet im Christentum. Beide Techniken erzielen einen der Selbsthypnose entsprechenden Effekt.

Je nach Fortschritt des Übenden unterscheiden wir drei Stufen des Autogenen Trainings:

Unter-, Mittel- und Oberstufe

Der Übende nimmt eine entspannte Körperhaltung ein, zum Beispiel liegend oder sitzend. Dabei schließt er die Augen und lässt sich eine Reihe von Formeln vorsagen bzw. spricht sie sich selbst mit seiner inneren Stimme vor. Zusammengefasst ein paar kurze Ausschnitte der Formeln, welche jeweils mehrmals wiederholt werden: Ich bin ganz ruhig. / Arme und Beine sind ganz schwer. / Arme und Beine sind ganz warm. / Mein Atem läuft ruhig und gleichmäßig. / Mein Sonnengeflecht ist strömend warm. / Das Herz schlägt ruhig und gleichmäßig. / Die Stirn ist angenehm kühl usw.

In zahlreichen Studien konnte inzwischen nachgewiesen werden, dass regelmäßige Anwendung dieses Trainings die Entspannungsreaktion fördert, den Tonus der Muskulatur senkt, zu einer leichten Erwärmung des Körpers führt, das Wohlbefinden steigert, Angst und innere Unruhe auflöst, den Schlaf verbessert, den Blutdruck senkt und die Herzfrequenzvariabilität erhöht. Letztere gilt heute als Maß für den Stress- oder Entspannungszustand des Organismus.

Fortgeschrittene im Autogenen Training lernen mithilfe von Vorstellungsbildern die symbolischen Manifestationen ihres Unbewussten kennen. Die Oberstufe weist traditionellerweise mehrere Phasen auf. Sie beginnt mit einfachen visuellen Vorstellungen, insbesondere von Farben: „Vor meinem inneren Auge entwickelt sich eine Farbe." In den weiteren Sitzungen kommen

Bilder von konkreten Gegenständen zum Einsatz, zum Beispiel eine Blume, dann menschliche Werte oder Empfindungen, wie zum Beispiel Liebe und Vertrauen. In der Folge können konkrete Fragen an das eigene Unbewusste gestellt werden, zum Beispiel „Wer bin ich?", oder Affirmationen formuliert werden wie „Ich bin voller Vertrauen". Weitere Stufen setzen komplexere Vorstellungen wie eine Reise zum Meeresgrund oder auf den Gipfel eines Berges ein. Auf der höchsten Stufe kommen Bilder zum Einsatz, welche die eigenen Lebensziele betreffen. Die dabei gewonnene Klarheit kann dabei helfen, die innere Ausrichtung zu schärfen und das Handeln gezielter anzugehen.

Eine Übungseinheit der Oberstufe beginnt mit der bereits aus der Unterstufe bekannten Entspannung. Dann kommt meist ein Satz zum Einsatz, der das angestrebte Bild betrifft. Der Satz wird drei- bis sechsmal wiederholt. Die Visualisierung der Farbe, des Bildes oder der Vorstellung kann einige Minuten dauern. Schließlich, zur Beendigung bzw. zur Rücknahme, kann die Formel verwendet werden: „Das Bild zieht sich zurück." Weitere Möglichkeiten der Oberstufe liegen im Betrachten der eigenen Person im Spiegel oder in der Verwendung bestimmter Autosuggestionen, wie zum Beispiel mit dem Rauchen aufzuhören, sich gesünder zu ernähren oder mehr Bewegung zu machen.

Neurobiologie als Grundlage – Verhaltenstherapie

Die Verhaltenstherapie gilt heute als die einflussreichste Schule der Psychotherapie. Sie beruht ursprünglich auf den klassischen Lerntheorien und geht von der These aus, dass der Mensch in der Lage ist, ein Verhalten, das zu einer psychischen Störung geführt hat, wieder zu verlernen oder umzulernen. Inzwischen hat sie sich von den ursprünglich einfachen Reiz-Reaktions-Modellen zu einer komplexen Theorie entwickelt. Als Arbeitsgrundlage verwendet die Verhaltenstherapie das sogenannte „SORKC-Modell". Kurz zusammengefasst: Ein bestimmter Reiz (Stimulus) löst ein

Verhalten aus. Er führt im Organismus aufgrund seiner biologischen Anlage, den angeborenen Persönlichkeitsmerkmalen und den Erfahrungen, die ein Mensch im Leben gemacht hat, zu einer bestimmten Reaktion, die sich durch bestimmte Emotionen, Gedanken, Muskelaktivitäten und körperliche Zeichen äußert. Der Ausdruck Kontingenz steht dafür, dass eine solche Reaktion regelmäßig auftritt. Schließlich steht das C für die Konsequenz (englisch. consequence) dieses ausgelösten Verhaltens, im Sinne einer Belohnung (Verstärkung) oder Bestrafung (Abschwächung).

In der Folge formuliert der Therapeut gemeinsam mit der Patientin ein Therapieziel. Der Therapeut kann dabei aus einem reichen Fundus an Methoden schöpfen. Eine Stärke der Verhaltenstherapie liegt darin, dass sie sich an der Neurobiologie orientiert.

Als ein zentrales Verfahren wendet die Verhaltenstherapie[134] die Imagination an. Als klassisches Beispiel gilt die Behandlung von Ängsten durch eine stufenweise Konfrontation mit dem angstauslösenden Reiz, zum Beispiel mit einer Spinne bei Vorliegen einer Arachnophobie. Basis der Behandlung ist das gemeinsame Erarbeiten einer sogenannten „Angsthierarchie“ – verschiedene Stufen, die zunehmend größere Angst auslösen. Das ermöglicht die Konfrontation mit dem unangenehmen Reiz auf einer anfangs ganz niedrigen Stufe. Diese wird so lange geübt, bis nur noch eine leichte körperliche Reaktion auftritt und die Angst erträglich geworden ist. Dann schreitet man zur nächsten Stufe fort. Am Beispiel der Angst vor Spinnen stehen an der untersten Stufe das Sprechen über die Spinne und die dadurch ausgelösten körperlichen Reaktionen. Dann soll sich die Klientin das Insekt genau vorstellen: die langen, dünnen Beine, den behaarten Körper, die Zeichnung auf dem Rücken und das ausgespannte Spinnennetz. Auf der nächsten Ebene könnte das Betrachten von Fotografien einer Spinne stehen. Dann die Konfrontation mit einer echten Spinne hinter Glas. Der höchste Schwierigkeitsgrad wäre schließlich, eine Spinne über die eigene Hand krabbeln zu lassen. Diese höchste Stufe muss aber nicht immer erreicht werden.

[134] Kirn, Thomas; Echelmeyer, Liz; Engberding, Margarita. Imagination in der Verhaltenstherapie. Springer, Berlin 2015.

Für unser Thema ist bemerkenswert, dass bereits die Konfrontation mit dem Reiz in der bloßen Vorstellung herangezogen werden kann, um die Angstgefühle auszulösen. Die Vorstellung hilft dann aber auch, die Angst zu reduzieren, indem man diese mehrfach wiederholt.

Während der letzten Jahrzehnte hat sich die Verhaltenstherapie des Themas Imagination intensiv angenommen und es immer weiterentwickelt. Die Imaginationen können sich dabei auf die Vergangenheit beziehen. Dabei werden traumatische Erlebnisse – nach einiger Vorbereitungsarbeit – in der Fantasie nochmals durchlebt. Der Therapeut begleitet diesen Prozess. Die Bilder können sich aber auch in die Zukunft richten und Situationen vorwegnehmen, zum Beispiel, um sich auf eine bevorstehende Prüfung oder ein Bewerbungsgespräch vorzubereiten.

Werte als Lebensschule

Eine ganz spezielle Richtung der Imagination entwickelte der ursprünglich aus Oranienburg stammende Theologe und Psychotherapeut Uwe Böschemeyer. Zur Abrundung seines Theologiestudiums befasste er sich mit der Logotherapie und Existenzanalyse von Viktor Frankl: Der große Psychiater und Neurologe der Wiener Medizinischen Schule hatte entdeckt, dass die Findung eines Sinnes beziehungsweise einer Aufgabe im Leben den zentralen Faktor in der psychischen Gesundung bildet. Frankls viel zitierter Satz „Wer ein Warum im Leben hat, erträgt fast jedes Wie“ (eine Paraphrase auf ein Diktum von Friedrich Nietzsche[135]) drückt das Grundprinzip des von ihm entwickelten Zugangs zum Menschen aus.

Uwe Böschemeyer ließ sich von Frankl zum Therapeuten ausbilden. Doch der junge Theologe suchte weiter und erprobte eigene und ganz neue Ansätze, um in die Tiefen des Seelischen

[135] „Hat man sein w a r u m ? des Lebens, so verträgt man sich fast mit jedem w i e ?“ aus: Nietzsche Werke. Kritische Gesamtausgabe, Abt. 6, Bd. 3 in „Götzen-Dämmerung“. De Gruyter, Berlin 1969.

vorzudringen. Anfang der 1990er-Jahre begann er gemeinsam mit einem befreundeten Internisten zu experimentieren: „Bitte schließen Sie doch mal die Augen und warten Sie ab, ob in Ihnen ein Bild entsteht zum Thema Mut." Dann geschah etwas für die beiden Überraschendes: Es blieb nicht nur bei dem einen Bild, sondern es entwickelte sich eine ganze Bildfolge. Böschemeyer[136] stieß auf dasselbe Phänomen, das Jahrzehnte zuvor schon C. G. Jung entdeckt hatte: Die inneren Bilder gewannen ein Eigenleben; sie wandelten sich ständig. So etwas wie eine innere Geschichte oder ein innerer Film begann vor dem geistigen Auge des Betrachters abzulaufen. Uwe Böschemeyer fand heraus, dass die Bilder, welche vor der Leinwand seines inneren Kinos ihre Metamorphosen durchliefen, die Dispositionen seiner eigenen Seele ausdrückten. Schließlich wendete er diese Methode auch bei seinen Klienten in der Psychotherapie an. Begeistert von diesen neu entdeckten Möglichkeiten entwickelte er sie im Laufe der Jahre weiter.

Dann kam ihm eine zentrale Idee: Böschemeyer vergegenwärtigte sich, dass es in Träumen ja ständig Gestalten gibt, die spezifisch menschliche Werte symbolisieren; also menschliche Werte in personifizierter Form. Er stieß in seinen Imaginationen auf Figuren oder Gestalten als symbolische Ausformungen des Psychischen, welche dessen Grundprinzipien darstellen. Böschemeyer gab ihnen den Namen „Wertgestalten".

Im Laufe der Zeit entdeckte er davon eine ganze Reihe: die Freien, die Liebenden, die Mutigen usw. Sie zeigten sich immer dann stärker, wenn der Therapeut mit dem Gegenpol arbeitete (Angst – Mut): Zum Beispiel setzte er zur Bewältigung von Ängsten bei seinen Klienten die Imagination der Mutigen ein. Einige weitere Beispiele für Wertgestalten: die Verbündeten als die Lebensbejaher. Die Indianer – sie stehen für das innere Wilde, Kühne. Die Klaren – sie symbolisieren innere Klarheit über die aktuelle Position im Leben. Um herauszufinden, woran wir in unserer persönlichen Entwicklung aktuell zu arbeiten haben, ließ Böschemeyer die Wahrheitsfinder kommen. Wer den Wertgestalten begegnet, ist meist überrascht von der Kraft ihrer Wirkung. Häufig kommen

---

[136] Böschemeyer, Uwe. Unsere Tiefe ist hell: Wertimagination: Ein Schlüssel zur inneren Welt. Kösel, München 2005.

sie zu zweit, als weibliche und als männliche Gestalt, die jeweils die eine oder die andere Seite eines Lebensprinzips verkörpern.

„Viktor Frankl sprach von einem prälogischen Wertgefühl. Ich habe daraus den Wahrheitsfinder gemacht. Er zeigt uns Dinge auf, die unser Verstand noch gar nicht bemerkt hat. Der Wahrheitsfinder öffnet den Raum der Veränderungen. Wertgestalten sind personifizierte Werte. Ein besonderes Kapitel in der Wertimagination – so wie ich sie praktiziere – ist die Intuition. Sie ist die legitime Interpretin der inneren Bilder, nicht der Verstand. Das heißt nicht, dass wir auf den Verstand verzichten könnten, seine Rolle liegt im Interpretieren und Systematisieren. Eine ganz wichtige Gestalt ist der Gegenspieler. Er steht für die personifizierte Destruktivität im Sinne von Sigmund Freud."[137]

Der Gegenspieler – eine faszinierende, manchmal erschreckende Wertgestalt, die den sprichwörtlichen inneren Schweinehund personifiziert, aber auch den Geist, der stets verneint.[138] Laut Böschemeyer liegt die Aufgabe des Gegenspielers darin, menschliche Entwicklung zu stören oder gar zu zerstören. Es gehe für uns darum, ihn als existent zu begreifen. „Was ist stärker als der Gegenspieler? Die Lebensbejaher in Gestalt der Verbündeten. Letztlich ist jede Wertgestalt stärker als der Gegenspieler. Warum? Weil die Wertgestalten der Ambivalenz des Lebens enthoben sind."

Ausblick

Noch etwas hat die moderne Psychotherapieforschung aufgedeckt: Der wichtigste Faktor in der Wirksamkeit einer Therapie scheint gar nicht in erster Linie die Therapierichtung zu sein – also ob es sich um eine klassische Psychoanalyse, eine Logotherapie oder um eine Gestalttherapie handelt. Der wichtigste Faktor für die Genesung liegt in der persönlichen Beziehung zwischen Therapeut und Patient. Gelingt es, eine tragfähige und positive Beziehung aufzubauen, dann wirkt auch die Therapie, und zwar unabhängig von ihrer speziellen Ausrichtung![139]

---

137 Aus einem persönlichen Gespräch mit Uwe Böschemeyer

138 Vgl. Goethe, Johann Wolfgang von. Faust: Der Tragödie erster Teil.

139 Roth, Gerhard. Warum es so schwierig ist, sich und andere zu ändern: Persönlichkeit, Entscheidung und Verhalten. Klett-Cotta, Stuttgart 2019.

V.
Der Weg der inneren Bilder

Kino im Kopf – Sexuelle Fantasien

„Ich muss dich mal was fragen“ sagte sie,
als wir nackt unter dem Futon lagen.
„Wahrscheinlich rufe ich beim Orgasmus den Namen
eines anderen Mannes.
Macht dir das was aus?“[140]

Haruki Murakami

Ist Ihnen das schon einmal passiert? Ein Freund beschwert sich, dass er wegen Ihnen Schwierigkeiten beim Sex mit seiner Partnerin hatte. Es stellt sich dann heraus, dass seine Freundin wohl versehentlich im völlig falschen Moment einen falschen Namen – in diesem Fall den Ihren – im Munde führte …

Das führt uns zum Thema der sexuellen Fantasien. Wir alle kennen sie. Ganze Abhandlungen wurden darüber verfasst, angefangen vom Begründer der Psychoanalyse, Sigmund Freud, über

[140] Murakami, Haruki. Erste Person Singular: Erzählungen. Btb, München 2022.

die Sexologin Nancy Friday bis hin zum Londoner Psychologen Brett Kahr. Welche Fantasien entwickeln Menschen, wenn sie an Sex denken? Und warum?

Vorstellungen während sexueller Erregung sind immer verbunden mit starker emotionaler Aufladung. Sie können zu einer Quelle der Kraft werden oder – umgekehrt – sich im Leben unangenehm bemerkbar machen. Sex mit einem anderen Partner beispielsweise. Haruki Murakami, einer der großen Schriftsteller der Gegenwart, nimmt sich in der Kurzgeschichte „Auf einem Kissen aus Stein“ dieses Phänomens an. Eine Fantasie könnte wahr werden, im Extremfall vielleicht sogar die Beziehung sprengen. Meist sind sie ganz harmlos, dennoch plagt viele Menschen wegen solcher Gedanken das schlechte Gewissen. Schon Sigmund Freud bemerkte Anfang des 20. Jahrhunderts:

„Der Erwachsene aber schämt sich seiner Fantasien und versteckt sie vor anderen, er hegt sie als seine eigensten Intimitäten, er würde in der Regel lieber seine Vergehungen eingestehen als seine Fantasien mitteilen. Es mag vorkommen, dass er sich darum für den Einzigen hält, der solche Fantasien bildet, und von der allgemeinen Verbreitung ganz ähnlicher Schöpfungen bei anderen nichts ahnt.“[141]

Außerdem schrieb Freud schon 1905, dass erotische Tagträume in „endlosen Variationen“ vorkommen. Allerdings behauptete er, dass der Glückliche niemals fantasieren würde, sondern nur der Unbefriedigte: „Unbefriedigte Wünsche sind die Triebkräfte der Phantasien, und jede einzelne Phantasie ist eine Wunscherfüllung, eine Korrektur der unbefriedigten Wirklichkeit.“ Hier irrte Freud möglicherweise.

Psychologen sind heute der Meinung: Sexuelle Fantasien gehören zu einer gesunden sexuellen Entwicklung. Wie wir in diesem Kapitel sehen werden, lohnt es sich dennoch, gut darauf zu achten, was man sich in seinem inneren Kino vorstellt ...

Nancy Friday sammelte als Erste systematisch „Die sexuellen Fantasien der Frauen“ und „Die sexuellen Fantasien der Männer“.

---

[141] Freud, Sigmund, zitiert nach Kahr, Brett. Sex im Kopf: Alles über unsere geheimsten Phantasien. Ullstein Taschenbuch, Berlin 2008.

Ihre Bücher wurden nicht nur ausführlich im Playboy-Magazin besprochen, sondern beeinflussten die Sexualwissenschaften maßgeblich. Sie werden trotz – oder gerade wegen – ihres pikanten Inhalts noch heute, Jahrzehnte später, regelmäßig neu aufgelegt.

Sex im Kopf

Die bisher größte wissenschaftliche Untersuchung über sexuelle Fantasien führte der Paartherapeut Brett Kahr um die Jahrtausendwende in London durch: Mithilfe von Fragebögen und Interviews erforschte er die einschlägigen Vorstellungen von 19.000 Männern und Frauen. Laut Kahr hatten ungefähr 95 Prozent der von ihm Befragten „ihre sexuellen Phantasien bisher noch nie jemandem anvertraut, nicht einmal ihren langjährigen Partnern oder ihren engsten Freunden".[142]

Der erste Arzt, der sich in der Moderne wissenschaftlich mit sexuellen Fantasien auseinandersetzte, war Dr. Heinrich Kahn. Von ihm erschien im Jahr 1844 ein Buch mit dem Titel „Psychopathia sexualis". Darin warnte er eindringlich vor der Selbstbefriedigung, wie übrigens viele Ärzte seiner Zeit. Sie führe durch die Verschwendung von Sperma zu körperlicher Schwäche. Kahn sah darin eine gefährliche sexuelle Perversion und meinte, dass sie „zu geistigem Verfall führen könne; sie sei häufig von Fantasien begleitet, in denen der Geist ungehindert schweifen könne oder sogar völlig verrücktspiele".

Einige Jahrzehnte später, nämlich im Jahre 1886, erschien eine Arbeit des österreichischen Psychiaters Richard von Krafft-Ebing unter demselben Titel – „Psychopathia sexualis", allerdings mit dem Untertitel „Eine klinisch-forensische Studie". Auch er setzte sich mit sexuellen Fantasien auseinander. Brett Kahr zitiert Krafft-Ebing mit einer Fallvignette aus dem Jahr 1890: Ein aus Berlin stammender Mann hätte immer wieder in regelrechten „Fantasie-Orgien" geschwelgt, in denen es meist um Schläge und Erniedrigung ging. In diesen Fantasien stellte er sich vor, von einer Frau immer wieder eingesperrt, geschlagen und getreten zu werden. Eine Fantasie, die ihn offenbar schon seit seiner Kindheit

[142] Kahr, Brett. A. a. O.

verfolgte. „Als er seine Fantasien mithilfe einer Prostituierten tatsächlich auslebte, fand er das Erlebnis äußerst unbefriedigend. Der Patient aus Berlin erklärte, er beziehe aus der Fantasie mehr Lust als aus der Realität." Dass die Bilder auf der Kinoleinwand im Kopf manchmal erregender auf uns wirken können als die Wirklichkeit, entspricht auch den Erfahrungen des Psychologen Brett Kahr. Er zitiert die Worte eines seiner eigenen Patienten: „Manchmal ist eine gute Nummer im Kopf besser als alles andere."

So manches, was Professor von Krafft-Ebing vor mehr als hundert Jahren noch zu den Perversionen zählte, gilt heute mehr oder weniger als sozial akzeptiert. Wie schon Cicero zu sagen pflegte: O tempora, o mores. Andere Zeiten, andere Sitten! So stellte der Psychiater damals fest, „dass homosexuelle Männer sich beim Zusammensein mit Frauen häufig mittels Fantasien stimulieren, in denen Männer vorkommen". Nicht zu vergessen, dass homosexuelle Akte damals noch durch das Strafrecht geahndet wurden.

Freud gilt als Wegbereiter der wissenschaftlichen Auseinandersetzung mit der Sexualität, auch wenn er aus heutiger Sicht die Bedeutung des Sexuellen in unserer Psyche wohl stark überbetonte. Freud vermutete, dass sexuelle Fantasien der Erfüllung primitiver und übermächtiger Wünsche dienen würden. Dazu Brett Kahr:

„Sexuelle Fantasien dienen der Erfüllung primitiver, übermächtiger Wünsche, und sie schützen den Geist, vor häufig noch unangenehmeren Gedanken. Man kann sie nicht als Hilfsmittel für einen hastigen Orgasmus abtun; Freud hielt die sexuelle Fantasie vielmehr für ein mentales Produkt, das eine wichtige seelische Funktion erfüllt."[143]

Kahr schrieb, dass unsere sexuellen Fantasien „kleine Freuden darstellen" und uns den Alltag verschönern können, dass aber andererseits auch Gefahren darin lauern und sie manchmal zu einer folgenreichen Sucht werden. Ihre Inhalte seien häufig mit Scham verbunden, sie „verursachen Angst, Scham, Schuldgefühle, Ekel oder Verwirrung". Kahr stellte fest, „dass die überwiegende Mehrheit aller Erwachsenen ein unbehagliches Verhältnis zu

[143] Zitiert nach Kahr, Brett. A. a. O.

ihren sexuellen Fantasien hat, und das, obwohl solche Fantasien meist in einen Orgasmus münden". Kein Wunder, wenn man das Gefühl hat, seinen Partner oder seine Partnerin in Gedanken zu betrügen, indem man sich vorstellt, man liege mit Nicole Kidman oder Brad Pitt oder der besten Freundin oder dem besten Freund im Bett. In seinem lesenswerten Buch „Sex im Kopf"[144] beschrieb Kahr zahlreiche dieser Fantasien, die von eher harmlosen Vorstellungen bis zu Vorstellungen schwerer sexueller Gewalt reichen können. Dies bedeute allerdings nicht, dass, wenn eine Frau sich vorstelle, vergewaltigt zu werden, sie dies auch in Wirklichkeit erleben wolle. Kritisch könnten sexuelle Vorstellungen aber werden, wenn sie regelmäßig Handlungen beinhalten, deren Ausführung anderen Menschen Schaden zufüge. Kahr zufolge gehen schweren sexuellen Gewalttaten oder auch der Konsumation von kinderpornografischem Material regelmäßig entsprechende sexuelle Fantasien voraus. Allerdings bedeute dies nicht, dass derartige Fantasien automatisch immer umgesetzt würden.

Insgesamt zeigen Kahrs Forschungen, dass sexuelle Fantasien sehr weit verbreitet sind und dass sie jeder Mensch kennt. Der Psychologe zählt eine ganze Reihe von positiven Funktionen sexueller Fantasien auf: Wunscherfüllung, Selbsttröstung und Selbsttherapie; sie können dabei helfen, eigene Fähigkeiten zu erproben oder verborgene Wünsche auszuloten. Sie können auch dem Abbau von Aggressionen dienen, beim Verarbeiten schmerzhafter Realitäten helfen oder im Extremfall sogar als Ventil für sadistische Triebe fungieren, anstatt sie ausleben zu müssen.

Somit können sexuelle Fantasien zum inneren Gleichgewicht beitragen. Zum Abschluss seines Werkes stellte Kahr folgende Frage an seine Leserinnen und Leser: „Sind Ihre Fantasien pervers?" Nun wechselt natürlich die Vorstellung dessen, was als pervers gilt: Jede Gesellschaft und jede Zeit definieren sie völlig neu. Kahr sieht zwei Kriterien, um eine sexuelle Fantasie als „pervers" zu bezeichnen: „Die Fantasie erfordert, dass man ständig sadistische Handlungen gegen sich selbst, oder ein ‚Objekt der Begierde'

---

[144] Kahr, Brett. Sex im Kopf: Alles über unsere geheimsten Phantasien. Ullstein Taschenbuch, Berlin 2008.

begeht." Oder eine Fantasie „wird so mächtig, dass die betreffende Person keine enge Beziehung zu einem anderen Menschen mehr eingehen kann, und sie beeinträchtigt auch andere Lebensbereiche."

Heiße Vorstellungen

Der kanadische Psychologe Jordan Peterson begeistert mit seinen Bestsellern über psychologische Themen Leser auf der ganzen Welt. Insbesondere seine teilweise kontroversiell diskutierten Vorträge im Internet finden Zehntausende Follower. In einem dieser Videos beschäftigt sich Peterson mit sexuellen Fantasien: Ein einfacher Weg, die sexuellen Wünsche und Fantasien von Menschen zu untersuchen, bestehe darin, die in der Suchmaschine von Google im Zusammenhang mit Sex eingegebenen Begriffe zu erfassen. Männer und Frauen scheinen sich dabei vollkommen anderer Suchbegriffe zu bedienen. Laut der von Peterson[145] zitierten Studie suchen Männer im Internet vorwiegend nach pornografischen Darstellungen von Frauen. Warum funktioniert das? Das Gehirn macht in seiner emotionalen Reaktion offensichtlich keinen besonders großen Unterschied zwischen dem Anblick einer nackten Frau oder ihrer bloßen Darstellung auf einem Gemälde, einem Foto oder in einem Film: Im Gehirn werden dabei mehr oder weniger dieselben visuellen und emotionalen Zentren aktiviert, die sexuelle Erregung verarbeiten.

Was die erotischen Vorstellungen von Frauen betrifft, so erscheinen diese wesentlich komplexer. Laut Peterson werden Frauen durch die Vorstellung eines Mannes angesprochen, der Aggressivität ausstrahle: ein Werwolf, ein Verbrecher, ein Vampir, ein Chirurg oder ein Top-Manager. Interessanterweise finde sich dabei immer wieder das Motiv der Zähmung dieses aggressiven männlichen Wesens. Der ursprünglich dominante Top-Manager muss domestiziert werden. Anders wäre mit ihm auch keine sinnvolle Beziehung zu führen. Sich andererseits ein zahmes Männchen zu suchen, würde für eine Frau wenig Sinn ergeben. Denn

[145] Jordan Peterson. Describes Women's Hottest Sexual Fantasy. YouTube (aufgerufen am 13.11.2022). // Ogas, Ogi. Gaddam Sai: Klick! Mich! An! Der große Online-Sex-Report. Blanvalet, München 2012.

im Zuge der möglichen Anfechtungen des Lebens kann es sich als lebenswichtig erweisen, einen Mann an der Seite zu haben, der, wenn es darauf ankommt, auch kämpfen kann – was den Sicherheitsinstinkt einer Frau befriedigt. Belege für dieses Phänomen finden sich in Literatur und Film zuhauf. Die Disney-Romanze „Die Schöne und das Biest“ gilt als der Prototyp dieses Genres: Das Biest wird letzten Endes durch die Liebe einer schönen Frau gezähmt und wandelt sich zum Prinzen. Auch der Kassenschlager „Fifty Shades of Grey“ oder die beliebten Vampir- und Werwolf-Filme bedienen dasselbe Klischee.

Gesunder Umgang mit sexuellen Fantasien

Wie können wir verantwortungsvoll mit diesen Fantasien umgehen? Der in China geborene Arzt Dr. Stephen Chang studierte westliche und traditionelle chinesische Medizin. Er ist Autor einer Reihe von Büchern über medizinische Themen wie Akupunktur oder chinesische Heilkräuter. In „Das Tao der Sexualität“ empfiehlt er seinen Leserinnen und Lesern, auf ihre sexuellen Fantasien zu achten und sie zu lenken. Für die Daoisten ist Sexualität eine Möglichkeit, ihr Qi, ihre Lebenskraft, zu stärken. Ein daoistischer Weiser strebt ein langes, gesundes und ausgeglichenes Leben an, um zur Erleuchtung zu finden. Ein gesunder und starker Körper ist besser dazu in der Lage, die Strapazen auf dem Weg dorthin durchzustehen.

Zu den traditionellen chinesischen Methoden der Lebenspflege zählt eine ausgeglichene Lebensführung mit regelmäßiger körperlicher Bewegung, insbesondere Übungen zur Stärkung des Qi (Qigong, Taiji, usw.), Meditation und Atemübungen, eine Ernährung, die dem Körper Energie zuführt, ausreichend Schlaf, gesunde soziale Beziehungen und nicht zuletzt Sexualität. Daoisten gehen davon aus, dass ein Mann bei jedem Samenerguss Energie verliert. Aus diesem Grund empfiehlt Dr. Chang Männern die Trennung von Orgasmus und Ejakulation. Dadurch könnten sie ihre Energie behalten und sie zum Aufbau ihrer Lebenskraft einsetzen. Giovanni Maciocia empfiehlt in seinem Standardwerk „Grundlagen der traditionellen chinesischen Medizin“ Männern abhängig von ihrem Lebensalter nur eine bestimmte Anzahl von Ejakulationen pro Monat, um nicht diese kostbare Energie zu verschleudern. Für Frauen trifft laut chinesischer Medizin übrigens das Gegenteil zu: Eine Frau gewinnt durch jeden Orgasmus Energie.

Eine weitere Methode im Daoismus besteht in der Disziplinierung und Kontrolle der Gedanken. Der Grundsatz lautet: Die Energie folgt der Vorstellung. Daoisten lassen ihr Qi durch den gesamten Körper kreisen oder sammeln es an bestimmten Orten im Körper, um es von dort wieder in die Peripherie beziehungsweise in die Extremitäten zu schicken. Eine Methode, die insbesondere auch in den chinesischen Kampfkünsten zum Einsatz kommt.

Zur Steigerung der Energie nützen Adepten des Qigong auch die Sexualität. So wird empfohlen, während des Geschlechtsverkehrs in der Vorstellung die Energie durch den eigenen Körper und zugleich durch den der Partnerin oder seines Partners kreisen zu lassen. Im Moment des Höhepunktes soll der Mann das Qi mithilfe seiner Vorstellung aus dem Genitalbereich über die Wirbelsäule hinauf ins Gehirn ziehen. Zum Thema Vorstellungen und Sexualität empfehlen die chinesischen Weisen, während des Geschlechtsaktes ausschließlich an den eigenen Partner, die eigene Partnerin zu denken: Während dieser emotional hoch aufgeladenen Situation an jemand anderen zu denken, könne längerfristig die Beziehung zur Partnerin oder zum Partner schwächen und in weiterer Folge möglicherweise sogar zur Trennung des Paares führen.

Dieses Problem scheint nicht nur im alten China der Daoisten eine Rolle gespielt zu haben – eine ähnliche Empfehlung taucht in einem Ratgeber für moderne islamische Frauen auf. Der Autor und Islamgelehrte Pehlivan Rauf empfiehlt in seinem Buch „Grundwissen für Frauen“, dass sowohl Mann als auch Frau während des Geschlechtsverkehrs sich nicht jemand anderen als ihren Partner oder ihre Partnerin in den Armen vorstellen sollen. „Wenn das Paar sich beim Geschlechtsverkehr befindet, dann ist es ‚haram‘, dass sich der Mann seine Frau als eine andere Frau vorstellt und die Frau ihren Mann sich als einen anderen Mann vorstellt.“ Dies sei vergleichbar mit dem Trinken von Wasser, während man sich vorstelle, es sei Wein. Auch dies sei „haram“, also tabu. Solche Vorstellungen seien ein möglicher Grund für die Zerstörung der Familie und deshalb im Islam verboten.

Die Gedanken sind frei

Die Gedanken sind frei, wer kann sie erraten,
sie fliegen vorbei wie nächtliche Schatten.
Kein Mensch kann sie wissen, kein Jäger erschießen,
es bleibet dabei: die Gedanken sind frei.

Deutsches Volkslied

Was bedeutet das in der Praxis? Was soll und darf man sich eigentlich vorstellen? Vielleicht hilft hier ein Zitat aus dem alten deutschen Volkslied „Die Gedanken sind frei". Die Forschungen von Kahr und Kolleginnen lehren uns, dass sexuelle Fantasien zum Menschsein gehören, dass sich interessanterweise aber die meisten Menschen dieser Tatsache ein wenig schämen. Es empfiehlt sich auch in diesem sensiblen Bereich, das menschliche Maß zu wahren und sich dessen bewusst zu sein, was man als gut, sinnvoll und hilfreich empfindet und wo vielleicht eine Grenze überschritten wird. Wie wir gesehen haben, lohnt es sich, Gedankendisziplin zu wahren, aber sozusagen mit Augenzwinkern, und nicht zu streng mit sich selber umzugehen ...

Die Erinnerung neu schreiben[146]

Es ist nie zu spät, eine glückliche Kindheit zu haben.[147]

Ben Furman

Die Szene ist an Beklommenheit kaum zu überbieten: Frau S. befindet sich wieder in dem kleinen Alpendorf ihrer Kindheit inmitten der scheinbaren Idylle der Schweizer Berge. Ihre Mutter hat sie in das Haus des Großbauern gebracht. Eine Decke wird über das Mädchen und den angesehenen Mann ausgebreitet, um das Geschehen vor den Blicken der Anwesenden zu verbergen. Es ist nicht das erste Mal. Frau S. fühlt jetzt wieder die Angst, das Ausgeliefertsein, die unendliche Scham. Später wird ihre Mutter die Bezahlung dafür in ihre Kitteltasche stecken und die Kleine mit nach Hause nehmen. Sie kann das Geld gut gebrauchen. Not treibt sie an.

Der Therapeut an der Seite der Patientin lässt sie die Szene genau beschreiben. Lässt sich genau die Gefühle schildern, ihre Panik, die Ohnmacht, die Verzweiflung. Die Wut. Die Stimme von Frau S. beginnt zu zittern. Tränen laufen ihr über die Wangen. Doch dann lädt der Therapeut sie ein, sich in ihrer Vorstellung mit ihrem erwachsenen Ich in die Szene zu begeben. Er gestattet ihr auch, falls notwendig, ihn als Unterstützung in diese Vorstellung mit hineinzunehmen. Jetzt sieht sie sich selbst vor ihrem inneren Auge an die Seite des Kindes treten, das sie einst war. Der Therapeut fordert sie auf, dem Täter zu sagen, was sie von ihm hält, was sie über ihn und seine Handlungen denkt. Sich nicht zurückzuhalten. Das unschuldige Mädchen in Schutz zu nehmen. Das erwachsene Ich von Frau S. beginnt jetzt mit dem Täter zu schreien. Entschiedenheit klingt aus ihrer Stimme. Wut. Nun nimmt

[146] Moukheiber, Albert. Fake Brain: Warum unser Gehirn uns Streiche spielt und wie wir es überlisten können – Die neuesten Erkenntnisse aus der Neurowissenschaft. Goldmann, München 2021.
[147] Furman, Ben. Es ist nie zu spät, eine glückliche Kindheit zu haben. verlag modernes lernen, Dortmund 2019.

sie ihr inneres Kind in die Arme. Spricht ihm gut zu. Beschützt es. Führt es aus der Szene hinaus, vor das Haus, in die Freiheit. Jetzt wirkt ihre Stimme gelöster, stärker, sicherer. Dann lädt sie der Therapeut dazu ein, noch ein paar tiefe Atemzüge zu machen und langsam wieder in die Gegenwart zurückzukehren. Weitere Behandlungen werden notwendig sein, doch Frau S. wirkt bereits deutlich ruhiger und entspannter.[148]

Schematherapie

Die Schematherapie ist Teil der sogenannten dritten Welle der Verhaltenstherapie, der wissenschaftlich wohl am besten abgesicherten Form der Psychotherapie. Sie geht davon aus, dass eine Reihe von unbewussten Reaktionsweisen existiert, sogenannte Schemata, die unser Verhalten steuern. Die Bewusstmachung dieser Schemata ermöglicht Entwicklung und dient der Behandlung von Symptomen. Es gilt, das Schema des „gesunden Erwachsenen" zu entwickeln und dysfunktionale Schemata, die uns an der Selbstentfaltung hindern, zu bearbeiten. Mit der Technik des „imaginativen Überschreibens" kann es gelingen, ausgediente Reaktionsmuster grundlegend zu verändern.

Imaginatives Überschreiben

Imaginatives Überschreiben (Imagery Rescripting and Reprocessing[149]) nützt innere Bilder in Form von Erinnerungen oder Vorstellungen und verändert sie gezielt unter Anleitung einer Therapeutin.

Die Geschichte des Umganges mit inneren Bildern reicht zurück bis in die Vorzeit des Menschen. Ende des 19. Jahrhunderts erlangte die wissenschaftliche Psychotherapie mit Sigmund Freud in Österreich ihre erste Blüte. Seine Methode der Psychoanalyse beruhte allerdings weitgehend auf Sprache. Freud nutzte die Methode des sogenannten freien Assoziierens: Er lud seine Patientinnen, die

---

[148] Die geschilderte fiktive Szene wurde – in leicht abgeänderter Form – einem Lehrvideo für Therapeuten entnommen.

[149] Schmucker, Mervyn; Köster, Rolf. Praxishandbuch IRRT: Imagery Rescripting & Reprocessing Therapy bei Traumafolgestörungen, Angst, Depression und Trauer. Klett-Cotta, Stuttgart, Edition 2021.

dabei auf seiner berühmten Couch lagen, dazu ein, ihre Gedanken frei fließen zu lassen und unzensiert alles direkt dem Psychoanalytiker zu erzählen. Freud verfolgte damit das Ziel, unbewusste Emotionen und Gedanken ins Licht des Bewusstseins zu holen.

Parallel dazu – vielleicht etwas im Schatten liegend – entwickelte der französische Psychiater Pierre Jeannée in Frankreich seine eigenen Methoden. Im Jahr 1889 berichtete er erstmals darüber, wie er eine Patientin ihre traumatischen Erinnerungen in der Vorstellung wiedererleben und dabei die belastenden Details verändern ließ.

In den weiteren Jahrzehnten entwickelten Therapeuten verschiedene Verfahren der Arbeit mit Vorstellungen, zum Beispiel der Erfinder der Hypnotherapie, Milton H. Erickson. Eine weitere große Schule der Psychotherapie, die Gestalttherapie, arbeitete mit inneren Bildern von belastenden Situationen aus der Kindheit. Auch dabei ging es darum, aktiv die inneren Bilder und damit die belastenden Erinnerungen umzustrukturieren. Die Therapeutin trat mit dem verletzten Kind aus der Vergangenheit über das Mittel der Imagination in Kontakt.

Auch die Verhaltenstherapie benutzt schon seit Jahrzehnten Vorstellungsbilder. Im Rahmen der systematischen Desensibilisierung stellen sich die Patienten Bilder oder Situationen vor, die starke Ängste in ihnen auslösen. Damit sollen sie lernen, diese zu meistern und ihre Ängste zu reduzieren. Ziel bei der systematischen Desensibilisierung ist es schließlich, die reale Situation zu konfrontieren. Der Psychologe Mervyn Schmucker entwickelte diese Technik weiter unter dem Namen „Imagery Rescripting and Reprocessing Therapy" und setzte sie zur Behandlung von posttraumatischen Belastungsstörungen und anderen Folgen von seelischen Traumata ein.

Schließlich übernahm der Amerikaner Jeffrey E. Young diese Technik des imaginativen Überschreibens in seine Schematherapie. Er ergänzte das Vorgehen damit, dass er seinen Patienten erlaubte, in der Vorstellung als erwachsenes Ich selbst oder in Begleitung durch den Therapeuten diese erinnerte Szene zu betreten und das Kind in Schutz zu nehmen, zu verteidigen. Damit gelang es ihm, diese Erinnerung und ihre Bedeutung zu modifizieren.

Young zielte darauf ab, dem inneren Kind Trost und Fürsorge zu vermitteln. Damit lassen sich blockierte Gefühle wieder in Fluss bringen, Vermeidungsverhalten und Ängste bewältigen. Innere Anteile, die das Selbst strafen wollen oder die ständig negative gedankliche Kommentare abgeben, können überwunden werden.

Können wir Erinnerungen verändern?

Die Erinnerungen an die eigene Vergangenheit erleben wir meist wie einen Film, der vor dem inneren Auge abläuft – scheinbar unveränderlich und für alle Ewigkeiten auf Zelluloid gebannt. In unserem subjektiven Erleben erscheinen die Erinnerungen wie unveränderbare, festgefügte Szenen. Wir erleben die Vergangenheit als abgeschlossen. Doch die Gedächtnisforschung hat diese Annahme auf den Kopf gestellt. Unsere Erinnerungen werden bei jedem Erinnern rekonstruiert, neu zusammengesetzt aus den einzelnen Fragmenten der Spuren, welche die Erlebnisse in unseren Nervenbahnen gezogen haben. Der Harvard-Psychologe Daniel Schacter[150] betrachtet den Vorgang des Erinnerns als einen konstruktiven Prozess, bei dem die einzelnen Segmente oder Spuren unserer Erlebnisse bei jedem Vorgang des Erinnerns neu kombiniert und damit jedes Mal neu konstruiert werden.

Falsche Erinnerungen

Ein Beleg dafür, dass unsere Erinnerungen nicht so festgefügt sind, wie sie scheinen, sind die sogenannten „false memories".[151] Psychologen ist es gelungen, in ihren Experimenten die Erinnerungen ihrer Versuchspersonen zu verändern, sodass diese sich an Ereignisse erinnerten, die so gar nicht stattgefunden haben. Zum Beispiel gaben sie an, sich an Wörter aus Wortlisten zu erinnern, die sie vorher gar nicht gelesen haben. Das bedeutet, dass unsere Erinnerungen an die Vergangenheit oder an traumatische Erlebnisse nicht so festgefügt und unveränderlich im Netzwerk

---

[150] Schacter, Daniel. Wir sind Erinnerung: Gedächtnis und Persönlichkeit. Rororo, Hamburg 2001.

[151] Schacter, Daniel. The Cognitive Neuropsychology of False memories. Routledge, NY 2018.

unserer Gedanken und Gefühle wohnen, wie uns das im Allgemeinen erscheint.

Zur Technik des imaginativen Überschreibens

Wie wird die Technik des imaginativen Überschreibens durchgeführt?[152]

Zur Vorbereitung empfiehlt es sich, gemeinsam mit der Therapeutin einige leichtere, einfachere Vorstellungsübungen durchzuführen, wie zum Beispiel den sicheren inneren Ort aufzusuchen und kennenzulernen. Die Übung beginnt mit einer kurzen Anleitung zur Entspannung. Der Klient schließt seine Augen. Während der Imagination darf er mit der Therapeutin über seine Emotionen und imaginierten Erlebnisse sprechen. Wenn möglich, wird eine Brücke von den aktuell belastenden Emotionen und Körperwahrnehmungen zu einem auslösenden Erlebnis in der Vergangenheit hergestellt (der Fachausdruck dafür lautet „Affektbrücke"). Die Person stellt sich dieses Erlebnis ausführlich bildhaft vor und spricht mit der Therapeutin darüber. Dann beginnt das eigentliche Überschreiben der Erinnerung.

Der Klient wird dazu eingeladen, in der Vorstellung mit seinem gegenwärtigen erwachsenen Ich diese Szene zu betreten. Er darf zusätzlich, wenn er das möchte, eine Helferfigur in die Szene mitnehmen. Das kann die Therapeutin sein oder auch eine andere Gestalt, wie zum Beispiel ein Superheld. Schließlich kann der Klient als erwachsenes Ich das innere Kind in Schutz nehmen, es trösten und stärken oder einen eventuellen Täter konfrontieren. Es geht für den Klienten darum, das Geschehene möglichst detailreich zu beschreiben und die Situation mit all den inneren Sinnen wahrzunehmen. Er erlebt seine Erinnerung durch die eigenen inneren Augen und spricht in der ersten Person („ich") so, als würde das Erlebnis gerade jetzt stattfinden. Die Therapeutin spricht das innere Kind mit „Du" an, da man mit einem Kind per Du ist.

Die Übung gilt als positiv abgeschlossen, wenn die wesentlichen Bedürfnisse des Klienten erfüllt worden sind. Anschließend

[152] Seebauer, Laura; Jacob, Gitta. Imaginatives Überschreiben: Fortschritte der Psychotherapie. Band 80. Hogrefe, Göttingen 2021.

sollten sich Therapeutin und Klient noch Zeit für eine Nachbesprechung nehmen und der Klient sollte das Erlebte in sich nachwirken lassen.

Imaginäre Freunde

... ich glaube, das ist der Beginn einer wunderbaren Freundschaft![153]

Humphrey Bogart

Anfang des Jahres 2021 erhielt die junge niederländische Autorin Marieke Lucas Rijneveld den Auftrag vom Meulenhoff-Verlag, das Gedicht „The Hill We Climb" von Amanda Gorman zu übersetzen. Amanda Gorman war schlagartig weltberühmt geworden, als sie ihr Gedicht bei der Amtseinführung von US-Präsident Joe Biden live im Fernsehen vortrug und damit die ganze Welt in einen Zauber versetzte. Schwarz, jung, eine Frau und schön, riss sie mit ihrer Poesie Männer und Frauen der ganzen Welt mit. Dann kam es im Rahmen der Woke-Bewegung zu der kuriosen Situation, dass angeblich nur mehr Frauen schwarzer Hautfarbe dieses Gedicht in andere Sprachen übersetzen hätten dürfen. Für eine Übersetzung sei es Voraussetzung, der schwarzen, benachteiligten Rasse anzugehören. Wer nicht dazugehöre, würde sich ungerechtfertigt eine fremde Kultur aneignen. Marieke Lucas Rijneveld musste einen Shitstorm über sich ergehen lassen aufgrund ihrer – in diesem Fall falschen – weißen Hautfarbe.

Dies war nicht das erste Mal, dass Rijneveld sich als Außenseiterin fühlen musste. Lange hegten ihre Lehrer in der Grundschule Zweifel, ob die spätere Schriftstellerin jemals das Lesen und Schreiben erlernen würde. Ihr Lernpensum vergaß sie von einem Tag auf den anderen. Im Laufe der Jahre vermochte sie jedoch, ihre

[153] Humphrey Bogart in: Casablanca.

Defizite durch Nachhilfestunden und Psychotherapie aufzuholen. Was ihr damals half, die schweren Tage zu überstehen, war ihre überbordende Fantasie, mit der sie eigene Welten in ihrem Kopf erschuf. In dieser Welt fand sie einen Begleiter: Lucas. Ihr Fantasiefreund blieb stets an ihrer Seite und gab ihr Kraft. Schließlich übernahm sie sogar seinen Namen – Lucas – als ihren zweiten Vornamen. Damit wollte sie außerdem illustrieren, dass sie sich nicht für die Zuordnung zum weiblichen oder männlichen Geschlecht entscheiden mochte.[154]

Imaginäre Freunde sind weiter verbreitet, als wir das gemeinhin annehmen würden. Insbesondere bei Kindern. Der Schweizer Psychologe und Spezialist für mentale Bilder, Fred Mast, schreibt in seinem Buch „Black Mamba oder die Macht der Imagination“[155]: „Mehr als ein Drittel der Kinder berichten über imaginäre Freunde, mit denen sie sprechen, zu denen sie Vertrauen aufbauen und mit denen sie Geheimnisse teilen.“ Der Schweizer Entwicklungspsychologe Jean Piaget beurteilte dieses Phänomen Anfang des 20. Jahrhunderts noch negativ. Er vermutete, dass Kinder „damit einen Mangel an Sozialverhalten kompensieren“. Mitte der 1990er-Jahre entdeckte die Forschung jedoch, dass Kinder mit imaginären Freunden sogar über bessere verbale Fähigkeiten und Sozialkompetenzen verfügen. Demnach sei den Kindern sehr wohl bewusst, dass ihre unsichtbaren Freunde nicht in der Realität existieren. Durch diese imaginierten Kontakte würden sie jedoch ihre Kreativität entwickeln und sie seien besser in der Lage, sich in andere hineinzuversetzen. In diesem Rahmen könnten sie in ihrer Fantasie außerdem verschiedene Szenarien ausprobieren.

Eines der prominentesten Beispiele für imaginäre Begleiter von Erwachsenen haben wir schon bei C. G. Jung kennengelernt: Philemon. Auch von der Schriftstellerin Agatha Christie (1890–1976) wird berichtet, dass sie „bis ins hohe Alter imaginäre Freunde gehabt“ habe. Ein anderes berühmtes Exemplar aus der Welt des Kinos ist der zwei Meter große, unsichtbare Hase in dem Streifen „Mein Freund Harvey“ mit James Stewart aus dem Jahre 1950.

---

[154] Voigt, Claudia. Unerhört sie selbst. Der Spiegel Nr. 45/6.11.2021.

[155] Mast, Fred. Black Mamba oder die Macht der Imagination: Wie unser Gehirn die Wirklichkeit bestimmt. Herder, Freiburg 2020.

Der zuvor erwähnte Fantasiefreund von Rijneveld stellt ein weiteres, modernes Beispiel für den positiven psychologischen Effekt eines imaginären Freundes dar: Die Autorin war in einer kalvinistischen Familie mit den Worten der Bibel aufgewachsen. Die stetige Auseinandersetzung mit der christlichen Religion ließ allerdings auch ihren Widerspruchsgeist wachsen. So ließ sie sich von der aktuellen „Cancel Culture“ nicht mitreißen. Zwar habe sie als Weiße die Erfahrung der Diskriminierung aufgrund der Hautfarbe nicht direkt erleben müssen. Aber: „Ich denke, dass Amanda und ich mehr Ähnlichkeiten haben, als manche Leute glauben. Ich denke, dass man dasselbe erfahren kann auf verschiedene Weise, und ich glaube, dass Übersetzen oder etwas begreifen, dass Empathie und etwas fühlen, dass all das nichts mit Hautfarbe zu tun hat“, wird sie vom deutschen Wochenmagazin Spiegel zitiert. Die Autorin reagierte auf den Sturm aus Beschimpfungen mit einem Gedicht unter dem Titel „Alles bewohnbar“. Es beginnt mit „Den Widerstand nie aufgegeben, das Urgerangel in Freud und Leid/der Kanzelpredigt nie blind gehorcht.“

Negativen Bildern entkommen

Wie wir uns selbst blockieren

Bisher haben wir uns damit beschäftigt, wie innere Bilder als Quelle der Lebenskraft dienen. Im Alltag sieht dies jedoch häufig anders aus: Gedanken und Vorstellungen kreisen um sich selbst, gefangen in einem Karussell, hängen fest in Katastrophenszenarien, Negativspiralen, Ängsten, negativen Erwartungen. Wie lässt sich die Kontrolle über die Welt der Gedanken und Bilder wieder zurückgewinnen?

Achillesferse des positiven Denkens

Positives Denken vermag dazu beizutragen, unseren Weg klarer zu sehen und in die richtige Richtung zu gehen. Allerdings wohnt dem positiven Denken eine Schwachstelle inne: Es verführt zur Einseitigkeit und dazu, Risiken und Gefahren auf dem Weg nicht wahrzunehmen. Daher gilt: Auch negative Fantasien und Vorstellungen sind notwendig für das Überleben, sie tragen dazu bei, die seelische und körperliche Gesundheit aufrechtzuerhalten. Ihre Aufgabe liegt darin, uns zu warnen, zu schützen, vor Fehlern zu bewahren. Sie helfen, falsche Entscheidungen zu vermeiden.

Negative Gedanken als Droge

In welcher Familie gibt es sie nicht? Die Tante, die alles madig machen muss, die das Haar in jeder Suppe sucht. Aber Hand aufs Herz: Wer kennt es nicht auch von sich selbst, dass negative Gedanken immer wiederkehren? Warum das alles?

Tatsächlich wirken negative Gedankenspiralen manchmal wie eine Droge. Sie elektrisieren und aktivieren wie ein Aufputschmittel. Die dabei freigesetzten Botenstoffe und Stresshormone machen süchtig. Wir wollen immer mehr davon. Sie werden fragen: Warum sollen innere Bilder, die uns emotional langfristig nach unten ziehen, wie eine Sucht wirken? Das lässt sich einfach erklären: Negative Bilder lösen eine Stressreaktion im Organismus aus. Diese versetzt uns einen regelrechten Kick. Sie aktiviert den körpereigenen Regelkreis zur Bewältigung von Gefahrensituationen und setzt Energien frei. Die Stressachse mobilisiert den Körper, bereitet ihn auf Kampf oder Flucht vor. Von einem Moment auf den anderen sendet der Hypothalamus aus dem Zwischenhirn Signale an die Hirnanhangdrüse (Hypophyse). Diese setzt den Botenstoff ACTH frei, welcher über den Blutweg zur Nebennierenrinde gelangt und dort die Ausschüttung des Stresshormons Kortisol ins Blut veranlasst. Zugleich wird der Sympathikus aktiviert, der Teil des Nervensystems, der uns für Kampf oder Flucht bereit macht. Dessen Synapsen feuern und veranlassen die Freisetzung von Adrenalin aus dem Nebennierenmark in die Blutbahn. Der Herzschlag beschleunigt sich, die Blutgefäße werden enggestellt, der Blutdruck steigt, die Pupillen weiten sich, die Spannung der Muskulatur erhöht sich, die Verdauung wird gebremst, die Bronchien erweitern sich, gespeicherte Energie in

Form von Glucose und Fetten wird ins Blut freigesetzt, man wird wach und aktiv, die Stimmung steigt. Kurzfristig ein durchaus erfrischender Energieschub!

Leider können sich die negativen Gedanken auf längere Sicht verselbstständigen. Sie machen süchtig nach dem damit verbundenen Kick. Man läuft Gefahr, hängen zu bleiben in einem Netz aus negativen Gedanken und Vorstellungen.

Datenautobahnen im Gehirn

Gedanken, die wir immer wieder denken, führen zur Ausbildung und Stabilisierung von Synapsen. Damit entstehen Datenautobahnen im Reich der Ganglien. Donald Hebb, einer der großen Hirnforscher des 20. Jahrhunderts, prägte in den 1940er-Jahren die nach ihm benannte Hebb'sche Regel: „Neurons that fire together, wire together" – Nervenzellen, die miteinander feuern, bilden Netzwerke aus. Je stärker die Verbindungen untereinander, desto leichter lassen sie sich gemeinsam wieder anstoßen. Dann reicht bereits ein geringer Auslöser – ein Geruch, ein Wort, eine Melodie oder ein Bild –, um das gesamte Netz und die damit verbundenen Kaskaden aus Gedanken, Vorstellungen und Emotionen anzustoßen.

Ich zweifle, also denke ich ...

Der einflussreiche portugiesisch-amerikanische Neurowissenschaftler Antonio Damasio (geb. 1944) stellt in seinem Buch „Descartes' Irrtum"[156] klar, dass die Entstehung unserer Gedanken nicht so logisch abläuft, wie wir für gewöhnlich annehmen. Im Gegenteil, Gefühle bestimmen die Art und den Inhalt unserer Gedanken mit. Vernunft und Gefühl bedingen einander. Gefühle entstehen für den Hirnforscher erst durch die Wahrnehmung bestimmter Körpervorgänge als somatische Marker (z. B. Herzklopfen, Schwitzen).

Darin sieht Damasio den Irrtum des Philosophen René Descartes (1596–1650): Die „Meditationen" des französischen Vorläufers der Aufklärung zählen zu den epochalen Werken der Philosophie.

---

156 Damasio, Antonio. Descartes' Irrtum: Fühlen, Denken und das menschliche Gehirn. List, Berlin 2004.

Descartes hat mit seiner Unterscheidung einer denkenden und einer ausgedehnten Sache die bekannteste Formulierung des Dualismus von Körper und Seele abgegeben. Der Irrtum, so Damasio, bestand darin, den Geist als vom Körper getrennt anzusehen und zugleich anzunehmen, das Denken vollzöge sich losgelöst vom Körper und wäre selbst eine Substanz.

Gedanken steuern Gefühle – oder umgekehrt?

Negative Emotionen ziehen negative Gedanken, Erinnerungen und Bilder an. Ärzte kennen dieses Phänomen von Patienten, die an einer Depression leiden. Sie denken tagein, tagaus nur noch an Negatives, halten daran fest, malen sich aus, was alles in ihrem Leben schiefläuft. Umgekehrt gilt: Positive Emotionen ziehen positive Gedanken und Bilder an. Frisch verliebt schweben wir auf Schwingen der Freude, alles erscheint uns in hellem Licht. Wie leicht fällt es uns dann, in der Erinnerung an unsere Kindheit all das Schöne zu entdecken, das wir erlebt haben. Dazu malen wir uns die Zukunft in hübschen Bildern aus.

Den negativen Bildern entkommen

Seine Heiligkeit der Dalai Lama möchte seinen Mitmenschen mithilfe der Erkenntnisse des Buddhismus dabei helfen, mehr Kontrolle über Gedanken und Emotionen zu erlangen. In Gesprächen mit dem Psychologen Daniel Goleman[157] hat er eine Reihe von Gemeinsamkeiten zwischen Buddhismus und Neurowissenschaft herausgearbeitet. Aus reiner Gewohnheit an die vertrauten Gedanken könne es schwerfallen, diese aufzugeben. Sie bieten eine gewisse Sicherheit in einer unsicheren Welt. Das Vertraute aufzugeben, erzeuge zunächst Angst. Der Dalai Lama empfiehlt, jeden einzelnen Gedanken daraufhin zu prüfen, ob er unserem Leben und darüber hinaus der Menschheit von Nutzen sei. Wenn er mehr schadet als nützt, dann sei es besser, ihn aufzugeben. Auch der Benediktinermönch Anselm Grün empfiehlt uns allen,

[157] Goleman, Daniel. Dialog mit dem Dalai Lama: Wie wir destruktive Emotionen überwinden können. dtv, München 2005.

die heilsame Kraft innerer Bilder zu entdecken, um Lebenskraft zu schöpfen.[158]

Aphantasie

Verfügen alle Menschen über die Fähigkeit, sich Bilder vorzustellen? Tatsächlich berichtet ein kleiner Prozentsatz der in Studien Befragten, dass sie keinerlei innere Vorstellungen besäßen. Ein Phänomen, welchem die Forschung den Namen Aphantasie gegeben hat. Erstmals beschrieben wurde die Aphantasie im Jahre 1880 von Francis Galton[159], einem englischen Naturforscher und Cousin Charles Darwins, der systematisch Freunde und Kollegen dazu befragte, wie intensiv ihre Vorstellungsbilder seien. Er fragte sie gezielt nach der Lebhaftigkeit ihrer Erinnerung an bekannte Dinge, wie zum Beispiel an ihren Frühstückstisch. Dazu führte er eine für die damalige Zeit in der Psychologie neue Methode ein: die Statistik.

Moderne Forscher, wie zum Beispiel Merlin Monzel[160] vom Institut für Psychologie an der Universität Bonn, vermuten, dass zumindest 3 Prozent der Bevölkerung über keine bildliche Vorstellungskraft verfügen, allerdings könnten sich diese Menschen auch Geräusche, Geschmäcker und Gefühle nicht vorstellen.

Es gibt Hinweise dafür, dass im Gehirn der Betroffenen die Vernetzung zwischen dem Stirnlappen, wo die Planung von Handlungen stattfindet, und dem Hinterhauptslappen, wo Vorstellungsbilder entstehen, anders ausgeprägt ist. Monzel, selbst Aphantasist, hält dies für eine Normvariante. Die Veränderung dürfte teilweise genetisch bedingt sein, da sich familiäre Häufungen nachweisen lassen. Laut dem britischen Neurologen Adam Zeman[161] gibt es aber auch anekdotische Evidenz für Aphantasie,

---

[158] Grün, Anselm. Die heilsame Kraft der inneren Bilder: Aus unverbrauchten Quellen schöpfen. Herder, Freiburg 2013.

[159] Galton, Francis. Statistics of Mental Imagery. MIND. A quarterly review of Psychology and Philosophy. Volume os-V, 01.07.1880.

[160] Monzel, Merlin. In: Werth, Alexander. Aphantasie – wenn die visuelle Vorstellungskraft fehlt. SWR Wissen. Stand 06.04.2021.

[161] Zeman, Adam et al. Aphantasia: The science of visual imagery extremes. Handbook of Clinical Neurology 2021.

welche nicht von vornherein bestanden hat, sondern erst als Folge einer Erkrankung auftrat, also zum Beispiel eines Schlaganfalles oder eines psychischen Traumas.

Bedingungen beim Einsatz von Imagination

Voraussetzungen

Nur wo der Arzt selber getroffen ist, wirkt er.
„Nur der Verwundete heilt."[162]

C. G. Jung

Wir haben in diesem Kapitel vom Einsatz imaginativer Verfahren in der Psychotherapie gesprochen. Experten empfehlen, eigene Experimente mit Bedacht und Vorsicht anzuwenden. Im Zweifelsfall empfiehlt es sich, einen erfahrenen „Reiseführer" um Unterstützung zu bitten.

Der Einsatz von Imagination in der Psychotherapie sollte nicht leichtfertig oder ausschließlich erfolgen, so Thomas Kirn im Lehrbuch „Imagination in der Verhaltenstherapie". Er setzt vonseiten des Therapeuten Erfahrung voraus und nicht zuletzt grundlegende Kenntnisse in den verschiedenen psychologischen Störungsbereichen.

Vonseiten des Klienten besteht die Notwendigkeit der Motivation und Bereitschaft, sich auf die eigenen inneren Prozesse einzulassen. Er muss damit rechnen, dass er überrascht werden kann von dem, was da in seinem eigenen Unbewussten auftaucht. Denn er wird nicht immer nur angenehme Erfahrungen machen, sondern vielleicht Dinge erleben, die ihn in seinem ganzen Wesen erschüttern. Vertrauen in den Therapeuten stellt also eine unabdingbare Voraussetzung dar, damit sich der Klient auf die inneren Erlebnisse einlassen kann und das Gefühl bekommt, mit Unterstützung rechnen zu können, egal, was passiert.

---

[162] Jung, C. G. Erinnerungen, Träume, Gedanken. S. 154. Patmos, Ostfildern 2018.

Nebenwirkungen und Komplikationen

Welche Nebenwirkungen und Komplikationen könnten bei einer Imagination auftreten? Die Arbeit mit dem Unbewussten ist in der Lage, tiefe Emotionen zu wecken. Aktuelle oder vergangene Konflikte, ins Unbewusste verdrängte Erlebnisse, Erinnerungen oder Gefühle können an die Oberfläche gespült werden. Das kann Gefühle von Unbehagen bis hin zu innerer Anspannung auslösen. Im Extremfall können alte seelische Traumata geweckt werden, was zu teilweise sehr heftigen körperlichen Reaktionen führen kann. Ein Phänomen, welches die Psychologie „Triggerung" nennt. Das englische Wort „trigger" bedeutet so viel wie „Auslöser" oder „Abzugshebel" (einer Feuerwaffe).

Sollte ein schweres psychisches Trauma vorliegen, besteht ein gewisses Risiko einer Retraumatisierung, also des neuerlichen Beginns von starken Symptomen: zum Beispiel emotionale Überaktivierung, starke innere Unruhe, Schlafstörungen, massive Ängste, Stress- oder Panikreaktionen, Herzklopfen, Schweißausbruch, muskuläre Anspannung, Zittern, Atemnot, Engegefühl in der Brust, Schwindel usw.

Fachkundig eingesetzt, bewähren sich imaginative Verfahren jedoch selbst bei Menschen, die Schlimmes im Leben durchgemacht haben, wie die Wiener Therapeutin Luise Reddemann berichtet.[163]

Kontraindikationen

Gegen meine inneren Bilder hat die Wirklichkeit keine Chance.[164]

Stefan Rogal

Wann sollte die Imagination nicht angewendet werden?

Ärztinnen sprechen von einer Kontraindikation, wenn bei einem Patienten ein Arzneimittel oder Therapieverfahren aufgrund bestimmter möglicher Nebenwirkungen nicht verabreicht werden darf.

163 Reddemann, Luise. Imagination als heilsame Kraft: Ressourcen und Mitgefühl in der Behandlung von Traumafolgen. Klett-Cotta, Stuttgart 2016.
164 Rogal, Stefan. Ich laufe meinen Träumen hinterher, aber die sind schneller: Aphorismen. epubli, Berlin 2022.

Wie jede Behandlungsmethode erfordert auch die Imagination eine sachgemäße Anwendung. Und wie bei jeder Therapie gibt es Kontraindikationen (Gegenanzeigen). Wann also sollte die Imagination nicht eingesetzt werden?

Im Lehrbuch „Imagination in der Verhaltenstherapie“[165] lässt sich nachlesen, dass derzeit keine empirische Studie bekannt ist, die sich methodisch zufriedenstellend mit Kontraindikationen für die Anwendung imaginativer Verfahren beschäftigt. Aktuell gibt es allerdings bereits reichlich Erfahrungswerte. Sie basieren auf theoretischen Annahmen in Verbindung mit den Ergebnissen des breiten kollegialen Austausches unter Therapeuten:

Bei starker Angst vor Kontrollverlust sollte die Therapeutin behutsam vorgehen und dem Patienten zunächst viel Kontrolle über die Inhalte der Imagination ermöglichen. Auch wenn die Einstellung des Patienten von hypochondrisch oder ängstlich geprägter Selbstwahrnehmung beherrscht wird, besteht die Gefahr, dass vermehrte Beachtung die Symptomatik sogar verstärkt. Menschen mit ausgeprägten histrionischen Reaktionsformen, die dazu neigen, ihre eigenen Vorstellungsinhalte über Gebühr aufzubauschen, könnten sich durch Imagination noch mehr in ihre Störungen verstricken.

Bei Patienten mit posttraumatischer Belastungsstörung waren Therapeutinnen lange zögerlich, die Arbeit mit inneren Bildern einzusetzen – aus Furcht, damit das Trauma in einer zu frühen Behandlungsphase aufzuwecken und damit eine Retraumatisierung auszulösen. Inzwischen berichtet aber eine ganze Reihe von Therapeuten, dass sich diese Methode auch bei traumatisierten Patienten mit Erfolg anwenden lässt.[166]

In der Therapie von Menschen, die zu schweren Verhaltensstörungen, Zwängen, massiven Angstzuständen und schweren Depressionen neigen, gilt, in der Anfangsphase erst wieder einen sicheren Realitätsbezug herzustellen. Erst nach ausreichender Stabilisierung können imaginative Verfahren zum Einsatz kommen.

[165] Kirn, Thomas; Echelmeyer, Liz; Engberding, Margarita. A. a. O.
[166] Reddemann, Luise. A. a. O.

Psychosen und dissoziative Störungen sind dadurch gekennzeichnet, dass die Abgrenzung von wahrgenommenen Halluzinationen oder Wahninhalten von der Realität nicht mehr möglich ist. Hier kann es zu einer Vermischung kommen, in welcher die Patientin den Therapeuten und die Therapie in ihr Wahnsystem einbaut. Auch die mangelnde Unterscheidung der inneren Bilder von der Realität kann zu erheblichen Schwierigkeiten führen. In diesen Fällen wird der Therapeut also zurückhaltend vorgehen.

Wer unter akutem Einfluss von Substanzen steht, seien es Alkohol oder Drogen, gilt als zu beeinträchtigt, um von Imagination zu profitieren.

In leichten Fällen von Intelligenzminderung spricht nichts gegen den Einsatz von Imagination. Bei schweren Fällen bis hin zur Demenz setzt allerdings die mangelnde Fähigkeit der Introspektion, der verbalen Kommunikation und der Schilderung und Differenzierung innerer Vorstellungsprozesse der Methode eine natürliche Grenze.

Bestimmte Persönlichkeitszüge mit passiv-aggressivem Verhalten, offener Aggressivität, Agitiertheit, Realitätsflucht oder Hang zum Fabulieren können dem Einsatz von Imagination im Wege stehen. Diese können als Eigenschaften der Persönlichkeit aufgefasst werden oder im Rahmen einer sogenannten Persönlichkeitsstörung, wie schwerem Narzissmus oder einem Borderline-Syndrom, auftreten.

Insgesamt muss an dieser Stelle hervorgehoben werden, dass sich die Wissenschaft von der Imagination im Augenblick in rasanter Weiterentwicklung befindet. Wir dürfen noch eine Reihe von Überraschungen erwarten, sowohl was Einsatzgebiete als auch mögliche Risiken betrifft.

VI.
Anwendungen der Imagination

Lernen wir träumen, dann finden wir vielleicht die Wahrheit.[167]

Friedrich August Kekulé

Die moderne Neurobiologie zeigt auf, dass unsere Wahrnehmung die Welt nicht so abbildet, „wie sie ist". Vielmehr gilt: Unsere Sinnesorgane erschaffen im Zusammenspiel mit den Nervennetzen unseres Gehirns eine eigene Welt in unseren Köpfen. Damit bestätigt die Wissenschaft der Gegenwart uralte Erkenntnisse aus Religion und Philosophie. Die Vordenker der Menschheit ahnen schon von alters her, dass sich hinter der Welt, wie wir sie kennen, eine gänzlich andere Wirklichkeit verbergen mag.

Wie wir in den bisherigen Kapiteln gesehen haben, wohnt der Imagination die Macht inne, die Grenzen unserer Rationalität zu sprengen und uns Zugang zu den kreativen Kräften unseres Unbewussten zu verschaffen. Seit Jahrtausenden suchen Schamanen, Yogis, Mystikerinnen, Philosophen und in neuerer Zeit auch Künstler, Wissenschaftlerinnen und sogar Psychologen Zugang zu diesen verborgenen Quellen der Kraft. Nicht unerwähnt bleiben soll an dieser Stelle, dass in Großbritannien erste Ansätze unternommen werden, die Visualisierung des Ablaufes von Operationen in die Ausbildung von Chirurginnen[168] zu integrieren. Auch

[167] Fiertz-David, H. D. August Kekulés chemische Visionen. 1943.
[168] Cragg, J.; et al. Surgical cognitive simulation improves real-word surgical performance. British Journal of Surgery. Mai 2021.

in der Schulung von Piloten spielt das mentale Training eine zunehmend größere Rolle.[169]

Im Folgenden werden wir einige Protagonisten der Imagination – vom Chemiker über die Schriftstellerin, vom Elite-Soldaten bis zum Neurologen und Psychiater – kennenlernen und etablierte Anwendungen vom traditionellen Yoga bis zum modernen Leistungssport aus der Nähe betrachten.

Imagination in der Wissenschaft

Visionen eines Naturforschers – Friedrich August Kekulé

Der klassische Bericht über einen hypnagogen Zustand – zwischen Wachen und Schlafen – als Quelle wissenschaftlicher Erkenntnis stammt interessanterweise aus der Geschichte der organischen Chemie: die Entdeckung des Benzolringes. Benzol spielt eine wichtige Rolle als Grundlage für Medikamente, Farbstoffe und sogar Sprengstoff. Mitte des 19. Jahrhunderts war bereits bekannt, dass sich Benzol aus sechs Kohlenstoff- und sechs Wasserstoffatomen zusammensetzt. Wie diese Teilchen jedoch miteinander in Verbindung stehen, bildete Gegenstand heftiger Debatten.

Der deutsche Chemiker Friedrich August Kekulé hatte sich bereits längere Zeit erfolglos mit der chemischen Struktur und den Eigenschaften von Benzol beschäftigt. Schließlich glückte ihm die Lösung des Rätsels.[170] Im Jahre 1890, anlässlich des 25-jährigen Jubiläums der Entdeckung der Strukturformel des Moleküls, berichtete Kekulé von seiner Entdeckung.

Während Kekulé eines Abends in seinem Arbeitszimmer in Gent an einem Lehrbuch über die Chemie brütete, übermannte ihn plötzlich die Müdigkeit. Er drehte seinen Lehnstuhl in Richtung des

[169] Krumm, Rainer. Mentales Training für Piloten: Stressfrei und sicher fliegen. Motorbuch-Verlag, Stuttgart 2020.

[170] Mast, Fred. Black Mamba oder die Macht der Imagination: Wie unser Gehirn die Wirklichkeit bestimmt. S. 127. Herder, Freiburg 2020. // West, Thomas C. In the Mind's Eye: Creative Visual Thinkers, Gifted Dyslexics, and the Rise of Visual Technologies. S. 236. Prometheus Books, Second Edition, New York 2009.

Kamins. In einem Zustand des Halbschlafes nahm er gerade noch die Flammen wahr. Da begannen scheinbar Atome vor seinen Augen zu „gaukeln", Reihen zu bilden, die sich wanden und drehten wie Schlangen. Dann – plötzlich – schnappte eine der Schlangen mit ihrem Kopf den eigenen Schwanz und wirbelte „höhnisch" vor seinen Augen herum. Dabei erwachte er „wie durch einen Blitzstrahl" und verwendete den Rest der Nacht, um seine neue Hypothese auszuarbeiten:[171] Mit einem Male war ihm klar geworden, dass das Benzolmolekül aus einem Ring besteht.

Sechs Kohlenstoffatome verbinden sich miteinander zu einem Kreis, an dessen Außenseite die sechs Wasserstoffatome sitzen. Eine Schlange, die sich selbst in den Schwanz beißt. Sie erinnert an ein altbekanntes Symbol aus der Alchemie: den Ouroboros. Er taucht in den verschiedensten Kulturen auf – unter anderem als Jadeartefakt (Zhulong) im antiken China, auf dem Sarkophag des Tutanchamun oder als Mitgardschlange in der nordischen Mythologie.

Der Naturforscher Kekulé fordert uns am Schluss seiner Rede auf: „Lernen wir träumen, meine Herren, dann finden wir vielleicht die Wahrheit. ‚Und wer nicht denkt, dem wird sie geschenkt, Er hat sie ohne Sorgen' – aber hüten wir uns, unsere Träume zu veröffentlichen, ehe sie durch den wachenden Verstand geprüft worden sind."[172]

[171] Fiertz-David, H. D. August Kekulés chemische Visionen. Gesnerus. Swiss Journal of the history of medicine and sciences. Band 1 (1943) Heft 4.

[172] Kekulé zitiert hier die Hexe aus Goethes Faust: „Die hohe Kraft Der Wissenschaft, / Der ganzen Welt verborgen! / Und wer nicht denkt, / Dem wird sie geschenkt, / Er hat sie ohne Sorgen."

Mit einem Lichtstrahl fliegen – Albert Einstein

Imagination ist wichtiger als Wissen.
Denn Wissen ist beschränkt,
die Vorstellungskraft umfasst die gesamte Welt.[173]

Albert Einstein

Es gibt eine Handvoll Fotos aus dem 20. Jahrhundert, welche in die Ikonographie der Moderne eingegangen sind: Marylin Monroe beim Bändigen des weißen Plissées ihres Kleides, welches der Fahrtwind aus dem New Yorker U-Bahn-Schacht nach oben weht. Ein Grüppchen amerikanischer Helden beim Aufrichten der Flagge auf der Pazifikinsel Iwo Jima. Albert Einstein, der Nobelpreisträger mit der Sturmfrisur, wie er der ganzen Welt die Zunge zeigt; wenige Wissenschaftler sind so in die populäre Kultur eingegangen wie der Schweizer Physiker. Wie kam er auf seine Gedanken, mit denen er die hergebrachten Vorstellungen von Raum und Zeit vollständig über den Haufen warf? Die überraschende Antwort lautet: Mithilfe der Macht innerer Bilder!

„Der Depperte"

Der Name Albert Einstein gilt heute geradezu als Synonym für Genie.[174] Doch in seinen frühen Jahren schien zunächst wenig darauf hinzudeuten. Albert wurde im Jahre 1879 in Ulm als Sohn des jüdischen Unternehmers und Elektrotechnikers Hermann Einstein und dessen Frau Pauline geboren. Der Verlauf seiner frühen Jahre schien auf den ersten Blick nicht gerade vielversprechend. Der kleine Junge fing erst spät an zu sprechen, weshalb seine Eltern sogar einen Arzt aufsuchten. Auf sein damaliges Kindermädchen machte er wohl den Eindruck, geistig etwas zurückgeblieben zu sein; sie soll den Knaben abschätzig als „der Depperte" bezeichnet haben.

[173] „Imagination ist wichtiger als Wissen. Denn Wissen ist beschränkt, die Vorstellungskraft umfasst die gesamte Welt, stimuliert Fortschritt, gebiert Evolution. Sie ist, strenggenommen ein realer Faktor in der wissenschaftlichen Forschung." Zitiert nach Erickson, Jonathan. Imagination in the Western Psyche. S. 3 Routledge, New York 2020. (Übers. v. Autor).

[174] Isaacson, Walter. Einstein: His Life and Universe. Simon & Schuster Paperbacks, New York 2008.

Alberts jüngere Schwester berichtete, wie der kleine Albert sorgfältig jeden einzelnen Satz mit seinen Lippen vorformte, bevor er es schließlich wagte, ihn auszusprechen.[175] Auch seine frühen schulischen Leistungen sollen eher schwach gewesen sein. Dazu kam schon früh ein rebellischer Geist und eine gewisse Missachtung gegenüber Autoritäten, was einen seiner Lehrer zu der Aussage verleitet haben soll, aus dem Knaben würde nie etwas werden. Auf diese Weise wurde Albert Einstein zu so etwas wie dem Schutzpatron aller lernschwachen Schüler, wie sein Biograf Walter Isaacson feststellt. Die Bedächtigkeit und scheinbare Langsamkeit des jungen Albert waren wohl erste Anzeichen eines außergewöhnlich tiefsinnigen und klugen Kopfes. Aus der Begabtenforschung ist bekannt, dass nur durchschnittlich Begabte die Eigenheiten von extrem Intelligenten manchmal als seltsam, wenn nicht sogar als Merkmale geistiger Zurückgebliebenheit verkennen, weil sie das völlig anders geartete Denken nicht richtig einzustufen vermögen.[176]

Gedankenexperimente

In jüdischen Familien ist es von jeher Brauch, bedürftige Menschen zu unterstützen. So pflegten Einsteins Eltern einmal wöchentlich den Medizinstudenten Max Talmud zum Essen einzuladen. Der Kontakt mit dem Studenten inspirierte den jungen Albert und weckte in ihm das Interesse an der Physik. Talmud gab ihm Bücher, wie zum Beispiel die damals populären Naturwissenschaftlichen Volksbücher von Aaron Bernstein mit visuell eindrücklichen Darstellungen physikalischer Phänomene oder den „Kosmos“ Alexander von Humboldts. Bereits im ersten Band behandelt Bernstein die Geschwindigkeit des Lichtes und kommt auch in den späteren Bänden darauf zu sprechen. Der junge Einstein begann sich mithilfe dieser Bücher selbstständig mit Physik zu beschäftigen.

---

[175] Sowell, Thomas. The Einstein Syndrome: Bright Children Who Talk Late. Basic Books, New York 2001.

[176] Brackmann, Andrea. Jenseits der Norm: Hochbegabt und hoch sensibel? Klett-Cotta, Stuttgart 2017.

Mit dem Schulwechsel an das Gymnasium Aarau im schweizerischen Kanton Aargau setzte eine völlig neue Förderung Einsteins ein. Er entwickelte sich zum wirklich guten Schüler und sollte seine schulische Laufbahn schließlich als einer der Besten seines Jahrganges abschließen. Aarau stand damals unter dem Einfluss des Reformpädagogen Johann Heinrich Pestalozzi. Dieser legte großen Wert auf die Entwicklung der Vorstellungskraft seiner Schülerinnen und Schüler mithilfe von „Gedankenexperimenten".

Im Alter von 16 Jahren stellte Albert Einstein sein berühmtes Gedankenexperiment an: Er stellte sich vor, wie es sei, neben einem Lichtstrahl zu fliegen. Diese Vorstellung regte ihn zur Erforschung der physikalischen Eigenschaften des Lichtes an, welche ihn die nächsten Jahre lang nicht mehr loslassen sollte. Er machte sich daran, seine visuellen Vorstellungen mathematisch zu begründen. Das Geigenspiel soll ihm dabei geholfen haben.

Zehn Jahre später, in seinem „Annus mirabilis" (Wunderjahr, 1905), sollte Einstein diese Gedanken schließlich publizieren: Er veröffentlichte insgesamt fünf wissenschaftliche Arbeiten, unter anderem begründete er damit seine Spezielle Relativitätstheorie und zeigte die Äquivalenz von Masse und Energie.

Damit sollte er die Physik revolutionieren und Erkenntnisse gewinnen, die heute zum Allgemeinwissen jedes Gymnasiasten gehören: die Lichtgeschwindigkeit als höchste Geschwindigkeit im Universum, die Krümmung des Raumes, die sogar einen Lichtstrahl zu verbiegen vermag, und nicht zuletzt die Relativität der Zeit. Anhand von Einsteins Formeln ließ sich schließlich die Existenz schwarzer Löcher ableiten.

Die Kraft zu überleben – Viktor Frankl

Vermag die Macht der inneren Bilder Menschenleben zu retten?

Wien im Herbst, Anfang der 1990er-Jahre: Der große Hörsaal des Allgemeinen Krankenhauses füllt sich nach und nach mit Studenten. Sie erwarten gespannt einen der ganz Großen der Wiener Medizinischen Schule: Viktor Frankl. Der knapp 90-Jährige muss seinen Vortrag im Sitzen halten, dennoch fesselt er sein großteils jugendliches Publikum mit den Schilderungen seines Medizinstudiums in der Zeit zwischen zwei Weltkriegen, der Verfolgung durch die Nationalsozialisten, seines Überlebenskampfes in mehreren Konzentrationslagern, die Nachkriegszeit als junger Nervenarzt im zerstörten und wiederaufgebauten Wien und die Entwicklung der „Logotherapie".

Frankl wurde in Wien-Leopoldstadt im Jahre 1905 als Sohn jüdischer Eltern geboren. Das Wien zu Beginn des 20. Jahrhunderts darf man sich als pulsierende Metropole vorstellen: Kunst, Philosophie, Wissenschaft blühten, wie vielleicht zuvor im Florenz der Renaissance oder im Athen der Antike. Es war die Zeit der Wiener Medizinischen Schule. Europa galt – insbesondere auch für die Amerikaner – als das Epizentrum der Kultur und des Wissens. Stefan Zweig, ein anderer großer Österreicher, beschrieb dieses Lebensgefühl in „Die Welt von gestern".[177] Erstaunlicherweise vermischte sich diese Blüte menschlicher Kultur mit einem Eindruck von Verfall und Dekadenz. Sie fand ihr jähes Ende in den Knochenmühlen des Ersten Weltkrieges, der von Österreich ausging.

Im Konzentrationslager

Eine der entsetzlichsten Erfahrungen, denen sich Menschen im vergangenen Jahrhundert ausgesetzt sahen, war die Gefangenschaft in einem der Konzentrationslager des faschistischen Deutschland. Im Jahr 1942 wurde auch der junge Arzt Viktor Frankl gemeinsam mit seiner frisch angetrauten Frau und seinen Eltern aufgrund ihrer jüdischen Herkunft verhaftet und nach Theresienstadt verschleppt.

Wie Frankl als Psychologe das Konzentrationslager erlebte und überlebte, hielt er in einem der eindrücklichsten Bücher der Literaturgeschichte fest, dem 1946 erschienenen späteren Dauerseller „... trotzdem Ja zum Leben sagen".[178] Frankl beschrieb darin, wie er mehrere Konzentrationslager überlebte – nicht zuletzt mithilfe seiner geistigen Einstellung, einer gehörigen Portion Glück und mit der Kraft der Visualisierung.

---

[177] Zweig, Stefan. Die Welt von gestern: Erinnerungen eines Europäers. Insel, Berlin 2013.
[178] Frankl, Viktor. ... trotzdem Ja zum Leben sagen: Ein Psychologe erlebt das Konzentrationslager. Penguin, München 2018.

Im Konzentrationslager waren Schmutz, Kälte und Hunger tägliche Begleiter der Gefangenen. Harte körperliche Arbeit im Freien in unzureichender Kleidung und schwere Misshandlungen zählten zum Alltag. Dazu der ständig drohende Tod im Gas der Gaskammern oder durch Gewalt, Unterernährung, Krankheit und unzureichende medizinische Versorgung. Ein unaufhörlicher Kampf ums Überleben inmitten unsäglichen Grauens. Nicht wenige suchten freiwillig den Tod, indem sie in einen der mit Hochspannung geladenen Zäune liefen. – Wie die Kraft zum Durchhalten finden in dieser Atmosphäre extremster Bedrohung? Alle Worte eines Nachgeborenen müssen versagen angesichts dieses Schreckens.

Visualisierung als Kraftquelle zum Überleben

Was hat Viktor Frankl dabei geholfen, zu überleben? Ohne Zweifel besaß er als Arzt und Psychologe ein vertieftes Wissen über die „Condition humaine". Es gelang ihm, sich innerlich bis zu einem gewissen Grad zu distanzieren und freizumachen von dem ganzen Leiden und der Hoffnungslosigkeit im KZ. Eine zentrale Ressource, auf welche er zurückgriff, war seine Vorstellungskraft. Zwei Imaginationen, die den Überlebenswillen Frankls stärkten, waren – wie er in seinen Aufzeichnungen schilderte – folgende:

Erstens: Die gemeinsame Imagination von Essen. Frankl berichtete, dass er und seine Mitgefangenen in diesen Zeiten schwersten Hungers Kochrezepte austauschten, sich zu allen die Farben der Mahlzeiten ausmalten und vorstellten, wie diese riechen und schmecken würden.

Zweitens: Frankl stellte sich in seiner damals schrecklichen Lage immer wieder und in allen Einzelheiten vor, wie er eines Tages satt, in einem warmen, geheizten, sauberen, hellen Hörsaal stehen und einen Vortrag darüber halten würde, wie er die Qualen und Strapazen an diesem höllischen Ort überleben konnte, genau mithilfe dieser Vorstellung.

Diese Imaginationen trugen dazu bei, seinen Lebenswillen aufrechtzuhalten. Frankl im Originaltext:

„Da stellte ich mir vor, ich stünde an einem Rednerpult in einem großen, schönen, warmen und hellen Vortragssaal und sei im Begriff, vor einer interessierten Zuhörerschaft einen Vortrag zu halten unter dem Titel Psychotherapeutische Erfahrungen im Konzentrationslager und spräche gerade von alledem, was ich – soeben erlebte."[179]

Befreiung

Schließlich befreiten amerikanische GIs Viktor Frankl am 27. April 1945 aus dem Lager Türkheim, einer Außenstelle des KZs Dachau in der Nähe von München. Der Arzt war zu diesem Zeitpunkt nur mehr Haut und Knochen – er brachte gerade noch 38 Kilogramm auf die Waage. Er war der einzige Überlebende seiner Familie. Doch Frankl gab nicht auf: Er kehrte in seine Heimatstadt zurück, wo er zum Vorstand der Abteilung für Neurologie an der Wiener Polyklinik avancieren sollte. Wie schon vor dem Krieg widmete er sein Leben wieder ganz der Behandlung von Kranken und ihren neurologischen und psychischen Leiden. Ganz ohne Ansehen der Person – egal, ob derjenige vorher auf der Seite der Täter, der Mitläufer oder der Opfer gestanden hatte. Konsequenterweise stellte er dazu fest:

„Es gibt auf Erden zwei Menschenrassen, aber auch nur diese beiden: die Rasse der anständigen Menschen und die der unanständigen Menschen. Und beide ‚Rassen' sind allgemein verbreitet."

Selbsttranszendenz

Mit seinen Büchern und Vorträgen entwickelte sich Viktor Frankl in der Folge zu einem der einflussreichsten Ärzte des 20. Jahrhunderts. Die von ihm entwickelte Logotherapie und Existenzanalyse gilt als die Dritte Wiener Schule der Psychotherapie und steht in einer Linie neben der Psychoanalyse Sigmund Freuds und der Individualpsychologie Alfred Adlers. Was zeichnet die Psychotherapie Viktor Frankls aus? Er selbst spricht von Selbsttranszendenz: Wer das eigene Selbst überschreitet und sein Leben auf ein Ziel, auf einen Sinn hin ausrichtet, „der erträgt fast jedes Wie".

[179] Frankl, Viktor. A. a. O.

Imagination in der Kunst

Musik – Komponieren in der Vorstellung: Ludwig van Beethoven

Eines der eindrucksvollsten Beispiele für musikalische Vorstellungskraft liefert ein Titan der Musikwelt: Der ursprünglich aus dem Rheinland stammende Ludwig van Beethoven[180] machte in Wien des frühen 19. Jahrhunderts Furore als Komponist und Pianist. Er wurde zum Wegbereiter der Wiener Klassik. Einige Melodien, die er schuf, kennt heute jedes Kind. Denken wir nur an die ersten vier Töne seiner 5. Symphonie, mit denen das Schicksal gleichsam an die Pforte des Lebens klopft. Trotz aller Erfolge hatte der Musiker mit schweren gesundheitlichen Problemen zu kämpfen. Vermutlich aufgrund des reichlichen Genusses von mit Blei versetztem Wein verlor Beethoven im Laufe der Jahre mehr und mehr den für ihn wichtigsten Sinn – das Gehör. Seine letzten Werke musste er in völlig ertaubtem Zustand komponieren. Aufgrund lebenslanger Erfahrung und Übung war er in der Lage, allein mithilfe seiner musikalischen Vorstellungskraft zu komponieren. Dabei schuf er einige der größten Tondichtungen der Menschheit. Die 9. Symphonie, deren Schlusschor zu Schillers Gedicht „Freude schöner Götterfunken“ zur Europahymne auserkoren wurde, gilt als einer der Höhepunkte im musikalischen Erbe der Menschheit.

Der Psychiater und Psychoanalytiker Norman Doidge forscht in New York und Toronto. Er beschreibt in seinem Buch „Neustart im Kopf“[181], was passiert, wenn Anfänger Klavier in der Vorstellung üben im Vergleich zum wirklichen Üben an den Tasten: Dr. Pascual-Leone, seines Zeichens Neurophysiologe an der Harvard University, untersuchte zwei Gruppen von Anfängern am Klavier. Zu diesem Zweck vermaß er ihren motorischen Cortex – genauer gesagt jenen Teil der Hirnrinde, der für die Steuerung

---

[180] Hinrichsen, Hans-Joachim. Ludwig van Beethoven: Musik für eine neue Zeit. Bärenreiter/Metzler, Kassel 2019. // Kieslinger, Klaus. „Das Klavierduell“. Booklet-Text zur CD „L'affaire d'honneur“ von Luisa Imorde. Berlin Classics, Berlin 2019

[181] Doidge, Norman. Neustart im Kopf: Wie sich unser Gehirn selbst repariert. campus, Frankfurt 2017.

von Fingerbewegungen zuständig ist. Dazu setzte Pascual-Leone die transkranielle Magnetstimulation ein. Beide Gruppen übten jeweils über 5 Tage während jeweils 2 Stunden eine einfache Tonfolge. Die eine Gruppe übte tatsächlich, die zweite Gruppe übte nur in ihrer Vorstellung.

Interessanterweise zeigten die Teilnehmer beider Gruppen dieselben Veränderungen in ihren motorischen Systemen. Ein Computeralgorithmus wurde benutzt, um die Genauigkeit des Spieles zu überprüfen. Beiden Gruppen gelang es, das Stück zu lernen! Sowohl die Teilnehmer, welche nur mental geübt hatten, als auch die Gruppe, welche in der Realität geübt hatte, zeigten nach 5 Tagen ähnliche Veränderungen an ihrer Hirnoberfläche. Die Region, welche die Bewegungen der trainierten Finger steuert, nahm an Größe zu und war leichter durch die Magnetimpulse aktivierbar. Die Gruppe, die allein in ihrer Vorstellung geübt hatte, erreichte nach fünf Tagen allerdings nur eine Genauigkeit wie die Gruppe der tatsächlich an der Tastatur Übenden nach drei Tagen.

Mentales Üben spielt für Musiker eine zunehmende Rolle. Aber bereits Mozart soll sich seiner musikalischen Vorstellungskraft regelmäßig bedient haben.

Malerei – An der Grenze zum Traum: Salvador Dalí

Viele versuchen sich als Maler, wenige können davon leben und noch weniger machen Geschichte: Salvador Dali zählt zu Letzteren. Er erlangte Weltberühmtheit, nicht nur durch sein exzentrisches Auftreten, sondern vor allem durch inzwischen ikonische Bilder, die wie aus einem Traum zu uns sprechen. Denken wir nur an die berühmten Uhren, welche wie Palatschinken über Ästen hängen, oder an das Bildnis der brennenden Giraffe. Doch woher nahm Dali die Einfälle für diese surrealen Darstellungen? In seiner Autobiografie „Das geheime Leben des Salvador Dali“[182] mit dem nicht gerade bescheidenen Untertitel „Bin ich ein Genie?“ schilderte der Maler seinen Weg vom hochbegabten Kind zum Star der Kunstszene.

[182] Dali, Salvador. Das geheime Leben des Salvador Dali. Schirmer/Mosel, München 1990.

Der Dali-Kenner und Kunstkritiker Bernard Ewell[183] berichtet, wie der Künstler seine Inspiration im Zwischenreich zwischen Wachzustand und Schlaf suchte:

Dali liebte seine Siesta zur Mittagszeit. Dabei pflegte er sich der Legende nach in einem Sessel auszuruhen, während er einen Löffel aus Metall in seiner Hand hielt. Sobald er einschlief, fiel ihm der Löffel aus der Hand und in die auf seinen Oberschenkeln eigens zu diesem Zweck abgestellte Blechschüssel. Der durch den jähen Krach aufgeweckte Künstler konnte die dabei erlebten Traumbilder in seinen Wachzustand mitnehmen. Diese brauchte er dann nur mehr auf Leinwand zu bannen.

Wir alle kennen Bilder, die wie Halluzinationen an der Grenze zwischen Wachen und Schlafen erscheinen. In der Regel vergessen wir sie gleich wieder. Der Erfinder Thomas Alva Edison soll eine analoge Methode verwendet haben, um seine Einfallskraft zu fördern:

In seinen kreativen Pausen pflegte Edison beim Einschlafen eine Kugel in der Hand zu halten, welche ihm aus der Hand fiel, sobald ihn der Schlaf übermannte. Der dadurch verursachte Krach weckte ihn auf und er konnte sich von seinen im Halbschlaf entstandenen Visionen inspirieren lassen.

Tatsächlich gelang es dem französisch-kanadischen Hirnforscher Thomas Andrillon[184] in einem einfachen Experiment, nachzuweisen, dass diese Methode funktionieren kann:

Er ließ seine Versuchspersonen an komplexen Zahlenreihen tüfteln. Wenn sie in der darauffolgenden Pause kurz einschlafen durften und durch den Lärm einer aus ihrer Hand auf den Boden fallenden Flasche geweckt wurden, war die Wahrscheinlichkeit mehr als doppelt so hoch, dass sie das Zahlenrätsel zu lösen vermochten.

---

[183] Ewell, Bernard. Salvador Dali: Provenance is Everything. The Albaretto Collection. Park West Gallery, New York 2003.

[184] Andrillon, Thomas. Sleep onset is a creative sweet spot. In: Science advances, Vol. 7, Issue 50, 8. Dec. 2021.

Literatur – Geschichten, die sich selber schreiben: Enid Blyton

So mancher träumt davon, erfolgreiche Romane zu schreiben – vielleicht große Kinderbücher wie die Serie „Harry Potter" oder unsterbliche Meisterwerke wie „Anna Karenina". Das Studium der Biografien erfolgreicher Schriftstellerinnen lehrt, dass die Wege der Inspiration vielfältig sind. Wie wäre es, sich einfach gemütlich in eine Chaiselongue zu schmiegen und Geschichten gleichsam vor einer inneren Kinoleinwand ablaufen zu lassen? Diese Idee ist nicht so weit hergeholt, wie sie auf den ersten Blick scheinen mag ...

Wer hat als Kind nicht Bekanntschaft gemacht mit den Abenteuern der „Fünf Freunde" oder den Zwillingen „Hanni und Nanni" im Internat? Enid Blyton, deren Bücher Kinder und Jugendliche auch heute noch auf der ganzen Welt verzaubern, schilderte in ihrer Autobiografie[185], wie ihr viele ihrer unzähligen Einfälle im wahrsten Sinne des Wortes geschenkt wurden: Die Autorin machte es sich gemütlich, entspannte sich, schloss ihre Augen und ließ die Geschichten ganz einfach auf der Leinwand ihrer Fantasie ablaufen. Dazu das deutsche Nachrichtenmagazin Spiegel[186]:

„Aus ihrer Sicht war es ein Kinderspiel: Im Schaukelstuhl schloss sie die Augen, ‚nach einer oder zwei Minuten' lief die Handlung vor ihrem inneren Auge ab – ‚mir erscheint es selbst wie ein Wunder, dass mir die Geschichten fertig vorgeführt werden'."

Die Charaktere waren von Blyton vorher schon sorgfältig ausgedacht worden oder ergaben sich automatisch in der Fortsetzung der von ihr geschaffenen Geschichten. Alles das auf der Basis einer jahrelangen intensiven Lektüre. So entstanden – soweit man den Aussagen der Schriftstellerin Glauben schenken darf – ohne viel aktives Zutun ihre Erzählungen wie von selbst vor ihrem geistigen Auge. Sie brauchte diese nur mehr aufzuschreiben. Im Laufe der Jahre entstanden so Dauerseller auf dem Buchmarkt für Kinder und Jugendliche: Laut Statistik verkauften sich ihre insgesamt 753 Romane bisher an die 650 Millionen Mal.

---

185 Blyton, Enid. Die Geschichte meines Lebens. Erika Klopp, Berlin 1997.

186 Gunkel, Christoph. Kinderbuchautorin Enid Blyton: Heile Welt, tiefe Abgründe. Spiegel Geschichte, 28.11.2018.

Das Privatleben der Schriftstellerin[187] scheint dagegen weniger harmonisch verlaufen zu sein. Sie selbst pflegte ihr Leben als Idylle darzustellen. Tatsächlich soll Blyton alles schwarz oder weiß gemalt haben. So bekämpfte sie ihre Feinde gnadenlos, teilweise bis zur Zerstörung. Wie zum Beispiel ihren wohl auch nicht ganz einfachen Ex-Mann, den sie aus ihrem und dem Leben ihrer gemeinsamen Kinder verbannt haben soll.

Könnten wir diese Fähigkeit auch in uns kultivieren?

Wir lassen ohnehin ständig unsere Erlebnisse, unsere Befürchtungen, unsere Hoffnungen vor unserem Kino im Kopf ablaufen. Was, wenn wir uns vornehmen würden, anstatt uns zum x-ten Male wieder vorzustellen, was alles schieflaufen könnte, diese natürliche Fähigkeit einfach dafür einzusetzen, ein paar Erfolgsgeschichten in unserem Geiste entstehen zu lassen?

Imaginäre Berater

Napoleon Hill

Er zählt zu den einflussreichsten Autoren des 20. Jahrhunderts. Sein Buch „Denke nach und werde reich"[188] verkaufte sich zig Millionen Mal und erscheint noch Jahrzehnte später regelmäßig in immer neuen Auflagen. Der Schüler des US-amerikanischen Stahlmagnaten Andrew Carnegie untersuchte in dessen Auftrag mehrere Hundert der erfolgreichsten Menschen seiner Zeit, darunter Henry Ford, Theodore Roosevelt, John D. Rockefeller oder Thomas A. Edison, um das Geheimnis ihres Erfolges zu lüften. Hill kam zu dem Schluss, dass jeder große Erfolg und jedes verdiente Vermögen mit einer Sache beginnt: mit einer Idee.

Um sich selbst zu motivieren und zu inspirieren, entwickelte Hill seine eigene Methode der Imagination. Er wollte sich von den

[187] Cohen, Nadja. The Real Enid Blyton: Pen and Sword History. Barnsley 2018.
[188] Hill, Napoleon. Think and Grow Rich. Finanzbuch, München 2018.

großen Figuren aus der Geschichte, aber auch von einigen seiner erfolgreichsten Zeitgenossen inspirieren lassen, um von ihren Emotionen und ihrer Tatkraft zu profitieren und um seinen eigenen Charakter weiterzuentwickeln.

Jeden Abend vor dem Schlafengehen schloss Napoleon Hill die Augen und versammelte in seiner Vorstellung eine illustre Runde von Männern um seinen imaginären Konferenztisch. Dies erlaubte ihm nicht nur, mit diesen Größen zu kommunizieren, er übernahm sogar den Vorsitz!

Hill nannte sie seine „unsichtbaren Ratgeber". Wer waren die Mitglieder dieser illustren Runde? Dazu zählten unter anderem Ralph Waldo Emerson, Schriftsteller und Philosoph, Thomas Paine, Aufklärer, politischer Aktivist und Gründervater der Vereinigten Staaten von Amerika, Thomas Alva Edison, Erfinder, Napoleon Bonaparte, französischer Kaiser und Namensgeber Hills und nicht zuletzt Andrew Carnegie, Stahlmagnat und Philanthrop.

Mit diesen imaginären Versammlungen verfolgte Napoleon Hill das Ziel, seinen Charakter zu formen und zu einem Kompositum der Stärken seiner imaginären Ratgeber zu entwickeln. Aufgrund seiner aus eigener Sicht nicht so vorteilhaften Herkunft stellte er sich die Aufgabe, seine Persönlichkeit gezielt zu erneuern. Nach eigenen Aussagen stellte er den Experten der jeweiligen Fachgebiete konkrete Fragen und bekam immer wieder überraschende Antworten.

Hill berichtete, dass seine imaginierten Mentoren ein überraschendes Eigenleben entwickelten. Eine ähnliche Erfahrung, wie sie auch schon C. G. Jung gemacht hatte. Hills Ratgeber begannen, eigentümliche Gewohnheiten zu entwickeln. Zum Beispiel erschien Abraham Lincoln regelmäßig zu spät zu den Treffen, blieb dafür aber auch immer am längsten. Außerdem pflegte er auf und ab zu gehen in leicht nach vorne gebeugter Haltung und mit auf dem Rücken verschränkten Fingern. Hill berichtete, dass er von diesen abendlichen imaginären Zusammenkünften derartig profitierte, dass er im Laufe der Zeit immer wieder neue Personen aus Geschichte und Gegenwart in seinen Kreis aufnahm. Damit wirft Napoleon Hill für uns eine spannende Frage auf: Welche imaginären Berater könnten wir einstellen?

Die härtesten Soldaten der Welt

Nie sah ich ein wildes Tier
Mitleid mit sich selbst haben.[189]

D. H. Lawrence

Die Navy SEALs

Wer hätte gedacht, dass sich einige der härtesten Soldaten der Welt mithilfe von inneren Bildern auf ihre Einsätze vorbereiten? Hier ist ein absoluter No-nonsense-Zugang gefragt; geht es schließlich um das blanke Überleben. Nicht zuletzt auch um das Gelingen oder Scheitern der jeweiligen militärischen Mission.

Die Navy SEALs kommen in den Krisengebieten dieser Erde zum Einsatz – rund um den Globus.[190] Die Selektion ist hart. Ausgewählt für diese Eliteeinheit der US Navy (Seestreitkräfte der USA) werden nur die Widerstandsfähigsten und Willensstärksten der Soldaten, welche sich freiwillig dafür melden. Inzwischen hat sogar eine Handvoll Frauen bewiesen, dass auch das früher sogenannte „schwache Geschlecht" dieselbe Härte aufzubringen vermag wie einige ihrer männlichen Kameraden und in dem rigorosen Aufnahmeverfahren mit den Männern mithalten kann. Vielleicht haben Sie den Film G.I. Jane – „Die Akte Jane" gesehen, in dem die Schauspielerin Demi Moore als Leutnant Jordan O'Neil sich durch die „Höllenwoche" kämpft, um den Weg für Frauen in diese einstmalige Männerdomäne zu bahnen. Zahlreiche Bücher beschreiben das Training und die Vorbereitung dieser legendären Truppe.

Die Abkürzung SEAL steht für Sea, Air und Land. Das Wortspiel mit dem englischen Wort „seal" für Seehund oder Robbe soll ausdrücken, dass die Kämpfer sich wendig und robust wie Robben im Wasser bewegen können. Zugleich lässt sich eine Assoziation mit dem englischen Wort „zeal" herstellen, welches so

[189] Lawrence, D. H. „Self pity / I never saw a wild thing / sorry for itself."
[190] Vieregge, Thomas. Team Six: Geheime Eliteeinheit im Rampenlicht. Die Presse, Wien 07.05.2011. // Online: https://www.diepresse.com/660199/team-six-geheime-eliteeinheit-im-rampenlicht (aufgerufen am 19.11.2022).

viel bedeutet wie „mit Feuereifer“ oder „mit Begeisterung“ bei der Sache sein.

Navy SEALs werden dazu ausgebildet, mit ihren Fallschirmen über feindlichem Territorium abzuspringen, sich als Kampftaucher lange Zeit unbemerkt unter Wasser fortzubewegen oder feindliche Auseinandersetzungen auf dem Boden zu dominieren.

Das Auswahlverfahren für die Aufnahme in diese Elitetruppe zählt zu den härtesten der Welt. Es kulminiert in der sogenannten „hell week“ (zu Deutsch „Höllenwoche“), in der die Kandidaten 5½ Tage hintereinander härteste Strapazen überstehen müssen – höchster körperlicher Einsatz unter Schlafmangel in Kälte und Nässe. Das Durchhaltevermögen, die emotionale Stärke und die Willenskraft der Kandidaten werden bis an ihre äußerste Grenze geführt. Wer aufgeben will, braucht während dieser Woche nur dreimal eine Glocke aus Messing zu läuten und die Qual nimmt ein sofortiges Ende für ihn oder sie. Insgesamt scheitern 75 Prozent – darunter sogar Top-Athleten – bei dem Versuch, die gesamte 2-jährige Ausbildung abzuschließen. Eric Greitens, ursprünglich Mitglied der Navy SEALs, verfasste mehrere Bücher und brachte es im Anschluss an seine militärische Karriere bis zum Gouverneur des US-Bundesstaates Missouri. Er schreibt: „Je härter das Training ist, desto weniger blutest du im Krieg.“

Der frühere aktive Navy SEAL Mark Divine hat die gnadenlose Schule der Eliteeinheit absolviert und im Laufe der Jahre an mehreren Einsätzen, unter anderen im Nahen Osten, teilgenommen. Inzwischen hat er sich vom aktiven Dienst zurückgezogen und schreibt Bestseller darüber, was Normalos wie Sie und ich über die Philosophie und mentale Einstellung dieser härtesten Soldaten der Welt lernen können. Er betreibt ein Trainingszentrum für Zivilisten in Encinitas, Kalifornien, berät aber auch die US Army in Fragen der körperlichen und mentalen Ausbildung. In seinen Büchern „SEALfit in 8 Wochen“[191] und „Der Weg des SEAL“[192]

[191] Divine, Mark. SEALfit in 8 Wochen: Trainiere wie ein Navy SEAL und erlange außergewöhnliche körperliche und mentale Stärke. Riva, München 2021.
[192] Divine, Mark. Der Weg des SEAL: Werde charakterstark, belastbar und instinktsicher wie ein Elitesoldat. Riva, München 2015.

beschreibt er, wie die härtesten Soldaten der Welt sich mithilfe innerer Bilder auf ihre Einsätze vorbereiten:

In den Dreck eintauchen

Mark Divine schildert, wie er sich schon vor seiner Aufnahme in das SEAL-Team 3 mithilfe von Imaginationen immer wieder motivierte und wie ihm das half, die extremen Anforderungen seines Aufnahmeverfahrens durchzustehen. Er berichtet, dass neben der körperlichen Ausbildung, die ihn immer wieder an seine Grenzen führte, auch das Üben des Mentalen zentraler Bestandteil seines Trainings war. Er erlernte eine spezielle Atemtechnik, um sich jederzeit schnell in einen entspannten Zustand versetzen zu können. Gleichzeitig wurde ihm beigebracht, sich durch die Verwendung von bestimmten inneren Bildern auf seine Einsätze im Kampf vorzubereiten: Divine führt zwei Formen der Vorstellung an. Einerseits das sogenannte „envisioning" – eine Methode, die darin besteht, sich die erfolgreiche Absolvierung der bevorstehenden Mission genauestens vorzustellen. Andererseits das „dirt diving"[193] – wörtlich übersetzt bedeutet das so viel wie „in den Dreck eintauchen": Es besteht in einer Kombination aus Durchbesprechen des geplanten Ablaufes eines Einsatzes und einer detaillierten Imagination jedes kleinsten Details. Dazu gehört es laut Divine auch, sich vorzustellen, was dabei alles schieflaufen könnte, und wie dann vorzugehen sei. Die angehenden Elitesoldaten werden auf diese Weise instruiert, den Ablauf jeder Mission im Vorhinein genauestens durchzuspielen, was die Erfolgschancen eines Auftrages deutlich verbessert.

Morgenritual eines ehemaligen Elitesoldaten

Mark Divine hat es sich zum Ziel gesetzt, seine Erkenntnisse, die er als Mitglied der Navy SEALs gewonnen hat, auch für seine weniger militärisch angehauchten Mitmenschen nutzbar zu machen. Zentralen Bestandteil dieses Programms bildet sein „Morgenritual".

[193] The ‚dirt dive' with Mark Divine. YouTube (aufgerufen am 19.11.2022).

Divine empfiehlt, jeden Morgen, gleich nach dem Aufwachen, die zentralen Punkte des bevorstehenden Tages zu visualisieren. Die Vorbereitung beginnt schon am Abend zuvor, indem man die wichtigsten Aktivitäten für die kommenden 24 Stunden und die zentralen Ziele plant.

In der Anleitung Divines findet man sinngemäß den Vorschlag: Visualisieren Sie Ihre wichtigsten Ziele für den kommenden Tag. Fassen Sie dabei das eine, zentrale Ziel ins Auge, aber auch die sekundären und tertiären Ziele. Sehen Sie sich dabei im Geiste, wie Sie diese Aktivitäten durchführen. Dazu gehören auch Trainingseinheiten, Yoga und Lesen. Versuchen Sie dabei außerdem zu sehen, was nicht so gut funktionieren oder sogar schiefgehen könnte. Was könnte Ihr Momentum und Ihren Flow-Zustand unterbrechen? Wie wäre darauf zu reagieren? Welche Gespräche stehen bevor? Welche möglichen Konflikte? Wie wären diese konstruktiv zu lösen?

Eine Anregung von Divine lautet weiter, sich vorzustellen, wie Sie gut mit möglichen Schwierigkeiten umgehen könnten, oder zumindest ausreichend gut, sodass der kommende Tag ein Erfolg wird und Sie aus möglichen Fehlern lernen können.

Diese Morgenroutine braucht nicht sehr viel Zeit zu beanspruchen. Divine sagt, er nehme sich dafür nicht viel mehr als eine Minute. Das zentrale Ziel dieser Routine besteht darin, dass der kommende Tag ein erfolgreicher Tag wird und dass Sie schon vorher – sozusagen im Geiste – gesiegt haben.

Schon im Geiste siegen – Envisioning

Mark Divine schlägt vor, sich selbst bei der bevorstehenden Mission oder der anstehenden Aufgabe schon im Vorhinein selbst mit dem inneren Auge siegen zu sehen: Malen Sie sich genau aus, wie Sie Ihr Ziel erreichen. Versuchen Sie wahrzunehmen, wie es sich anfühlt; was Sie dabei sehen, hören, riechen, schmecken werden. Damit schaffen Sie sozusagen schon den genauen Entwurf für den Erfolg und damit auch für den Weg dorthin. Die inneren Bilder erzeugen Motivation, machen Mut, lindern Ängste, erzeugen Zufriedenheit und verleihen die Kraft zum Durchhalten. Sie programmieren das eigene Unbewusste auf Erfolg und für das Erreichen der Ziele.

Sport: Mentales Training

Es ist der Geist, der sich den Körper baut.[194]

Friedrich von Schiller

Imagination zur Leistungssteigerung

Auf wenigen Gebieten zeigt sich die Wirksamkeit imaginativer Techniken so eindrucksvoll wie im Leistungssport.[195] Sie spiegelt sich direkt in sportlichen Ergebnissen wider. Wenn alle Teilnehmer eines Wettkampfes einen optimierten Trainingszustand aufweisen, dann wird sich der Sportler mit der stärksten mentalen Kraft durchsetzen. Die Sportpsychologie verwendet bereits seit Jahren gelenkte Vorstellungsbilder.[196]

Der Weltfußballer: Pelé

Fragen Sie einen Fußballfan nach den größten Fußballern aller Zeiten. Die Chancen stehen gut, dass der Name Pelé fallen wird. Der Brasilianer (bürgerlicher Name: Edson Arantes do Nascimento) gewann mit dem Nationalteam insgesamt dreimal die Weltmeisterschaft, wurde zum besten Fußballspieler des 20. Jahrhunderts gewählt und von der FIFA mit dem „Goldenen Ball" für sein Lebenswerk geehrt.

Doch die Weltkarriere war Pelé nicht in die Wiege gelegt. Als Junge musste er zum Unterhalt der Familie beitragen und Geld als Schuhputzer oder Botengänger dazuverdienen. Weil er sich anfangs keine Schuhe leisten konnte, begann er seine Fußballkarriere barfuß. Anfangs kickte er oft nur mit selbstgebastelten Bällen aus Stoffresten oder mit einer Grapefruit.

Dank seiner Leidenschaft für das Spiel wurde er bereits im Alter von 11 Jahren in die professionell trainierte Jugendmann-

[194] Schiller, Friedrich. Wallenstein.
[195] Mayer, Jan; Hermann, Hans-Dieter. Mentales Training: Grundlagen und Anwendung in Sport, Rehabilitation, Arbeit und Wirtschaft. Springer, Heidelberg 2015.
[196] Simke, Amande. Imagery in Sport. YouTube (aufgerufen am 25.09.2022).

schaft Baquinho aufgenommen. Bereits früh erkannte deren Trainer das Potenzial des Jungen und sah voraus, dass er sich eines Tages zu einem großen Fußballer entwickeln könnte. Im Alter von 15 Jahren begann Pelé dann seine Karriere als Profifußballer beim FC Santos. Mit gerade einmal 16 Jahren trat er in die Nationalmannschaft der Fußballnation ein, der er von 1957 bis 1971 angehören sollte. Pelé verfügte nicht nur über außergewöhnliches technisches Können – er konnte beide Füße gleichermaßen gut einsetzen –, er verfügte außerdem über die Intuition, vorherzusehen, wohin sich sein Gegenspieler auf dem Fußballfeld bewegen und in welche Richtung er den Ball schießen würde.

Pelé setzte gekonnt die Technik der Imagination ein – bereits Jahrzehnte, bevor Sportpsychologen auf den Plan traten. Er schilderte dem Mentaltrainer Gary Marc seine Routine, die er vor jedem Spiel durchführte:[197]

Pelé kam regelmäßig eine Stunde früher ins Stadion, ging in die Garderobe, legte sich in eine ruhige Ecke und verwendete ein Handtuch als Kissen. Er bedeckte seine Augen und ließ in der Vorstellung verschiedene Szenen wie in einem Film ablaufen: Wie er als Kind am Strand Fußball spielte. Der warme Sand, die sengende Hitze, die freudige Anspannung während des Spieles, wie er mit dem Ball geschickt über den Strand dribbelte, zwischen seinen Gegenspielern hindurch, um ihn ins Netz zu schießen. Seine Liebe zum Fußballspiel erwachte dabei jedes Mal aufs Neue. Dann ließ er einige der größten Momente seiner Spielerkarriere auf der inneren Leinwand ablaufen. Pelé genoss es, sich an das vertraute Gefühl des Sieges zu erinnern. Dann stellte er sich vor, wie er in dem bevorstehenden Spiel zur Hochform auflaufen würde. Schließlich visualisierte er die Details: „brillant spielen, Tore schießen, die Verteidiger ausdribbeln, in einem mentalen Film, der aus positiven Bildern mit starken Gefühlen der Freude und des Triumphs bestand. Er malte sich alles aus, bevor es Wirklichkeit wurde: Die Menge, die Atmosphäre, das Spielfeld, sein eigenes Team, die Gegner; er sah sich selbst unwiderstehlich wie ein

[197] Gonzalez, Daniel. Die Kunst des mentalen Trainings: Ein US-Agent und Marineflieger erklärt, wie man seine geistigen Fähigkeiten verbessert. Mvg, München 2015.

Champion spielen, wie eine Macht, die niemand aufhalten kann. Am wichtigsten aber war [...] sich daran zu erinnern, dass es nicht nur um die Vision und das Bild ging, sondern darum, die Emotionen, die mit dem Erfolg verbunden waren, zu fühlen. Er betonte, dass er sich lebhaft vorstellte, wie gut sich das alles anfühlte."

Erst nachdem er sich auf diese Weise eine halbe Stunde lang entspannt und mental vorbereitet hatte, begann Pelé damit, seinen Körper aufzuwärmen, die Muskeln und Gelenke zu dehnen und sich damit auch physisch für das bevorstehende Spiel bereit zu machen. Wenn er schließlich auf dem Feld einlief, war er bereit – sowohl körperlich als auch mental.

Seit den intuitiv entwickelten Vorstellungsbildern des Weltfußballers Pelé hat sich ein eigener Zweig der Sportwissenschaft entwickelt, der sich der Psychologie des Leistungssports widmet. Die Forschungsergebnisse belegen, dass Imagination die Leistung entscheidend verbessert.

Vor, während, nach dem Training

Die Visualisierung lässt sich sowohl in der Trainingsphase, in der unmittelbaren Vorbereitung, während des Wettkampfes als auch in der Nachbereitungsphase einsetzen. Zudem eignet sie sich in Phasen der Regeneration oder in Trainingspausen, um sozusagen „am Ball" zu bleiben. Sie stellt auch ein probates Mittel dar, um sich regelmäßig zu entspannen, um die Belastungen des Leistungssports zu bewältigen. Ein Beispiel dafür ist das Sich-zurückziehen an den inneren sicheren Ort, um auch im Trubel vor einem Wettkampf Ruhe zu finden.

In der Trainingsphase ist die Imagination der großen und kleinen Ziele entscheidend für Motivation und Erhöhung des Selbstvertrauens. Um das große Bild im Auge zu behalten, kann es helfen, sich wichtige Wettkämpfe oder Meilensteine immer wieder in Erinnerung zu rufen. Die Vorstellung der Ziele der nächsten Trainingseinheit weckt die Intuition.

Die Visualisierung von Bewegungsabläufen[198] trägt dazu bei, die technischen Fähigkeiten entscheidend zu verbessern. Der

[198] Hänsel, Frank et al. Sportpsychologie. Springer, Berlin 2022.

Sportler ist in der Lage, ohne Verletzungsgefahr oder körperliche Ermüdung die Bewegungen in perfekter Form immer wieder im Geiste zu üben. So kann zum Beispiel ein Tennisspieler seinen Aufschlag üben, indem er sich diesen immer und immer wieder in idealer Form vorstellt, oder ein Golfspieler seinen idealen Drive über die gewünschte Distanz im Geiste trainieren.

Sportwissenschaftler wiesen nach, dass sich die Trefferquote bei Basketballspielern deutlich verbesserte, wenn sie zusätzlich zum Training auf dem Feld regelmäßig Korbwürfe auch in ihrer Imagination durchführten.[199] Der Effekt kam deutlich stärker zum Vorschein, wenn es sich bei den im Geiste Übenden um fortgeschrittene Spieler handelte. Bei Anfängern zeigte sich die Wirkung nicht so stark. Aber nicht nur die Koordination lässt sich durch Vorstellungskraft trainieren. Auch die taktischen Fertigkeiten, zum Beispiel beim Tennisspiel oder sogar bei Mannschaftssportarten wie Fußball, lassen sich durch mentales Training weiterentwickeln.

Worauf sollte der Sportler achten?

In einer Studie im International Journal of Golf Science[200] wurde die Treffsicherheit in Zusammenhang mit einer Routine innerer Bilder untersucht: Sie erhöhte sich.

Worauf sollte eine Sportlerin achten, wenn sie Vorstellungsbilder in ihr Training einbeziehen will? Das Akronym PETTLEB fasst die wesentlichen Punkte zusammen:

P wie physical – steht für die körperliche Reaktion auf die jeweilige Technik oder auf die momentane Situation im Wettkampf.

E wie environmental – meint, dass die vorgestellte Umgebung gleich oder möglich gleich der Umgebung des Wettkampfortes sein sollte.

---

[199] Savoy, C.; Beitel, B. Mental imagery for basketball. International Journal of Sport Psychology, 27:454–462. 1996.

[200] Swainston, S.; et al. The effect of PETTLEP imagery in a pre-shot routine on full swing golf shot accuracy: A single subject design. International Journal of Golf Science, 1(2), 140–163 (2012).

T wie task – meint, dass die vorgestellte Aufgabe möglichst nahe an der sportlichen Bewegung oder Aktion liegen sollte.

T wie timing – meint, dass die Vorstellung entweder in Zeitlupe durchgeführt wird, um jedes Detail der Bewegung zu spüren, oder auch in realer Zeit ablaufen kann.

L wie learning – steht dafür, dass sich die mentalen Bilder weiterentwickeln, je länger sich die Sportlerin damit beschäftigt.

E wie emotion – steht dafür, dass man sich die Emotionen während des sportlichen Ereignisses möglichst genau vorstellen sollte. Außerdem lassen sich auch positive Emotionen vor dem Wettkampf wecken, indem man sich wie Pelé an vergangene Erfolge möglichst genau und lebhaft erinnert.

P wie perspective – bedeutet, dass man in der Vorstellungsarbeit sowohl die innere als auch die äußere Perspektive einnehmen kann, um damit möglichst viele Lerneffekte zu erzielen.

Unmittelbar vor dem Wettkampf

Die Skirennläufer des österreichischen Nationalteams zählen zu den besten der Welt. Sie gehen in der Regel unmittelbar vor dem Rennen im Geiste nochmals die gesamte Strecke durch. Dies trägt dazu bei, den Ablauf des Rennens zu automatisieren. Zugleich macht diese Vorstellung Psyche und Körper bereit für die bevorstehende Herausforderung. Bestimmt haben Sie schon Bilder von Skisportlern in der Vorbereitung zum Start bei Fernsehübertragungen gesehen.

Der Arbeit mit inneren Bildern kommt bei der Vorbereitung eine wichtige Rolle zu. Sie trägt unter anderem zum Stressabbau bei. Wie wir bei Pelé gesehen haben, fördert sie direkt vor dem Wettkampf die Entspannung, weckt die Motivation und mobilisiert Energien für die bevorstehende Höchstleistung. Der Sportler oder die Sportlerin kann sich zur Entspannung für einige Minuten an den inneren sicheren Ort zurückziehen. Danach ist es empfehlenswert – wie Pelé uns das gezeigt hat – vergangene Erfolge vor dem geistigen Auge wie einen Film ablaufen zu lassen und sich den Wettkampf im Detail vorzustellen. Dies stärkt das Selbstvertrauen und macht Lust auf den bevorstehenden Wettkampf.

Intuition im Wettkampf

Während des Wettkampfes wird der Sportler weitgehend mental im Geschehen sein, um höchst konzentriert Tore zu schießen, Ski zu fahren, zu laufen usw. Immer wieder wird er sich jedoch für kurze Augenblicke intuitiv vorstellen, wie die Szene gleich weitergeht. So sah Pelé – ähnlich einem Schachspieler – häufig voraus, was seine Gegenspieler auf dem Fußballfeld als Nächstes vorhatten und konnte sofort auf diesen Spielzug reagieren. Diese Fähigkeit ermöglichte es ihm, seine Gegenspieler mit schlafwandlerisch erscheinender Sicherheit auszutricksen.

Nachbereitung des Wettkampfes

Im Anschluss an den Wettkampf erinnern sich Sportler intuitiv an verschiedene Szenen und gehen sie im Geiste mehrmals durch. Sportpsychologen empfehlen, dies systematisch durchzuführen. Die guten Aspekte der Wettkampfleistung genauso wie die weniger guten werden auf diese Weise nochmals evaluiert. Das verbessert die realistische Auseinandersetzung mit der eigenen Leistungsfähigkeit sowie die Präzision der Zielsetzung für die nächsten Trainingseinheiten.

Regeneration

Es gilt heute als Standard, Phasen der Regeneration in das Trainingsprogramm einzuplanen. Auch hier setzen Sportler meist intuitiv Visualisierungen ein, um vergangene Leistungen zu evaluieren und ihre Bewegungsmuster, Technik und Strategien mithilfe der Vorstellungskraft weiterzuentwickeln.

Trainingspausen

In Phasen freiwilliger oder unfreiwilliger (durch Verletzungen bedingter) Trainingspausen stellt die Imagination ein wichtiges Instrument dar, um mental stark zu bleiben. Zum Beispiel kann sich ein Judoka das Training und den Kampf auf der Matte in so vielen Details wie möglich vorstellen.

Aktivierung und Entspannung

Das Abrufen positiv bewältigter sportlicher Herausforderungen, zum Beispiel einer guten Laufzeit im Skirennen oder das Schießen eines Tores im Match, stärken das Selbstvertrauen. Die Vorwegnahme einer bevorstehenden sportlichen Aufgabe aktiviert das Nervensystem und den Körper, um die notwendige Energie für den Wettkampf unmittelbar bereitzustellen. Andererseits tragen das Aufsuchen des sicheren inneren Ortes und auch die Erinnerung an positiv bewältigte Aufgaben zur Entspannung von Körper und Geist bei. Eventuell empfundene Angst wird reduziert. Die intrinsische Motivation und das Gefühl der Selbstwirksamkeit steigen.

Verbesserung der Technik und der Bewegungsabläufe

Die Vorstellung von Bewegungsabläufen spielt sich in denselben Gehirnregionen ab, die auch für die Ausführung zuständig sind. Lediglich die Aktivierung der Motoneuronen (durch den primären Motorcortex), die direkt zu den Muskeln führen, unterbleibt großteils. Damit lassen sich genau die Muster im Gehirn einsetzen, welche für die Umsetzung der Technik, die Koordination der Bewegungsabläufe und die präzise Ansteuerung der Muskelfasern zuständig sind. Die Bewegung lässt sich somit gezielt simulieren und in allen Details verbessern bzw. optimieren. Außerdem wirkt sich die Vorstellung auch indirekt auf die Bewegungsmuster aus, wenn auch äußere Bedingungen einbezogen werden können:

Dazu gehören etwa die Beschaffenheit des Bodens, das Gefühl des Balles beim Kontakt mit dem Tennisschläger oder beim Fußball mit dem Fuß. Die Sportpsychologie spricht von symbolischem Lernen.

Vorstellung erhöht Muskelkraft

Es mag auf den ersten Blick verrückt klingen, aber wissenschaftliche Studien konnten nachweisen, dass ein Muskeltraining allein in der Vorstellung tatsächlich die Muskelkraft erhöhen kann.

Bodybuilder, wie zum Beispiel Arnold Schwarzenegger, setzen bereits seit vielen Jahren auf ihre Vorstellungskraft, um das Muskelwachstum zusätzlich zum mechanischen Trainingsreiz zu stimulieren: Während der Ausführung eines Bizeps-Curls zum Beispiel stellen sie sich im Geiste genau den zu trainierenden Muskel vor und versuchen dabei, jede einzelne Muskelfaser wahrzunehmen. Dies soll die Muskelhypertrophie steigern.

Aber es kommt noch besser: Schon die bloße Vorstellung der Durchführung einer bestimmten Übung lässt den entsprechenden Muskel an Kraft gewinnen. Der Effekt ist deutlich, reicht aber nicht an den mechanischen Trainingsreiz durch das wirkliche Durchführen der Übung heran.[201] Zur Unterstützung des Muskelwachstums, in Trainingspausen oder in der Rehabilitation nach Verletzungen stellt das Muskeltraining in der Imagination eine sinnvolle Unterstützung dar.

Zusammenfassung

Mentales Training im Sport erlaubt eine Simulation der realen Welt im Geiste. Visualisierung/Imagination dient als Ergänzung des körperlichen Trainings, denn mentale Stärke ist entscheidend, gerade dann, wenn alle Wettkämpfer athletisch bereits nahe der möglichen Leistungsgrenze angelangt sind.

Vermutlich nutzen Sportler schon seit es Sport gibt intuitiv ihre Vorstellungskraft, um ihre Techniken zu verbessern, ihre

[201] Ranganathan, V. et al. From mental power to muscle power: gaining strength by using the mind. Neuropsychologia 2004; 42(7):944–956.

körperliche Leistungsfähigkeit zu steigern und um sich auf verschiedene Wettkampfsituationen einzustellen. Weil es hilft, besser zu werden und die sportliche Technik zu verbessern. Der Unterschied zu heute ist die wissenschaftliche Basis, die rationale Nutzung, die Evaluation der vielen Möglichkeiten und die weite Erfahrung, geteilt im Internet, in Fachartikeln und Büchern. Die Macht der Vorstellung verbessert die sportliche Leistungsfähigkeit. Es liegt an uns, uns darin täglich zu üben!

Die Energie kreisen lassen

Wer regelmäßig Taiji übt, wird
geschmeidig wie ein Kind,
stark wie ein Holzfäller,
gelassen wie ein Weiser.

Chinesisches Sprichwort

Qigong

Eine Übungsform aus China gewinnt weltweit von Jahr zu Jahr an Popularität: Qigong. Wofür steht dieser Name eigentlich? Qi (ausgesprochen als „Dschi") wird meist übersetzt als „Energie". Jedoch nicht ganz im westlichen Sinne. Unser Schulwissen unterscheidet verschiedene Formen von Energie wie mechanisch, thermisch, elektromagnetisch, chemisch. Die chinesische Bedeutung von Qi lässt sich nicht exakt in unsere Sprache übertragen, da wir über keinen genau entsprechenden Ausdruck verfügen. Die alten Daoisten sahen die Urkraft Qi überall am Werk. Sie sprachen etwa von der Energie des Himmels oder der Energie der Erde. Für sie war Energie keine metaphysische Wirkkraft, wie sie uns Westlern heute manchmal erscheint, sondern eine konkret erfahrbare

Realität. Wer beginnt, Qigong zu üben, fühlt meist überraschend schnell die Wirkung des Qi im eigenen Körper.

Das Wort Gong, in anderer Transkription auch „Kung" geschrieben, kennen wir aus der Kampfkunst Kung Fu. Der Ausdruck steht ganz einfach für regelmäßiges Üben oder harte Arbeit. Qigong bedeutet also nichts anderes als regelmäßiges Üben zur Stärkung der inneren Energie.

Die alten Meister des Ostens entwickelten im Laufe der Jahrtausende zahllose Übungen, um ihre Lebenskraft zu stärken. Dazu zählt nicht nur das Qigong, sondern auch die inneren Kampfkünste Taiji, Bagua oder Hsing-I. Die Meister dieser Künste zeichnen sich häufig durch eine außergewöhnliche Vitalität aus.

Seit einem China-Besuch des amerikanischen Präsidenten Nixon im Jahre 1972 wurde auch die westliche Welt auf die Heilkraft des Qi aufmerksam. Viele Ärztinnen wenden inzwischen auch in Europa die Akupunktur an. Über die mehr als 300 bekannten Punkte lässt sich der Fluss des Qi in den entsprechenden Meridianen aktivieren oder sedieren. Akupunkteure, die zugleich Qigong üben, entwickeln in der Regel eine tiefe Intuition für die Energieflüsse im Körper.

Um das Qi im Körper zu lenken, bedienen sich die alten Meister Chinas seit Jahrhunderten der Vorstellungskraft. Sie folgen dem Grundsatz: „Wo Yi, da Qi" – Wo die Vorstellung ist, dorthin fließt die Energie. Dies gilt für das Qigong, aber auch für das Leben insgesamt: Wann immer wir spüren, dass ein zentraler Bereich in unserem Leben stagniert, können wir allein schon durch Lenkung unserer Aufmerksamkeit dorthin den Fluss der Energie wieder in Bewegung bringen.

Je nach Zielsetzung der Übenden lässt sich Qigong zur Stabilisierung der Gesundheit, zur Erlangung von Weisheit oder auch zur Stärkung der Kampfkraft einsetzen.[202] Dies beweisen eindrucksvoll die Mönche aus dem Shaolin-Kloster in Henan, China, die durch solche Übungen scheinbar übermenschliche Fähigkeiten erlangen oder ihre Körper gegen Schläge abhärten. Grundsätzlich

[202] Elleberger, Oswald. In: Focks, Claudia. Leitfaden Chinesische Medizin: Grundlagen. Elsevier, München 2017.

streben die Daoisten ein langes gesundes Leben an, denn dies gibt ihnen mehr Zeit, um die angestrebte Erleuchtung zu erlangen.

Die Wissenschaft des Westens erforscht mit modernem Instrumentarium die Wirkung dieser Techniken. Unsere heute in der Medizin breit eingesetzten Entspannungsverfahren, wie zum Beispiel das Autogene Training, die Progressive Muskelentspannung oder die Schulung der Achtsamkeit, beruhen auf dem jahrtausendealten Wissen des Ostens. Eine verbreitete Methode in der modernen Psychologie ist der sogenannte „Body-Scan", bei dem das Lenken der Aufmerksamkeit durch den ganzen Körper zu Bewusstheit, Wahrnehmung von Spannung und Entspannung führt. In China findet eine ähnliche Methode seit Jahrtausenden Anwendung. Wer sich damit beschäftigt, stellt schnell die enge Verwandtschaft bestimmter Methoden aus dem Qigong mit dem Body-Scan fest. Es fällt allerdings auf, dass die jahrhundertealten Übungen aus China eine hohe Komplexität aufweisen.

Der in den USA lebende Meister Yang Jwing-Ming gilt als einer der einflussreichsten Meister der chinesischen Kampfkünste. Seine Bücher und Videos finden Anhänger auf der ganzen Welt. Aus den zahllosen Übungen sollen an dieser Stelle zwei vorgestellt werden, mit denen der fortgeschrittene Schüler des Qigong und der inneren Alchemie bald Bekanntschaft schließt.

Der kleine himmlische Kreislauf

Meister Yang[203] sitzt im Schneidersitz, die Wirbelsäule aufrecht und entspannt, der Kopf wie an einem Faden aus Seide nach oben mit dem Himmel verbunden. Yang sammelt seine Aufmerksamkeit tief im Energiezentrum des Unterbauches, dem sogenannten Dantien. Von dort lässt er das Qi am Rückgrat (entlang dem Akupunkturmeridian, genannt Lenkergefäß) nach oben zum Kopf hinaufsteigen, um sie vom Nacken über den Scheitel herum bis in den Oberkiefer fließen zu lassen. Dort, wo seine Zunge das Dach des Gaumens berührt, liegt die Verbindung zur absteigenden Energiebahn (dem Dienergefäß). Von dort lässt Yang das Qi an der

[203] Jwing-Ming, Yang. Qigong Meditation: Small Circulation. YMAA Publication Center, Boston 2022.

Vorderseite über den Hals, die Brust, den Bauch, wieder abwärts bis in den Unterbauch absteigen.

Auf diese Weise lässt der Meister die Energie immer und immer wieder durch seinen Körper kreisen. Zugleich koordiniert er diesen Kreislauf der Energie mit der Atmung: Bei der Methode des sogenannten „Feuerkreises“ steigt die Energie – wie beschrieben – bei der Einatmung den Rücken entlang hoch, um bei der Ausatmung an der Vorderseite des Oberkörpers wieder nach unten zu sinken. Der Strom in dieser Richtung steigert die innere Energie. Es ist auch möglich, die Energie in die andere Richtung – also über den Kopf nach rückwärts kreisen zu lassen: Dieser sogenannte „Wasserkreislauf“ wirkt beruhigend. Insgesamt stellt man sich die Einatmung als Yin vor, als nährend, kräftigend und beruhigend für den Organismus. Dagegen gilt die Ausatmung als Yang, also aktivierend. Die Rückseite des Oberkörpers wird als Yang angesehen, die Vorderseite als Yin. Somit sind Yin und Yang immer im Ausgleich.

Regelmäßiges Üben des kleinen himmlischen Kreislaufes[204] soll zur Stärkung der Gesundheit, Erlangung innerer Ruhe und zu tiefer Weisheit führen. Fortgeschrittene können den Strom des Qi weiter in ihre Extremitäten leiten und sie damit energetisieren (der „große himmlische Kreislauf“[205]), Akupunkturpunkte aktivieren oder außergewöhnliche körperliche Kräfte für den Kampf entwickeln.

Was geschieht dabei im Körper?

Aus neurologischer Sicht ist diese Vorstellung verbunden mit entsprechenden Aktivierungsmustern im Gehirn: Immer, wenn der Fokus der Vorstellung durch den Körper wandert, läuft zugleich eine Welle von elektrochemischen Impulsen in derselben Reihenfolge durch die Nervenzellen an der Oberfläche des Gehirns. Genauer gesagt, durch die motorischen und sensorischen Areale, welche die Muskulatur steuern und den Körper wahrnehmen.

[204] Elleberger, Oswald. Qigong: Grundübungen und Grundlagen für Anfänger und Fortgeschrittene. Kösel, München 1995.
[205] Kubiena, Gertrude. Taiji Quan: Die Vollendung der Bewegung, 24 Übungen Yang-Stil Peking-Schule. Facultas/maudrich, Wien 2008.

Diese Bereiche des Gehirns sind über zahllose Nervenbahnen mit der Peripherie verbunden. Damit wirken diese Vorstellungen auf die Muskulatur, die Blutgefäße und die Organe. Das bedeutet, wir erzielen durch die Übung des Qi ganz reale Veränderungen in unserem Gehirn und unserem Körper.

YiQuan

In einem kleinen Turnsaal im Salzburger Stadtteil Leopoldskron leitet Jumin Chen seine Übungsgruppe. Auf dem Programm stehen die „schiebenden Hände" (pushing hands). Eine alte chinesische Übung, um gefahrlos die Koordination, das eigene Gleichgewicht, die Balance des Übungspartners und die bereits entwickelten Fähigkeiten im Sparring zu üben. An diesem Tag darf ich mit dem Meister persönlich trainieren: Wir stehen uns in Kampfstellung gegenüber, legen die Unterarme aneinander und lassen sie umeinanderkreisen. Immer wieder bringt mich der Meister plötzlich und überraschend an die Grenzen meines Gleichgewichtes, bringt mich mit einer winzigen Bewegung in eine prekäre Position. Dann werde ich übermütig: Ich versuche, ein paar kontrollierte Angriffe mit der Faust auf den Oberkörper meines Lehrers durchzuführen. Er lässt sich das einige Male gefallen. Dann plötzlich lässt er mich mit einer blitzschnellen Bewegung nach hinten durch die Luft sausen, zwei, drei Meter weit, und ich klebe an der Wand des Turnsaales, kann mich gerade noch mit weit geöffneten Armen an der Wand abstützen, während ich noch im Fluge ein paar perfekt kontrollierte Faustschläge auf meinem Kinn und meiner Brust spüre. Das würde ich auch gerne können!

Die vielleicht innerste der inneren Kampfkünste ist das Yiquan. Es entwickelte sich in der ersten Hälfte des 20. Jahrhunderts aus alten chinesischen Traditionen und gewinnt zunehmend an Popularität. In Europa gilt Jumin Chen als der höchstrangige Lehrer dieser inneren Kampfkunst. Er sagt, beim westlichen Sport tue sich „außen viel und innen wenig", bei chinesischen Übungen tue sich im Gegensatz dazu „außen wenig und innen viel".

Die bekannteste Übung des Yiquan trägt den Namen „Stehen wie ein Baum“[206]: Die Übenden stehen auf leicht gebeugten Knien, das Becken aufgerichtet, den Oberkörper lang und weit, die Hände nach vorne gebogen, so als würden sie tatsächlich den Stamm eines Baumes umarmen. Der Kopf schwebt leicht über dem Rumpf. In dieser Position verharren der Meister und seine Schüler über Minuten, manchmal sogar über eine Stunde. Von außen sieht man nicht viel Aktivität. Das Geheimnis dieser Übung liegt jedoch in den Vorstellungsbildern, wie sie in China über Jahrhunderte vom Meister zum Schüler weitergegeben wurden, deren letzten Feinheiten aber immer nur Eingeweihten vorbehalten blieben. Erst in den letzten Jahrzehnten werden früher unzugängliche chinesische Texte veröffentlicht und übersetzt.

Jumin Chen fordert seine Schüler auf: „Stellt euch vor, ihr steht bis zur Brust im Wasser, während sich euer ganzer Körper kaum merklich nach vorne und zurückbewegt. Zwischen euren Fingern sind Federn gespannt, auch zwischen euren Ellbogen, zwischen euren Knien, auch vom Kopf bis zu den Füßen. Während ihr den ganzen Körper minimal nach vorne bewegt, drückt ihr alle diese Federn zusammen. Während ihr euch unmerklich nach hinten bewegt, zieht ihr diese Federn auseinander.“

Mit diesen und unzähligen anderen Vorstellungen lässt sich im Laufe von Jahren der Übung eine für Außenstehende unglaublich wirkende innere Kraft aufbauen: Sie koordiniert die gesamte Muskulatur und alle Gelenke des Körpers. Zugleich wird die Sensibilität des Körpers in eine völlig andere Dimension gehoben. Übende lernen, den eigenen Schwerpunkt und den Schwerpunkt des Gegners so differenziert wahrzunehmen, dass eine kleine Bewegung genügt, um diesen aus dem Gleichgewicht zu bringen.

[206] Chen, Jumin. Yiquan: Mit medizinischem Aspekt Körper und Geist zugleich kultivieren. Verlagshaus der Ärzte, Wien 2020.

Yoga und Imagination

Groß wie ein Berg

Wer der Vorführung eines modernen europäischen Turnvereins beiwohnt, wird sich vermutlich wundern, warum er dabei so viele Yogaübungen zu sehen bekommt: Aus dem Stand den Rücken nach hinten biegen, den Boden mit den Händen berühren, in die Brücke übergehen, um schließlich mit den Beinen vorne wieder hochzuschnellen, in den Handstand und dann wieder ins Stehen kommen ... Dieselbe Übung praktizieren auch fortgeschrittene Yoga-Adepten, sie findet sich auch in der klassischen Yoga-Literatur. Den Autor des Klassikers „Licht auf Yoga" – B. K. S. Iyengar[207] – erkor das Time Magazine sogar zu den 100 einflussreichsten Menschen Anfang des 21. Jahrhunderts.

Der Legende nach entstand Yoga vor etwa 5.000 Jahren im Indus-Tal. Es entwickelte sich über die Jahrtausende zu dem umfassenden System an Körperhaltungen, Meditationen und Atemübungen, welches sich Anfang des 20. Jahrhunderts von Indien über die USA und Europa schließlich in der ganzen Welt verbreitete. Erst in den letzten Jahren kam Licht in die Sache.[208] Viele, die sich mit dem modernen Yoga beschäftigen, begeben sich auf die Suche, um das echte, wahre, traditionelle Yoga für sich zu entdecken. In den alten Schriften, wie im „Patanjali-Kanon" oder der „Hatha-Yoga-Pradipika", findet sich viel über Meditation und die richtige geistige Einstellung. Das oberste Ziel bestehe im Zur-Ruhekommen der Regungen des Geistes oder in der Vereinigung der individuellen Seele – dem Atman (verwandt mit unserem deutschen Wort Atmen) – mit der Weltseele – dem Brahman. Es kommen lediglich einige Meditationshaltungen vor. Von den Asanas, die heute in jedem Fitnessstudio unterrichtet werden, ist nirgends die Rede. Erste Beschreibungen und Fotos dieser Übungen tauchen erst Anfang bis Mitte des 20. Jahrhunderts in der Yoga-Literatur auf.

---

[207] Iyengar, B. K. S. Licht auf Yoga: Das grundlegende Lehrbuch des Hatha-Yoga. O. W. Barth, München 2010.

[208] Baier, Karl; Maas, Philipp A.; Preisendanz Karl (Eds.). Yoga in Transformation. Vienna University Press. V&R unipress GmbH, Göttingen 2018.

Stammt Yoga aus Europa?

Die heute so populären Asanas werden meist zurückgeführt auf eine Person: Tirumalai Krishnamacharya, der am Hof des Maharadscha von Mysore seine eigene Yogaschule unterhielt, der aber auch als Experte für die indische Heilkunst Ayurveda und die in Sanskrit verfassten alten heiligen Texte gilt.[209] Er selbst habe Yoga bei einem gewissen Ramamohana Krishnamachari, der in der Nähe des Sees Manasarovar auf etwa 4.500 Meter Seehöhe im Himalaya gelebt haben soll, gelernt. Die einzige existierende schriftliche Quelle sei ein auf Palmblättern geschriebenes Manuskript gewesen, das angeblich von Ameisen zerfressen wurde.

Mehr Licht in die Ursprünge der Asanas brachte Mark Singleton.[210] Er studierte im Rahmen seiner Dissertation an der Cambridge University die Ursprünge der modernen Yoga-Praxis. Zu seinem großen Erstaunen und im Gegensatz zu dem, was seine Yoga-Lehrer ihn bis dahin gelehrt hatten, stellte er fest, dass der Ursprung zahlreicher Asanas offenbar gar nicht im klassischen Indien, sondern in der europäischen Turnerbewegung des 19. Jahrhunderts zu finden war. Singleton entdeckte in alten Lehrwerken Abbildungen von europäischen Turnern bei der Ausübung von Turnübungen, die identisch mit den Asanas aus dem modernen Yoga waren.[211] Er konnte deren Weg nach Indien über die Gymnastik der damals dort stationierten britischen Armee und eine Reihe zu der Zeit in Indien populären Bücher und Lehrer nachzeichnen. Die britische Armee führte laut Singleton 1906 die sogenannte dänische Gymnastik als Teil ihrer Körperausbildung ein. Ältere Abbildungen aus Europa vom Anfang des 18. Jahrhunderts zeigen einige der bekannten Asanas. Es existieren noch weit ältere Darstellungen von Übungen, die an Asanas erinnern, insbesondere aus dem alten Ägypten.

---

[209] Desikachar, T. K. V. Yoga: Heilung von Körper und Geist jenseits des Bekannten: Leben und Lehren Krishnamacharyas. Theseus, Bielefeld 2012.

[210] Singleton, Marc. The Yoga Body: The Origins of Modern Yoga Practice. Oxford University Press 2010.

[211] Bukh, Niels. Primary Gymnastics. Methuen & Co, London 1925.

Innere Bilder im Yogasutra

Wer sich tiefer mit Yoga beschäftigt, kommt an diesem klassischen Werk nicht vorbei: das „Yogasutra". Dieser Leitfaden wird dem Gelehrten Patanjali zugeschrieben und dürfte vor etwa 1.500 Jahren entstanden sein. Die ursprünglich in Sanskrit verfassten Lehrsätze (Sutras) stellen die Philosophie des indischen Übungsweges dar. Der erste Lehrsatz besagt, dass Yoga zum Zur-Ruhekommen des Geistes führen soll. Zudem stellt Patanjali eine Reihe von Übungen zur Imagination vor.

Er stellt fest, dass Wissen auf drei Arten erlangt werden kann: erstens durch direkte Wahrnehmung, zweitens über logische Ableitung und drittens durch die von anderen vermittelte Erkenntnis. Patanjali sieht in Vorstellungen „mentale Muster, die nicht auf real existierenden Objekten beruhen".[212] Diese nennt er Vikalpa. Das Yogasutra beschreibt zwei Arten von Samadhi: einerseits das vollkommene Eintauchen mit dem Geist in ein Objekt der Konzentration, andererseits das Loslassen jeglichen mentalen Inhaltes. Der klassische Yogatext empfiehlt sogar eine Technik, die uns in der modernen Psychotherapie wieder begegnet: „Wenn uns negative Gedanken oder Gefühle (Vitarka) umtreiben, sollten wir gegenteilige Gedanken kultivieren."[213] Eine Technik, welche auch die Verhaltenstherapie kennt und heute als kognitive Umstrukturierung bezeichnet.

Imagination im Yoga

Im dritten Kapitel des Yogasutra schlägt der legendäre Gelehrte Patanjali eine Reihe von Imaginationsübungen vor. Immer geht es darum, die Aufmerksamkeit auf den Körper, das All, bestimmte Einstellungen oder philosophische Aspekte zu richten. Dadurch sei es möglich, gewisse Erkenntnisse zu gewinnen bzw. gewünschte seelische und körperliche Eigenschaften zu kultivieren.[214]

---

[212] Skuban, Ralph. Patanjalis Yogasutra: Der Königsweg zu einem weisen Leben. Arkana, München 2011.

[213] Skuban, Ralph. A. a. O.

[214] Iyengar, B. K. S. Der Urquell des Yoga: Die Yoga-Sutras des Patanjali. O.W. Barth, München 2010.

Pantanjali macht eine Reihe von Vorschlägen, auf welche Körperregionen der Meditierende seine Aufmerksamkeit beziehungsweise seine Vorstellung richten könne, um damit Wissen durch Intuition zu erlangen. Zum Beispiel soll die Konzentration auf das Nabelchakra zu „Wissen um den Aufbau des Körpers" führen. Oder die Fokussierung des im Oberbauch gelegenen „Kurma Nadi" soll zu Stabilität von Körper und Geist führen. Wenn man die Aufmerksamkeit auf das Licht an der Krone des Kopfes richtet, erlange man Visionen von vollkommenen Weisen. Die Konzentration auf das Herz führe zu Wissen um die „Inhalte und Neigungen des Bewusstseins". Der Yogi könne sich vorstellen, sich klein wie ein Atom oder riesengroß wie einen Berg zu machen, leicht oder schwer zu werden. Er könne sich vorstellen, dass er alles Gestein durchdringe, Zugang zu allem habe oder die Herrschaft über alles erlange.

Durch die Ausrichtung der Aufmerksamkeit auf den aufsteigenden Atem könne der Yogi levitieren und über Gewässer, Sümpfe und Dornen gehen, ohne sie zu berühren. Er könne seine Aufmerksamkeit auf die Grenzen des Körpers richten. Oder auf die Beziehung zwischen Raum und Körper, dann würde er „leicht wie eine Baumwollfaser" und vermöge im Raum zu schweben. So könne das Bewusstsein sogar aus dem Körper austreten oder in den Körper eines anderen eintreten.

In der tibetischen Tradition wird die Erzeugung von Hitze im Körper mithilfe der Feueratmung Tummo praktiziert. Wir alle kennen die Bilder von Yogis, die halbnackt auf einer Decke im ewigen Eis der Gletscher des Himalayas sitzen und durch die Produktion von innerer Hitze nasse Handtücher auf ihren Körpern zu trocknen vermögen. Sie verwenden zusätzlich zu einer speziellen Atemtechnik die Vorstellung von Feuer, das in ihrem Unterbauch lodert.

Kontemplation des Daseins

Wenn der Yogi sich auf das Licht der Wahrnehmung ausrichte, erlange er Wissen über verborgene oder weit entfernte Objekte. Er könne sogar die Fähigkeit erlangen, Gottes Stimme zu hören, indem er sich auf die Beziehung von Raum und Hören konzentriere.

Indem der Yogi seine Aufmerksamkeit auf die grob- und feinstofflichen Aspekte der Elemente lenke, auf ihre „grundlegende Natur" und die ihnen allen gemeinsame Grundlage und Zweckhaftigkeit, gewinne er Kontrolle über sie.

Die Wahrnehmung des ständigen Wandels aller Dinge führe zu Wissen über Vergangenheit und Zukunft. Ähnliches gelte für die Meditation über die Abfolge der Augenblicke. Die Meditation über den Zusammenhang des Klanges eines Wortes mit den damit verbundenen Inhalten und dem gemeinten Objekt führe zu vertiefter Einsicht in die Sprache aller Wesen. Durch die Wahrnehmung tiefliegender mentaler Eindrücke könne der Yogi Kenntnis über vorherige Geburten erlangen. Die Ausrichtung auf das Denken anderer Menschen helfe, deren Gedanken zu verstehen.

Patanjali empfiehlt, in der Meditation das Bewusstsein auf Freundlichkeit oder ähnliche positive Qualitäten zu lenken, um diese zu entwickeln. Eine weitere Möglichkeit bestehe darin, sich die Stärke eines Elefanten vorzustellen und damit selbst große Stärke zu erlangen.

Die Ausrichtung der Aufmerksamkeit auf die Sonne oder den Mond führe zu Wissen über das All bzw. die Konstellation der Sterne, schließlich die Konzentration auf den Polarstern zu Wissen über die Bewegung der Sterne und den Lauf des Schicksals.

Tanzende Energiezentren

Eine große Rolle in der Yoga-Mystik spielen die sogenannten Chakren. Sie haben längst Eingang gefunden in die Welt der Populärmystik. In dieser ganzen Trivialisierung wirken sie manchmal ungefähr so tiefsinnig wie ein Yin-Yang-Symbol auf einem Plastikanhänger. Doch was steckt dahinter? Gibt es einen rationalen Hintergrund, der auch einem kritischeren Blick standhält?

Die wörtliche Übersetzung des Wortes Chakra aus dem Sanskrit, der alten heiligen Sprache Indiens, bedeutet so viel wie „Rad". Yogis verstehen darunter Energiezentren im Körper, die entlang „Susumna" angelegt sind – der zentralen Vertikalachse des Körpers. Die Yoga-Literatur des Westens definiert meist 7 Chakren. Die Tradition des Tantra kennt 12 Chakren – das heißt zusätzlich vier Energiezentren über dem Kopf und eines unterhalb des Körpers. Andere Traditionen fügen noch weitere Chakren hinzu – unter anderem in den Handflächen, Fußsohlen und großen Gelenken.

In der Literatur über Yoga finden sich ausführliche Diskussionen darüber, ob diese Chakren nun real seien oder nur in der Vorstellung existieren. Der amerikanische Denker Ken Wilber hat diese Frage in seiner Arbeit „Are Chakras real?“[215] untersucht. In der Anatomie des Menschen existiert bekanntlich kein Korrelat der von Yogis postulierten Energiezentren. Dennoch befinden sich an diesen Orten bekanntlich Organe. Von oben nach unten: Gehirn, Hals mit Rachen, Kehlkopf und Schilddrüse, Herz und Lunge, Magen und Organe des Oberbauchs, Blase und Gebärmutter bei der Frau, der Damm mit seinen Muskeln beziehungsweise die Prostata beim Mann.

Aus Sicht der Psychosomatik kann die Meditation der Energiezentren als eine traditionelle, hoch entwickelte Form der Körperarbeit betrachtet werden. Moderne westliche Verfahren, wie der Body-Scan, bei dem systematisch mit der Wahrnehmung die verschiedenen Körperareale fokussiert werden, nehmen sich im Vergleich dazu geradezu bescheiden aus.

Somit handelt es sich bei den Chakren um imaginierte Energiezentren. Die westliche Wissenschaft beginnt gerade erst, sich damit zu beschäftigen, wie die Konzentration auf bestimmte Regionen des Körpers zu messbaren Veränderungen der Nerven- und Muskelaktivität führt.

Prana

Vorstellungen einer Art von Lebenskraft lassen sich sowohl in westlichen als auch in fernöstlichen Traditionen finden: Im Griechenland der Antike – Pneuma, im Mittelalter – Odem, in der Vormoderne – Vis vitalis, in Indien – Prana, in China – Chi, in Japan – Ki. Aus heutiger Sicht handelt es sich dabei um eine Vorstellung. Yogis oder Übende des Qigong steigern ihre Lebensenergie durch ihre Lebensweise und Ernährung, Kontrolle der Sexualität und des

[215] Wilber, Ken. Are Chakras real? In: Kaur Khalsa, Gurmukh; et al. Kundalini Rising: Exploring the Energy of Awakening. Sounds True, Bolder 2009.

Denkens. In der Vorstellung lassen sie die Energie durch den Körper kreisen, lösen Zustände von Stagnation an bestimmten Stellen im Körper und sammeln sie in genau definierten Zentren. Manche setzen sie mit Elektromagnetismus gleich. Aus wissenschaftlicher Sicht handelt es sich dabei um eine Art von Vitalität oder Lebenskraft als Ausdruck einer rundum gesunden Lebensweise. Solche Menschen beeindrucken mit einer ganz besonderen Ausstahlung.

Die Schlangenkraft

Jiddu Krishnamurti gilt als einer der großen spirituellen Meister des 20. Jahrhunderts. Er verabschiedete sich von allen „großen Erzählungen" und empfahl, sich nur auf das zu konzentrieren, was ist.

Am Ende eines Vortrages[216] stellte ihm ein Zuhörer die Frage, ob es möglich sei, durch regelmäßiges intensives Praktizieren von Yoga die Schlangenkraft „Kundalini" zu erwecken. Angesichts dieser Frage musste Krishnamurti schmunzeln. Er kommentierte sinngemäß: Es gibt keine Schlangenkraft, die zusammengerollt am Grunde der Wirbelsäule, am Beckenboden sitzt, um sich durch Meditation entfalten zu lassen. Vielmehr handelt es sich dabei um eine Beschreibung körperlicher Empfindungen von Yogis, die viele Jahre praktiziert haben. Mehr zu sich selbst sagte er: „Warum muss ich solche unsinnigen Fragen beantworten?"

Diese kurze Episode zeigt uns auf, dass die vielen blumigen Bilder, die wir in Büchern über Yoga finden, wirklich sind. Sie bezeichnen bestimmte Empfindungen, die Yogis im Laufe ihrer jahrzehntelangen Praxis erfahren. Die Gefahr für Yoga-Fans besteht darin, imaginierten Vorstellungen nachzujagen und sie mit erfahrbarer Realität zu verwechseln. Wir sollten uns immer bewusst machen: Es besteht ein Unterschied zwischen den Bildern in unserem Kopf und den Empfindungen im Körper.

---

[216] Krishnamurti, Jiddu. Is it true that yoga will awaken deeper energy, which is called kundalini? YouTube (aufgerufen am 22.09.2022).

Manipulierte Bilder

Tatsachen und Verfälschungen werden absichtlich vermischt, unterstützt von Technologien, die es schaffen, diese Melange zu einem beispiellosen globalen Durcheinander aufzublähen. Ich kenne diesen Prozess so genau, weil das Herstellen von Unwahrheit schon immer die dunkelste Seite der Geheimdienste war.[217]

Edward Snowden

Das mediale Dauerfeuer

Wer noch vor ein paar Jahren nach Kuba reiste, machte eine interessante Erfahrung: Schon beim Verlassen des Flughafens in Havanna herrschte eine fast völlige Abwesenheit von Reklame: Keine Werbeplakate, keine Hochglanzbroschüren, keine Illustrierten, dafür aber allerorts auftauchende Parolen wie „Wir wollen so sein wie Che" und „Patria o muerte" („Vaterland oder Tod"), die in ihrer sentimentalen Naivität nicht nur bei den Einheimischen inneres Kopfschütteln auslösten. Urlaub fernab von der medialen Berieselung, an die wir uns in Europa längst gewöhnt haben. Was für ein Genuss, die tropischen Strände und die – zugegeben – teilweise verfallenen Städte zu bewundern, ohne Ablenkung durch das gewohnte Dauerfeuer der Reklame. Den zweiten Kulturschock erlebte der Reisende dann bei der Rückkehr nach Europa. Schon am Flughafen von London: riesige Tafeln mit Abbildungen edler Autos, schöner Frauen in knappen Dessous oder exotischen Destinationen. Erst ein solcher Reklameentzug macht bewusst, wie sehr wir alle dem medialen Dauerfeuer ausgesetzt sind, das unsere Entscheidungen immer mitprägt – ob im Kaufverhalten, in der Partnerwahl oder bei der Frage, welcher Partei wir bei der nächsten Wahl unsere Stimme geben. Werbung funktioniert.

[217] Snowden, Edward. Permanent Record: Meine Geschichte. S. 17. Fischer Taschenbuch, Frankfurt am Main 2020.

Äußere Bilder beeinflussen innere Bilder. Seit Jahrtausenden benutzen die Mächtigen jeglicher Provenienz – ägyptische Pharaonen, die Priesterschaft oder Politiker jedweder Couleur – Bilder als Mittel zur Manipulation. Seien es die allgegenwärtigen Hochglanzbilder und Werbefilme, seien es sprachliche Bilder in Reden von Politikern, die unsere Vorstellungen steuern.[218] Natürlich gilt das auch für diejenigen Bilder, die uns vorenthalten werden, die wir mit Absicht nicht zu sehen bekommen. Siehe „embedded journalism" in der modernen Kriegsberichterstattung, wo man uns nur die Bilder zeigt, die das Heldentum der eigenen Seite darstellen und die moralische Verkommenheit der Gegner.[219]

Unsere Vorstellungen arbeiten mit dem Material, das sie über die Sinne geliefert bekommen.[220] Schon morgens auf dem Weg zur Arbeit begegnen uns zahllose junge schöne Frauen in makelloser Darstellung, sexy angezogen, oder durchtrainierte Männer mit Sixpacks, die uns zum Kauf von irgendetwas verführen wollen. Seien es nun Autos, bestimmte Kleidermarken oder Lifestyles, die mit einem Produkt assoziiert werden. Leider manipulieren diese Bilder auch unsere Vorstellungen von Schönheit. Forscher meinen, dass dies auch eine Rolle spielt bei den massiven Essstörungen, denen wir in unserer heutigen Gesellschaft begegnen. Nicht wenige, zumeist junge Frauen entwickeln eine sogenannte Dysmorphophobie – übertriebene Vorstellungen davon, was es bedeutet, schlank zu sein –, welche dann in ungesunder bis lebensbedrohlicher Art und Weise umgesetzt werden und bis zu Bodyshaming und Essstörungen führen können.

Wie sich der Manipulation entziehen?

Wir sind Manipulationsversuchen immer ausgesetzt: Wenn es im Alltag auch unmöglich scheint, diesen Bildern zu entkommen, so

[218] Chomsky, Noam. Media Control: Wie die Medien uns manipulieren. Nomen Verlag, Frankfurt am Main 2022.
[219] Mausfeld, Rainer. Warum schweigen die Lämmer? Wie Elitendemokratie und Neoliberalismus unsere Gesellschaft und unsere Lebensgrundlagen zerstören. Westend, Frankfurt am Main 2019.
[220] Engelhard, Alexander. Imagery: Innere Bilder der Konsumenten. Diplomarbeit. Diplomica 1997.

ist es für uns alle wichtig, diese Flut an medialer Propaganda zu reduzieren und ihre Inhalte zumindest zu hinterfragen.

Jede Gesellschaft hat ihre Dissidenten. Heißen sie nun Franz Jägerstätter, Anna Politkovskaja[221], Edward Snowden, Salman Rushdie oder Ai Weiwei[222]. Menschen, die bereit sind, den Preis für die Wahrheit mit ihrer Freiheit und mit ihrem Leben zu bezahlen. Ein Mut, der uns alle dankbar machen darf und den Glauben an die Menschheit bewahren lässt.

Moderner Umgang im Westen mit dem Phänomen der Kritiker: Sie einfach reden lassen. Mit wenigen Ausnahmen. In aller Regel dürfen die Stimmen einzelner kritischer Geister sich Gehör verschaffen und ihre Bücher erscheinen. Sie werden aber immer ein Minderheitenprogramm bleiben. Wer verfügt schon über die Ausdauer, sich mit den komplexen Gedanken von Intellektuellen im Range von Noam Chomsky[223], Byung Chul Han[224] oder Daniele Ganser auseinanderzusetzen? In der medialen Dauerbeschallung mit Massenprogrammen wie Netflix und Co geht ihre Kritik ohnehin unter.

Der US-amerikanische Linguist Noam Chomsky spricht in diesem Zusammenhang von intellektueller Selbstverteidigung. Hier ein paar Tipps, wie wir uns die gedankliche Freiheit bewahren können:

Erstens: Abschalten – Entziehen Sie sich den Bildern! Daniele Ganser empfiehlt: Gehen Sie in den Wald. Der gelernte Österreicher würde dazu sagen: Machen Sie einen Ausflug in die Berge. Fahren Sie an einen See. Schalten Sie den Fernsehapparat ab.

Zweitens: Immunisieren – Immunisieren Sie sich gegen die Manipulation! Dagegen hilft nur bewusstes Nachdenken, Hinterfragen und kritisches Überlegen.

Drittens: Innere Stärke – Legen Sie sich eine starke Geisteshaltung zu! Hier können die positive Seite der Religion bzw. eine optimistische Lebenshaltung und innere Stärke helfen. Glauben

[221] Politkovskaja, Anna. Russisches Tagebuch. Fischer, Frankfurt am Main 2008.
[222] Buchhart, Dieter; Lahner, Elsy; Schröder, Klaus Albrecht; Weiwei, Ai. In: Search of Humanity. Ausstellungskatalog. Albertina Modern, Wien 2022.
[223] Chomsky, Noam. A. a. O.
[224] Han, Byung-Chul. Infokratie: Digitalisierung und die Krise der Demokratie. Mathes & Seitz, Berlin 2021.

Sie nichts, was Sie nicht selber geprüft haben. Und nicht einmal das.

Viertens: Bildung – Lesen Sie unzensiert die großen Werke der Literatur und Philosophie! Schauen Sie die großen Filme der Filmgeschichte an. Lassen Sie diese Werke in all ihrer Einseitigkeit und politischen Unkorrektheit auf sich wirken.

Conclusio

Wo immer Menschen mit Menschen umgehen, versuchen sie, einander zu beeinflussen. Manipulationsversuche umgeben uns, seit Menschen mit Menschen zusammenleben. Zugleich ist es zur Wahrung der inneren und äußeren Freiheit notwendig, uns so weit als möglich der Manipulation zu entziehen. Dabei hilft uns der gezielte Einsatz kritischen Denkens und die bewusste Verwendung innerer Bilder.

VII. Kleine Anleitung zur Imagination

Mit inneren Bildern zum Erfolg – so geht's

Alles, was du dir vorstellen kannst, ist real.

Pablo Picasso (zugeschrieben)

Wir haben gesehen, wie Mystiker, Künstlerinnen, Forscher oder auch Sportlerinnen die Macht ihrer inneren Bilder einsetzen und was dabei nach dem derzeitigen Stand der Wissenschaft in ihren Gehirnen vor sich geht.

Jetzt möchten Sie natürlich erfahren: Wie können Sie Visualisierungen einsetzen, um Ihre Ziele im Leben zu erreichen und über sich selbst hinauszuwachsen? Das geht eigentlich ganz einfach.

Es mag vermessen erscheinen, eine Anleitung schreiben zu wollen für eine Fähigkeit, über die jeder Mensch von Natur aus verfügt. Es existieren so viele Wege zur Imagination, wie es

Menschen gibt, die sich etwas vorzustellen vermögen. Seit Jahrzehnten untersucht die Wissenschaft die zahllosen Varianten der Arbeit mit inneren Bildern. An dieser Stelle sollen einige davon kurz dargestellt werden. Da Vorstellungen zum seelischen Inventar eines jeden Menschen gehören, möchte ich Sie an diesem Ort durchaus zum eigenen Experimentieren einladen.

Reisen Sie in eigene innere Wirklichkeiten!

Es geht zunächst einmal darum, Vertrauen zu gewinnen, ein paar Marker am Wege festzumachen. Empfangen Sie neue Ideen, um sich der Aufgabe zu stellen, als Mensch zu wachsen, vielleicht gewisse hartnäckige Probleme anzugehen, die Marschroute klarer zu definieren.

Die folgenden Tipps führen die Erkenntnisse aus Neurobiologie, Psychotherapie, Philosophie, Sportwissenschaft und die Erfahrungen zahlreicher Künstlerinnen und Wissenschaftler zusammen. Führen Sie die Übungen täglich durch, zumindest ein- bis zweimal. Wichtig ist die Regelmäßigkeit. Damit machen Sie Ihre ganz eigene Vision zum Leitmotiv Ihres Lebens und Ihre unbewusste Intuition wird Sie in die richtige Richtung führen. Je öfter Sie die Übungen durchführen, desto mehr werden diese Vorgänge automatisiert. Vergessen Sie dabei nicht, mit dem Bild eine entsprechende Emotion zu verknüpfen, zum Beispiel Freude in sich zu spüren, wenn Sie sich Ihre Schritte auf dem Weg im Detail vorstellen.

Imaginieren Sie Ihr Ziel!

In jedem von uns schlummert ein großer, unverwirklichter Traum. Manchmal mehr als einer. Um sich mit Fokus auf den Weg zu machen, müssen Sie sich also festlegen. Wie orientieren Sie sich auf dieses eine Ziel? Sie dürfen Ihrer Intuition vertrauen.

Es hilft, wenn Sie die Ziele schriftlich festhalten. Insbesondere dann, wenn Sie noch nicht ganz sicher sind, wohin Sie die Reise führen soll, lohnt es sich, ein paar Seiten darüber zu schreiben. Dabei hilft eine der ältesten Schreibübungen: der Strom des Bewusstseins. Für diese Aufgabe benötigen Sie nichts als ein paar

Blätter Papier, einen Stift und ein paar Minuten Zeit. Schreiben Sie spontan alles auf, was Ihnen gerade in den Sinn kommt. Dabei tauchen in der Regel unweigerlich die Themen auf, die wesentlich sind. Wiederholen Sie diese Übung regelmäßig.

Oder: Machen Sie eine kleine Imagination zu dem Thema „Mein Lebensziel". Dabei zeigt sich dieses meist unwillkürlich vor dem inneren Auge. Definieren Sie das Ziel ganz konkret. Es kann helfen, es zu zeichnen oder sich aufzuschreiben, oder die Übung gleich mit einem Coach oder einer Therapeutin durchzuführen.

Praxis der Imagination

Durch Vernunft und Logik sterben wir jede Stunde,
durch unsere Vorstellungskraft leben wir![225]

William Butler Yeats

Schenken Sie sich Zeit. Gönnen Sie sich einige Minuten bis zu etwa einer halben Stunde für das Eintauchen in die Landschaften Ihrer Seele.

MEINE 15 WICHTIGSTEN TIPPS ZUR ENTWICKLUNG IHRER VORSTELLUNGSKRAFT:

1. Machen Sie es sich gemütlich.
2. Stecken Sie sich ein Ziel.
3. Entspannen Sie sich.
4. Wählen Sie eine innere Landschaft.
5. Lassen Sie die Szene „als Beobachter" auf sich wirken.
6. Imaginieren Sie die konkreten Schritte auf dem Weg zu Ihrem Ziel.
7. Laden Sie hilfreiche Gestalten in die Szene ein.

[225] Zitiert nach Cocking, John. Imagination: A Study in the History of Ideas. Routledge, New York 1991. (Übers. v. Autor)

8. Betrachten Sie die Gestalten mit Ihrem inneren Auge. Stellen Sie Fragen.
9. Lassen Sie sich führen und überraschen.
10. Schließen Sie die Übung bewusst ab.
11. Widmen Sie sich der Nachbearbeitung.
12. Kommen Sie ins Tun.
13. Lassen Sie los.
14. Warten Sie entspannt ab.
15. Üben Sie Ihre Vorstellungskraft regelmäßig.

1. Machen Sie es sich gemütlich

Ziehen Sie sich an einen ruhigen Ort zurück, an dem Sie sich wohlfühlen und wo keine Ablenkungen zu erwarten sind. Entspannen Sie sich, indem Sie sich in Ihr Bett kuscheln oder es sich auf Ihrem Sofa gemütlich machen. Die Luft sollte angenehm temperiert sein, nicht zu warm oder zu kalt und am besten frisch. Sie sollten keinen größeren Hunger oder Durst verspüren. Sehr gut eignet sich die Zeit morgens kurz vor dem Aufstehen oder abends vor dem Einschlafen. Es ist aber auch jede andere Zeit während des Tages oder in der Nacht möglich, in der Sie ein paar Minuten der Ruhe finden – gerne auch mehrmals täglich.

2. Stecken Sie sich ein Ziel

Welches Thema beschäftigt Sie gerade? Wo stoßen Sie im Augenblick an Grenzen? Was sind Ihre kleinen und großen Ziele im Leben, die Sie anstreben? Gibt es ein Problem zu lösen? Stehen Sie in einem Konflikt mit einer bestimmten Person? In welche Richtung möchten Sie Ihr Leben lenken? Gibt es eine emotionale Herausforderung? Eine Entwicklungsaufgabe? Möchten Sie vielleicht ein Buch schreiben? Steht eine Prüfung bevor? Ein sportlicher Wettkampf? Formulieren Sie für sich die Frage, welche Aufgabe in Ihrem Leben gerade einer Lösung bedarf.

Nun malen Sie sich Ihr verwirklichtes Ziel vor Ihrem inneren Auge ganz genau aus. Das heißt: Lassen Sie die Bilder einfach zu sich kommen. Diese werden eine Eigendynamik entwickeln wie ein innerer Film. Setzen Sie alle Sinne ein. Visualisieren Sie sich dabei selbst am Ziel: An welchem Ort sind Sie? Wie sehen Sie dabei aus? Was fühlen Sie? Welche Kleidung tragen Sie? Wie ist das Wetter? Wie riecht es an diesem Ort? Was hören Sie? Welche Gefühle zeigen sich dabei in Ihrem Körper?

Alternativ: Sie können auch einfach eine innere Landschaft (zum Beispiel die grüne Wiese, siehe unten) betreten und sich überraschen lassen.

3. Entspannen Sie sich

Erlauben Sie dem Strom Ihres Atems, ruhig zu werden. Gönnen Sie sich einige tiefe und langsame Züge in die Tiefen Ihrer Lungenflügel. Fühlen Sie tief in sich hinein: Wo bemerken Sie noch zu viel Anspannung in den Muskeln? Vielleicht können Sie diese noch etwas mehr loslassen. Nehmen Sie die Schwere Ihres Körpers wahr.

4. Wählen Sie eine innere Landschaft

Wenn Sie sich nach einigen Minuten ausreichend entspannt fühlen, dann lassen Sie vor Ihrem inneren Auge eine Landschaft auftauchen. Es kann eine sein, die Sie sich vorher ausgesucht haben: zum Beispiel Ihren sicheren inneren Ort oder den Baum des Lebens, eine Blumenwiese oder einen Strand. Dann warten Sie einfach einmal ab, was sich Ihnen zeigt. Versuchen Sie nicht unbedingt, selbst etwas zu gestalten, sondern lassen Sie den Bildern ihren Lauf.

Wenn Sie mit einer Therapeutin imaginieren, dann dürfen Sie mit ihr während der Sitzung darüber sprechen, was Sie gerade erleben. Sie kann Ihnen wertvolle Hinweise geben oder Sie in diese Welten begleiten.

Erkunden Sie die inneren Landschaften mit all Ihren Sinnen. Was sehen Sie dort? Was können Sie riechen oder schmecken? Wie fühlt sich die Struktur des Bodens unter Ihren Füßen an? Was spielt sich in Ihrem Körper ab? Herrscht in Ihnen Wärme, Kälte, Energie, Kraft, Schwäche? Und wo? In aller Regel dominiert bei diesen Reisen in unsere inneren Welten der Sehsinn.

5. Lassen Sie die Szene „als Beobachter“ auf sich wirken

Da Sie Ihre 5 (oder vielleicht sogar 6?!) Sinne einsetzen, wird wie von selbst eine lebendige innere Welt entstehen. Lassen Sie bewusst Emotionen zu, die sich spontan melden. Fühlen Sie tief in Ihren Körper hinein. Wo macht sich ein Wohlgefühl breit? An welcher Stelle hingegen fließt die lebendige Energie noch nicht ganz frei? Lassen Sie es geschehen. Versuchen Sie nicht, bewusst etwas zu machen oder zu erreichen. Die Weisheit Ihres Unbewussten wird Sie führen.

6. Imaginieren Sie die konkreten Schritte auf dem Weg zu Ihrem Ziel

Welche konkreten Schritte sind nun notwendig, um an Ihr Ziel zu gelangen? Malen Sie sich in Ihrer Vorstellung jeden einzelnen Schritt, jede Aktion, die dafür notwendig ist, genau aus. Sehen Sie sich selbst vor Ihrem inneren Auge, wie Sie handeln. Lassen Sie dabei Ihre Emotionen für sich arbeiten. Fühlen Sie in Ihrem Körper die Freude in sich aufsteigen, während Sie Ihren zukünftigen Erfolg in allen Details visualisieren. Lassen Sie auch dabei wieder alle Sinne spielen: Was sehen Sie? Was riechen Sie? Was hören Sie? Wie fühlt sich Ihr Körper an? Sie dürfen ruhig gespannt sein, was Ihnen Ihre inneren Bilder zeigen.

Der innere Kritiker als Freund: Haben Sie keine Angst, auch die Hindernisse auf dem Weg zu Ihrem Ziel genau zu betrachten. Wir alle kennen ja den inneren Kritiker, der uns ständig die Schwierigkeiten anzeigen will, die unterwegs unweigerlich auftreten werden.

Es gibt zwei Möglichkeiten, mit dem inneren Kritiker umzugehen: Die erste und leider auch beliebteste besteht darin, den warnenden Stimmen nachzugeben und sich daran hindern zu lassen, ein Risiko einzugehen. Vermeidung führt zwar zu einer kurzfristigen Erleichterung, bringt uns im Leben aber nicht weiter. Mit einer Ausnahme: Wenn es sich tatsächlich um eine gefahrvolle Situation handelt, die es zu beachten gilt. Hier kann uns der innere Kritiker vor Schaden bewahren.

Die zweite und bessere Möglichkeit besteht darin, Ihren inneren Kritiker als Freund und guten Ratgeber anzunehmen. Dabei helfen folgende Fragen: Was will mir mein Kritiker vielleicht mitteilen? Wovor möchte er mich warnen? Wie kann ich seine Warnungen auf meinem Weg zum Erfolg nutzen? Stellen Sie sich also ruhig auf der Kinoleinwand Ihrer Fantasie vor, wie Sie den Rat Ihrer inneren Stimme umsetzen. Lassen Sie sich von Ihren mentalen Bildern zeigen, wie Sie Hindernisse aus dem Weg räumen können.

7. Laden Sie hilfreiche Gestalten in die Szene ein

Wenn Sie schon etwas erfahrener sind, besteht die Möglichkeit, hilfreiche Gestalten in die Szene treten zu lassen. Aus welcher Richtung könnten diese kommen? Wie sehen sie genau aus?

Die Verhaltenstherapie und die Katathym Imaginative Psychotherapie (KiP) sprechen von Symbolgestalten, wie wir sie etwa aus Märchen kennen, zum Beispiel die weise Frau, die jungen Liebenden oder den inneren Heiler. Schamanen setzen meist Krafttiere ein, die als Begleiter und Führer auf ihren Seelenreisen fungieren. Der große Erforscher der Psyche, C. G. Jung, verwendete seine von ihm sogenannten Archetypen, die für allgemein menschliche Erfahrungen stehen. Dazu zählen der alte Weise oder auch Anima und Animus für das weibliche und das männliche Prinzip.

Beispiele für hilfreiche (Wert-)Gestalten aus der Wertimagination sind die beiden Verbündeten, die Klaren, der/die sich selbst achtende ... (den eigenen Vornamen einfügen!) oder die Lebenskünstler. Nicht selten treten sie zu zweit auf, als weibliche und männliche Wesenheit.

So mancher begegnet auf diesem Weg spontan einem geistigen Führer. C. G. Jung zum Beispiel trat während seiner „Nachtmeerfahrten" mit der Gestalt Philemon in Kontakt, die ihn sein ganzes Leben lang begleiten sollte.

Es kann auch das eigene erwachsene Ich mit in die Szene eingeführt werden oder sogar eine imaginierte Therapeutin zum Einsatz kommen. Dies erweist sich als hilfreich, insbesondere bei der Imagination von traumatischen oder konflikthaften Situationen.

Eine faszinierende Möglichkeit besteht darin, reale Menschen zu imaginieren und mit ihnen in Kontakt zu treten. Erfahrungsgemäß besitzt der unbewusste Geist weit größere Einsicht als der bewusste Verstand. Ein Beispiel: Sie sind gerade in einen Menschen verliebt, aber die sich anbahnende Beziehung trifft auf Hindernisse. Wie wäre es, sich diese Person vorzustellen und sich nach ihrer Sicht der Dinge zu erkundigen oder sie zu fragen, ob sie Ihre Liebe erwidert? Auch wenn es auf den ersten Blick unwahrscheinlich klingt, ist es gut möglich, dass Sie dabei eine stimmige Antwort erhalten.

Nur für Fortgeschrittene empfiehlt sich eine Begegnung mit dem Gegenspieler. Der Geist, der stets verneint. Und der – wie wir spätestens seit Goethes Faust wissen – eine wesentliche Macht verkörpert.[226]

Bei den Imaginationsriten der Schamanen liegt ein Hauptziel in der Begegnung mit dem eigenen Totemtier, das dem Ekstatiker auf seinen Reisen als Begleiter, Beschützer und Lehrer dient. Totemtiere, welche die Zugehörigkeit zu bestimmten Stämmen definieren, finden wir unter anderem bei den Aborigines auf dem fünften Kontinent.

8. Betrachten Sie die Gestalten mit Ihrem inneren Auge. Stellen Sie Fragen

Treten Sie in Dialog mit einer dieser Gestalten. Sehen Sie ihr in die Augen. Was sagen ihre Augen? Wie ist sie gekleidet? Vielleicht spricht sie auch mit Ihnen oder teilt Ihnen ohne zu sprechen bestimmte Dinge mit. Sie können mit diesen imaginierten Wesen kommunizieren und ihnen Fragen stellen. Nicht selten werden Sie unerwartete Antworten erhalten. Diese Erscheinungen können so real wirken, dass nicht wenige sie für so etwas wie Geistererscheinungen halten. Aus wissenschaftlicher Sicht handelt es sich jedoch um symbolische Verdichtungen des Unbewussten.

[226] Böschmeyer, Uwe. Der innere Gegenspieler: Wie man ihn findet und überwindet. Ecowin, Salzburg 2020.

9. Lassen Sie sich führen und überraschen

Die inneren Bilder entwickeln in der Regel ihre eigene Dynamik. Meist beginnen sie zu leben und sich zu bewegen. Dabei handelt es sich um den Ausdruck Ihrer eigenen, inneren, unbewussten Dimensionen. Sie sind eine Reaktion auf die Lebenswelt und die kulturellen Bilder, denen Sie im Laufe des Lebens begegnen. Sie dürfen sich diesem Spiel ruhig anvertrauen.

10. Schließen Sie die Übung bewusst ab

Zum Abschluss bleiben Sie noch etwas in der imaginierten Szene, solange Sie wollen. Nehmen Sie die inneren Bilder noch einmal aufmerksam wahr. Dann dürfen Sie langsam Ihre Augen wieder öffnen, sich etwas rekeln und strecken. Kommen Sie ganz bewusst wieder in die Gegenwart zurück.

11. Widmen Sie sich der Nachbearbeitung

Nach dem Ende einer Imaginationssitzung empfiehlt es sich, noch einmal bewusst deren Szenen und Inhalte Revue passieren zu lassen. Wenn Sie möchten, schreiben Sie Ihre Erlebnisse auf oder malen Sie die Szenen, die Sie wahrgenommen haben. Das Aufschreiben macht die Gedanken konkreter, fassbarer, bewusster und hält die neu gewonnenen Erkenntnisse fest. Das Malen oder Zeichnen verstärkt die bildhafte Qualität der Erinnerung an das Erlebte. Oder sprechen Sie darüber mit Ihrer Partnerin, Ihrem Partner oder der Therapeutin.

Manchmal empfiehlt es sich, während der nächsten Tage immer wieder an diese Sitzung zu denken und in diese Szene kurz zurückzukehren, um sich im Geiste wieder in jene imaginären Landschaften zu begeben und den Kontakt mit den Gestalten, denen Sie begegnet sind, zu pflegen.

12. Kommen Sie ins Tun

Verwechseln Sie Ihre inneren Bilder nicht mit der Wirklichkeit. Aber: Lassen Sie sich für die Wirklichkeit inspirieren. Früher sagte man sich: „Träume sind Schäume." Das gilt aus heutiger Sicht nicht mehr so ganz ... Die inneren Bilder zeigen Ihnen den Weg. Vertrauen Sie ihnen und folgen Sie ihrem Ratschlag. Erst das Tun macht den Erfolg möglich.

Eine gewisse Gefahr beim Schwelgen in fantastischen Welten besteht darin, dass schon die bloße Vorstellung, am Ziel zu sein, uns für den Augenblick bereits eine gewisse Zufriedenheit schenkt. Innere Bilder könnten uns einlullen; dazu verführen, uns in ihnen bequem niederzulassen oder uns in vorgestellten Welten zu verlieren und deshalb nichts im Leben mehr anzupacken. Ein Eskapismus, der uns verlockt, die sprichwörtlichen Luftschlösser zu bauen, um darin zu wohnen. Das bietet kurzfristig vielleicht eine sinnvolle Hilfestellung, um schwierige Lebenssituationen zu durchtauchen.

Längerfristig aber sollten wir die visuellen Botschaften aus unserem Unbewussten als Quelle der Inspiration, des Lernens und der Kraft nützen, um dadurch vitaler und bewusster mit den Anfechtungen unseres Alltags umzugehen.

Nehmen wir an, Sie wollen sich zur Schriftstellerin entwickeln. Sie könnten sich jetzt in inneren Bildern verlieren und in Ihrer Fantasie das Leben als Starautorin genießen. Eine solche Illusion könnte Sie durchaus über so manchen trüben Tag hinwegtrösten. Besser wäre es jedoch, sich dabei vorzustellen, wie Sie sich endlich an die Tasten setzen und mit Freude drauflostippen – was Sie dann im Idealfall dazu motiviert, den inneren Schweinehund zu überwinden und endlich den Schlepptop hochzufahren!

Imaginieren Sie den nächsten Schritt. – Wir können uns von unseren inneren Bildern die vielen kleinen Schritte zeigen lassen, die notwendig sind, um an unsere Ziele zu gelangen. Jeder große Erfolg beruht schließlich auf einer Abfolge von unzähligen kleinen Schritten. Wie bereits der alte chinesische Weise Laotse feststellte: „Die Reise von tausend Meilen beginnt unter deinem Fuß."[227] Man könnte diesen Gedanken weiterspinnen und feststellen: Eine Reise von tausend Meilen entsteht aus unzähligen kleinen Schritten. Jeder einzelne davon bringt uns voran ...

Stellen Sie sich nun die Frage: „Wenn ich jetzt an mein großes Ziel denke – was könnte der nächste kleine Schritt sein, den

[227] Lao Tse. Daodejing. (Übers. v. Viktor Kalinke). Kapitel 64. Leipziger Literaturverlag 2011.

ich jetzt gleich machen kann und der mich ein Stück näher dorthin trägt?" Lassen Sie sich von Ihren inneren Bildern regelmäßig zeigen, was genau jetzt die nächsten kleinen konkreten Handlungen sein könnten, die Sie weiterbringen. Was würde Sie in den nächsten Augenblicken am meisten in Richtung Ihres Zieles bewegen? Vielleicht folgen Sie dem Rat, der aus den Tiefen Ihrer Seele kommt, und setzen ihn um. Genau jetzt. Wiederholen Sie diese kleine Übung immer wieder einmal während des Tages. Sie werden erstaunt feststellen, wie stark sich diese Vorstellung auf Ihren Alltag auswirkt.

13. Lassen Sie los

Halten Sie nichts fest, erzwingen Sie nichts. Die Dinge werden sich fügen.

Das Wissen darum nimmt den Druck von unserer Seele. Bereits die alten Daoisten gaben uns ihr Motto mit auf den Weg: Wu wei – Tun, ohne zu tun.[228]

14. Warten Sie entspannt ab

Indem Sie Ihre inneren Bilder für sich arbeiten lassen, aktivieren Sie die Macht Ihrer Intuition. Die Weisheit Ihrer inneren Stimme wird Sie führen. Sie werden bemerken, dass die Wege, die Ihnen Ihre Intuition auf diese Weise aufzeigt, weit mehr Ihrem tieferen Selbst entsprechen als solche, die nur aus dem Denken der Vernunft kommen. Nutzen Sie diese Kraftquelle.[229]

15. Üben Sie Ihre Vorstellungskraft regelmäßig

Wir alle stellen uns unaufhörlich etwas vor. Je absichtsvoller wir diese Bilder gestalten, desto besser übernehmen wir die Kontrolle über unser Denken, unser Handeln und unser Leben. Diese Fähigkeit lässt sich trainieren. Die Bilder gestalten sich mit der Zeit immer klarer und die Inhalte können uns mehr und mehr beflügeln.

[228] Fischer, Theo. Wu wei: Die Lebenskunst des Tao. Rowohlt, Hamburg 1992.
[229] Gigerenzer, Gerd. Bauchentscheidungen: Die Intelligenz des Unbewussten und die Macht der Intuition. Pantheon, München 2021.

Nutzen Sie Kurzimaginationen. – Auch ganz kurze Imaginationen helfen. Zum Beispiel, wenn Sie einen Gegenstand verlegt haben und sich fragen, an welcher Stelle Sie ihn zuletzt gesehen haben. Visuelle und kinästhetische Vorstellungen haben schon vielen geholfen, Verlorenes wiederzufinden. Oder wenn Sie sich kurz die Frage stellen, was als Nächstes zu tun ist. Dabei hilft Ihnen eine kurze Visualisierung meist auf die Sprünge.

Gelassenheit

Die Kraft der Intuition soll aber nicht die anderen Quellen der Erkenntnis schmälern: Alle drei Komponenten arbeiten miteinander: Intuition, Emotion und der rationale Verstand. Doch Achtung: Sie sollten sich weder mit Ihren inneren Bildern noch mit Ihren Emotionen oder Ihrem Verstand zu sehr identifizieren. Denn Sie sind weder Ihre inneren Bilder noch Ihre Emotionen noch Ihr Verstand.

Was sind wir dann eigentlich? Eine der großen Fragen der Philosophie. Vielleicht die wichtigste. Eine kleine Antwort darauf versuche ich im Kapitel III – „Die Wissenschaft der Imagination" zu geben. Was bleibt, wenn meine Wahrnehmung Pause macht? Bleibt dann überhaupt noch etwas übrig, ein Ich, eine Substanz, oder vielleicht nur – Leere?[230]

Sie dürfen Ihre drei Wegbegleiter – innere Bilder, Emotionen, Verstand – als Unterstützer betrachten. Die Denker des Fernen Ostens empfehlen seit Jahrtausenden, sich nicht zu sehr mit den Inhalten des Bewusstseins zu identifizieren, sondern einfach loszulassen. Diese Einstellung kann Ihnen dabei helfen, Ihren Weg mit mehr Gelassenheit zu gehen.

Wenn etwas Unangenehmes geschehen sollte …

An dieser Stelle noch eine kleine Warnung: In der Welt der Vorstellungen können auch unangenehme Dinge passieren: Gestalten, die unvermittelt auftauchen und uns bedrohen, Bestien, die uns attackieren wollen, Menschen mit einem „bösen Blick", Abgründe,

[230] David Loy. Nondualität: Über die Natur der Wirklichkeit. Krüger, Frankfurt am Main 1988.

die sich auftun und einen zu verschlingen drohen. Dabei handelt es sich natürlich immer um Anteile unseres Unbewussten.

In der Regel empfiehlt es sich nicht, gegen als gefährlich imponierende imaginierte Wesen zu kämpfen. Möglicherweise lohnt es sich, aufdringlichen Gestalten bewusste Aufmerksamkeit zu schenken und ihnen eventuell sogar Fragen zu stellen, zum Beispiel: „Was willst Du mir sagen?" Doch wenn die Situation zu bedrohlich wird, dann öffnen Sie einfach Ihre Augen und beenden damit die Vorstellung. Es schadet auch nicht, ein paar Schritte zu gehen oder sich abzulenken. Wo weitere mögliche Fallen lauern und worauf Sie aufpassen sollten, erfahren Sie im Abschnitt über „Kontraindikationen" im Kapitel V.

Bitte beachten Sie:

Die Behandlung von schweren psychischen Erkrankungen oder seelischen Traumata gehört in die Hände einer erfahrenen Psychotherapeutin. In solchen Fällen ist von eigenen Experimenten unbedingt abzuraten. Suchen Sie sich eine Therapeutin, die Ihnen als erfahrene Reiseführerin in Ihre inneren Welten dienen und Sie begleiten kann. Sie wird wissen, was Sie dort erwartet und wie Sie mit dem, was Sie dort erleben, umgehen können.

Lassen Sie sich von Ihren inneren Bildern im Alltag nicht ablenken! Verzichten Sie auf Vorstellungsübungen beim Autofahren, Wandern, Bedienen von Maschinen oder bei Tätigkeiten, die Ihre volle Konzentration erfordern. Es besteht akute Verletzungsgefahr, wenn sich die Aufmerksamkeit auf das Innen und nicht auf das Außen richtet!

Ausblick

Jeder von uns verwendet ständig innere Bilder – sei es beim Spazierengehen oder Fußballspielen, als Erinnerung an Vergangenes, als Vorwegnahme der Zukunft oder zur Planung von Zielen, die wir im Leben erreichen möchten. Ohne Zutun unseres Bewusstseins nutzen wir diese Fähigkeit regelmäßig durch kurze visuelle, taktile oder motorische Vorstellungen. Die Übung, mit dem Auge des Geistes zu sehen, lohnt sich für uns alle!

Jetzt geht es an die Umsetzung. Mit den folgenden Übungen kommen Sie der Verwirklichung Ihres Selbst Schritt für Schritt näher.

Die grüne Wiese

Nach grüner Farb mein Herz verlangt
In dieser trüben Zeit.
Der grimmig Winter währt so lang,
Der Weg ist mir verschneit.[231]

Deutsches Volkslied

Zum Einstieg in die Welt der inneren Bilder empfiehlt es sich, mit einer ganz einfachen Vorstellung zu beginnen. Sehr gut eignen sich Erinnerungen aus der Vergangenheit, zum Beispiel an einen Ort, wo man sich so richtig glücklich gefühlt hat. Eine schöne Imagination für den Anfang ist „Die grüne Wiese". Die Farben von Gras und frischem Laub üben eine beruhigende Wirkung auf die Seele aus und führen meist unwillkürlich zu einer tiefen Entspannung. Die meisten erleben Blumen und Schmetterlinge, blauen Himmel und Weite. Diese Übung wurde angeregt durch den Klassiker „Psychosomatische Medizin"[232] des deutschen Internisten Thure von Uexküll.

Einfache Übung zum Einstieg

Legen Sie sich entspannt auf ein Sofa. Schließen Sie jetzt Ihre Augen. Atmen Sie ein paar Mal ruhig und tief durch. Fühlen Sie in Ihren Körper hinein: Liegen Sie bequem auf Ihrer Unterlage? Fühlen Sie sich entspannt? Erlauben Sie Ihren Muskeln noch einmal bewusst, ihren Tonus zu vermindern. Lassen Sie sich tragen.

---

[231] Nachdichtung von Max Pohl.
[232] Uexküll, Thure von. Psychosomatische Medizin: Theoretische Modelle und klinische Praxis. Elsevier, München 2018.

Dann warten Sie ganz einfach, bis sich vor Ihrem inneren Auge eine grüne Wiese zeigt. Machen Sie nichts bewusst, lassen Sie alles einfach von selbst geschehen. Sollte erst mal nichts auftauchen, seien Sie nicht enttäuscht, sondern nutzen Sie die Gelegenheit für ein paar Minuten der Ruhe. Wahrscheinlich wird sich aber unwillkürlich vor Ihrem inneren Auge das Bild einer grünen Wiese entwickeln. Lassen Sie die Szene mit all Ihren Sinnen auf sich wirken: Was genau sehen Sie? Wie ist das Wetter? Welche Tageszeit ist es? Was fühlen Sie unter und neben Ihrem Körper? Was hören Sie? Riechen Sie das Gras, die Blumen, die frische Luft?

Jetzt bleiben Sie einfach für ein paar Minuten in dieser inneren Welt. Nehmen Sie wahr, was um Sie herum geschieht. Vielleicht passiert überhaupt nichts und Sie liegen einfach gemütlich und entspannt auf Ihrer Wiese. Vielleicht geschieht etwas. Eventuell kommt eine Person oder ein Tier auf Sie zu? Beobachten Sie, was auftaucht. Sollte irgendetwas Unangenehmes geschehen, warten Sie einfach ab, was passiert. Versuchen Sie, Kontakt aufzunehmen. Falls aus irgendeinem Grunde schlimme und nicht erträgliche Bilder auftauchen sollten, dürfen Sie jederzeit die Augen öffnen und aus der Szene herausgehen. Viel wahrscheinlicher aber wird sich ein Gefühl des Wohlbefindens einstellen. Genießen Sie es, solange Sie wollen. Schließlich kehren Sie bewusst in Ihre Gegenwart zurück. Öffnen Sie wieder die Augen. Holen Sie einige Male tief Luft.

Abschluss der Übung

Vielleicht möchten Sie kurz aufschreiben, was Sie gerade erlebt haben. Manche malen auch gerne die Dinge, denen sie in dieser anderen Welt begegnen. In dieser Disziplin übte sich schon C. G. Jung, wie er eindrucksvoll in dem von ihm selbst angefertigten „Roten Buch“[233] demonstrierte. Es lohnt sich, in diesem erst vor einigen Jahren zugänglich gewordenen Werk zu blättern und sich von den fantastischen Darstellungen des großen Psychologen inspirieren zu lassen. Es erinnert an die illuminierte Handschrift „Book of Kells“, welche vermutlich im 9. Jahrhundert an der Westküste Schottlands von Mönchen in einem Kloster geschrieben

[233] Jung, C. G. Das Rote Buch. Patmos, Ostfildern 2013.

und künstlerisch ausgestaltet wurde. Oder an die visionären Werke von William Blake, insbesondere „Die Hochzeit von Himmel und Hölle".

Boot auf dem Wasser

Ein weiteres klassisches Motiv für den Einstieg in die Imagination ist das „Boot auf dem Wasser" – wobei das Wasser als das Unbewusste und die Person im Boot als das bewusste Ich verstanden werden können. Diese Übung ermöglicht es, sich mit den Tiefen der eigenen Seele auseinanderzusetzen. Erfahrungsgemäß erleben die meisten eine friedliche Bootsfahrt. In manchen Fällen besteht jedoch die Möglichkeit – wie immer in der Imagination –, dass es stürmisch wird oder sich verdrängte Anteile aus den Tiefen der Seele melden.

Im Klassiker „Psychosomatische Medizin" von Thure von Uexküll wird beispielsweise der Fall eines Arztes mit Bluthochdruck geschildert. Durch die Behandlung mit Imagination gelang es, den Blutdruck des Patienten längerfristig zu senken, sodass er in der Folge auch keine Tabletten mehr einnehmen musste:

Ein 60-jähriger Mediziner wagt sich an eine Behandlung mit der Katathym Imaginativen Psychotherapie. Die Struktur seiner Persönlichkeit beschreibt sein Therapeut als ängstlich und zwanghaft. Zusätzlich leidet der Arzt an Bluthochdruck, welcher aufgrund seiner Dauer und Schwere schon zu Schäden an den Organen geführt hat. Aufgrund der Überbeanspruchung hat sich der Herzmuskel linksseitig vergrößert, die erhöhte Druckbelastung hat bereits zu Veränderungen im Bereich der Blutgefäße geführt, sichtbar mit dem Ophthalmoskop am Augenhintergrund. Bereits ganz zu Beginn der Behandlung treten in der Imagination aggressive Tendenzen zu Tage. Dem Arzt wird das Motiv „Bach" vorgegeben: Er sieht sich in seiner Vorstellung in einem Ruderboot sitzend. Plötzlich attackieren ihn mehrere Schwäne. Sein erster Impuls ist es, sie mit einem Ruder abzuwehren und zu erschlagen. Der Behandler rät jedoch davon ab: Es besteht die Möglichkeit, dass er damit eigene Anteile seines Ichs abwehren könnte. Daher wird der Patient „aufgefordert, einen Schwan, der drohend hinter ihm aufs Boot fliegt, detailliert zu beschreiben und zu schauen, ob er nicht etwas zu essen bei sich hat. Er findet Weißbrotstücke, die er dem Schwan zuwirft, so dass sich dieser wieder entfernt.

[...] Die – für Hypertoniker charakteristischen – gehemmten aggressiven Impulse konnten anhand des Traumes anschließend mit dem Patienten bearbeitet werden, ohne dass Schuldgefühle auftraten, die entstanden wären, wenn der Patient die Schwäne erschlagen hätte. Im weiteren Therapieverlauf konnten aggressive Inhalte (vor allem ärgerliche Gefühle gegen die überfürsorgliche Ehefrau und die ihn ‚im Stich lassenden', erwachsenen Söhne) geäußert und bearbeitet werden."[234]

Im Verlauf der Behandlung, die 15 Sitzungen umfasste, kam es zu einem deutlichen Absinken des zuvor erhöhten Blutdrucks, sodass die entsprechenden Medikamente abgesetzt werden konnten. Der Effekt war auch 12 Monate nach Abschluss der Behandlung noch nachweisbar.

Übung – Boot auf dem Wasser

Machen Sie es sich bequem. Schließen Sie Ihre Augen. Stellen Sie sich selbst in einem Boot auf einem See vor. Lassen Sie die Bilder einfach kommen. Warten Sie, bis sie vor Ihrem inneren Auge erscheinen. Nehmen Sie die Szene mit allen Sinnen wahr. Vielleicht genießen Sie ein paar beschauliche Augenblicke. Seien Sie aber auch bereit dafür, wenn die Szene zu leben beginnt und sich eine Geschichte entwickelt. Je nachdem, was passiert, wird es anschließend vielleicht einer Interpretation bedürfen im Hinblick auf die Frage: Was wollen mir diese Bilder über mich und mein Leben sagen?

Es gibt immer verschiedene mögliche Interpretationen. Dies erinnert an das Konzept vom „offenen Kunstwerk"[235]: Jeder Betrachter eines Gemäldes, jede Leserin eines Gedichts wird seine bzw. ihre eigenen Erfahrungen und Gedanken darüberlegen. Insofern ist das Kunstwerk offen für verschiedene Auslegungen.

[234] Lohmann, Reinhard. Suggestive und übende Verfahren. In: Uexküll, Thure von. Psychosomatische Medizin. Urban u. Schwarzenberg, München 1990.
[235] Eco, Umberto. Das offene Kunstwerk. Suhrkamp, Berlin 1977.

Sollten unerwartet unangenehme Situationen auftreten, empfiehlt es sich – wie bei allen Übungen –, die Augen zu öffnen und abzubrechen. Im Zweifelsfall erwägen Sie bitte, eine Therapeutin zurate zu ziehen.

Baum des Lebens

Der Baum als Symbol begleitet die Geschichte des Denkens, so weit unsere Erinnerung in die Zeiten zurückreicht. Ungezählte Mythen, aber auch Märchen handeln von Bäumen:

Garten Eden – In der jüdischen Thora und dem christlichen Alten Testament gelten Adam und Eva als die ersten Menschen. Als Eva – verleitet von der Schlange – ihren Mann Adam dazu verführt, die Frucht vom Baum der Erkenntnis zu kosten, bestraft Gott die beiden und alle ihre Nachkommen für diesen Akt des Ungehorsams. Seither müssen wir Menschen unser Brot „im Schweiße unseres Angesichtes" verdienen und die Frauen „unter Schmerzen Kinder gebären". Was vielen nicht aufgefallen ist: Im Paradies steht noch ein zweiter mythischer Baum: der Baum des Lebens. Von ihm zu essen, schenkt Unsterblichkeit (nachzulesen im 1. Buch Mose). Bäume spielen – wenig überraschend – auch in anderen Religionen eine zentrale Rolle.

Buddhismus – Siddharta Gautama meditierte unter dem Bodhi-Baum und fand dort nach zahlreichen Umwegen den Zustand des Erwachens, die Erleuchtung. Er wurde zum Buddha. Ableger dieser heiligen Pappelfeige gedeihen nach wie vor in zahlreichen Klöstern Indiens und Sri Lankas. Der aus Schweden stammende Mediziner und Naturforscher Carl von Linné verlieh ihr den passenden Namen „Ficus religiosa".

Weltenesche Yggdrasyl – In der Mythologie Skandinaviens steht die Weltenesche mit Namen Yggdrasyl als Achse der Welt im Zentrum des Kosmos. Ihre Wurzeln reichen bis in die Unterwelt, ihr Stamm steht in der irdischen Welt, ihre Krone trägt den Himmel. An diesem Baum trafen sich einst die Götter zum „Thing", der heiligen Versammlung. Wenn Yggdrasyl in ferner Zukunft ins Wanken kommen wird und zu verwelken beginnt, dann naht Ragnarök, die Götterdämmerung, und damit das Ende der Welt. Entsprechend diesem Mythos galten heilige Bäume in alter Zeit als Versammlungsplatz, aber auch als Ort der Rechtsprechung – bis weit ins deutsche Mittelalter hinein.

Schamanismus – Baumkulte spielen auch in schamanischen Ritualen eine große Rolle. Alte und moderne Schamanen nutzten die Vorstellung eines Baumes mit seinen drei Ebenen gerne als Ausgangspunkt für ihre schamanischen Reisen in unterirdische, irdische und überirdische Sphären – die Wurzeln tief im Erdreich, der Stamm auf der Erdoberfläche und die weit nach oben strebenden Äste und Zweige. Eine analoge Dreiteilung der Welt findet sich interessanterweise auch in den überlieferten Vorstellungen von der oben erwähnten Weltenesche.

Islam – Die Hadithen des Islam (dabei handelt es sich um Berichte über den Propheten und seine Gefährten sowie Vorschriften zu Recht und Glauben) erwähnen gleich zwei Bäume mit entgegengesetzter Bedeutung: Der Tuba-Baum wächst im himmlischen Paradies, sein Stamm steht im Haus des Propheten und nährt mit seinen Früchten die Gläubigen, während der verfluchte Zaqqum-Baum aus dem Feuer der Hölle wächst und mit seinen Früchten den Verdammten Schmerz und Qualen zufügt.

Märchen – Die Aufzählung von Bäumen mit mythischer Bedeutung in den verschiedenen Religionen ließe sich beliebig fortsetzen. Das Motiv des Waldes findet sich auch in vielen Geschichten und Märchen. Als Beispiel darf hier der Beginn eines beliebten Kinderliedes dienen: „Hänsel und Gretel verliefen sich im Wald." Der Wald als Symbol des Dunklen, Unbewussten, Gefährlichen.

Bäume begleiten die Lebenswelt von uns Menschen von Anfang an. Sie bieten Schutz vor Wind und Unwetter, dienen als Versteck vor Feinden, liefern Nahrung in Form von Blüten, Früchten und Samen, unterstützen die Gesundheit als Produzenten von Heilmitteln (Lindenblüten, Birkenrinde). In verarbeiteter Form stecken sie in unseren Behausungen, dienen als Möbel, Werkzeug oder einfach nur als Brennholz. Bäume gehören seit Hunderttausenden von Jahren zum Alltag des Menschen.

Kein Wunder, dass der Baum eine tiefere Symbolik besitzt und zu den Urbildern der Seele des Menschen zählt. Diese dient als Ausgangspunkt vielfältiger Imaginationen.[236]

Inzwischen ist das Symbol des Baumes längst in der Psychotherapie angekommen. Als Standardmotiv findet in der Katathym Imaginativen Psychotherapie der „Waldrand“[237] Anwendung. Uwe Böschemeyer führt Klienten in seinen Wertimaginationen gerne zu ihrem „Baum des Lebens“.

Übung – Baum des Lebens

Machen Sie es sich im Sitzen oder Liegen bequem. Atmen Sie einige Male bewusst und langsam durch. Lassen Sie vor Ihrem inneren Auge den Baum des Lebens erscheinen.

Warten Sie einfach ein bisschen ab, was sich Ihnen zeigt. Versuchen Sie nicht, irgendetwas bewusst zu gestalten.

Wie sieht Ihr Baum des Lebens aus? Ist er groß oder klein, ruht er mit starken Wurzeln im Erdreich, trägt er Blätter, Früchte? Nisten in seiner Krone Vögel oder tauchen sonstige Tiere auf? Wo befinden Sie sich im Verhältnis zu ihm? Wenn Sie wollen, dürfen Sie sich an ihn schmiegen, ihn umarmen, sich an ihn lehnen oder sich ganz einfach unter ihn setzen. Wie sieht die Landschaft in der Umgebung aus? Wie ist das Wetter? Scheint die Sonne oder ist es trüb, herrscht Helle oder Dunkelheit? Was fühlt Ihr Körper? Herrscht Entspannung oder Anspannung, Wohlgefühl oder Unruhe? Was löst dieses Bild in Ihnen aus? Was sehen Sie noch? Taucht vielleicht ein Gegenstand auf, ein Wesen, eine Gestalt? Bleiben Sie in dieser Szene, solange Sie wollen, und kommen Sie langsam in die Gegenwart zurück.

---

[236] Krystal, Phyllis. Die inneren Fesseln sprengen: Befreiung von falschen Sicherheiten. Sheema, Anwort 2021.

[237] Bahrke, Ulrich; Nohr, Karin. Katathym Imaginative Psychotherapie. Springer, Berlin 2018.

Der sichere Ort der Geborgenheit

Das Aufsuchen des inneren sicheren Ortes der Geborgenheit zählt zu den am weitesten verbreiteten Übungen der Imagination. Populär gemacht wurde sie unter anderem von der deutschen Psychiaterin und Psychoanalytikerin Luise Reddemann[238], die sich auf die Behandlung von Menschen mit seelischen Traumata spezialisiert hat.

Beim „sicheren inneren Ort“ handelt es sich um eine inzwischen gut etablierte Methode, welche in Zeiten der Veränderung oder Belastung Kraft und innere Ruhe zu vermitteln vermag. Sportler verwenden sie zur Entspannung unmittelbar vor Wettkämpfen, in Phasen hoher Beanspruchung oder zur Regeneration nach intensivem Training. Auch Schauspieler und Musikerinnen ziehen sich vor Auftritten gerne für einige Minuten an ihren sicheren inneren Ort zurück. Doch wir alle können davon profitieren! Wichtig dabei ist es, diese Übung regelmäßig, das heißt, möglichst täglich zu praktizieren. Nur dann kann sie auch in Phasen von Belastung ihre stärkenden Effekte entfalten.

In der Übung begibt man sich in seiner Vorstellung an einen sicheren Ort – etwa an einen schönen Platz auf einem Berg, an einen See, in den Wald oder wo auch immer, und kehrt regelmäßig dorthin zurück.

Übung – Der sichere Ort der Geborgenheit

Machen Sie es sich bequem. Atmen Sie einige Male tief durch, indem Sie gezielt Ihre Atmung verlangsamen. Dann warten Sie, bis sich Ihnen vor dem inneren Auge Ihr sicherer Ort zeigt, an dem Sie sich wohl fühlen. Es kann ein Ort sein, den Sie aus Ihrer Vergangenheit kennen, oder aber er zeigt sich Ihrem inneren Auge spontan und entspringt zur Gänze der Fantasie. Wichtig ist, die Szenerie nicht aktiv gestalten zu wollen, sondern den Ort vor dem inneren Auge einfach erscheinen zu lassen. Was sehen Sie dort? Schauen Sie sich ganz genau um. Wie fühlen Sie sich? Spüren Sie

[238] Reddemann, Luise. Imagination als heilsame Kraft: Ressourcen und Mitgefühl in der Behandlung von Traumafolgen. Klett-Cotta, Stuttgart 2019.

in Ihren Körper hinein. Was riechen Sie? Kommen Sie ganz dort an und nehmen Sie sich einige Minuten Zeit, um dort zu verweilen.

Genießen Sie das entspannte Gefühl und die innere Kraft, welche sich in Ihnen breit machen. Lassen Sie sich ganz davon ausfüllen. Verweilen Sie dort und genießen Sie die Sicherheit und die innere Ruhe. Ihr Herzschlag und Ihre Atmung werden sich verlangsamen, eine innere Wärme wird Ihren Körper nach und nach erfüllen. Vielleicht bemerken Sie ein bisschen mehr Speichelfluss im Mund als Zeichen der einsetzenden Entspannung.

Wenn Sie es möchten, kehren Sie nach einigen Minuten langsam wieder in die Gegenwart zurück. Nehmen Sie dieses Gefühl der Losgelöstheit und Ausgeglichenheit in Ihr Alltagsbewusstsein mit. Wiederholen Sie diese Übung einige Tage hintereinander. Nach einiger Zeit werden Sie bereits die vertieften Atemzüge in Verbindung mit dem Gedanken an diesen Ort zu entspannen vermögen.

Als Trigger, um dieses Gefühl gezielt immer wieder bewusst auszulösen, genügen oft ein paar Atemzüge oder die Konzentration auf einen Punkt im Körper, den Sie mit dieser Übung immer wieder in Verbindung bringen. Als Anker[239] kann Ihnen beispielsweise auch eine bestimmte Kette dienen, die Sie während dieser Übung regelmäßig tragen, oder eine Geste, welche Sie damit in Verbindung bringen. Wir kennen dies von bestimmten Übungen im Yoga, wo eine Geste (Mudra) jeweils für eine geistige Qualität steht und diese mit etwas Erfahrung auf Wunsch zu aktivieren vermag. Yogis verwenden häufig sogenannte Malas, Halsketten mit Perlen zum Beispiel aus Sandelholz, die sie regelmäßig während der Meditation tragen und die ihnen dabei helfen, schnell in den entsprechenden seelischen Zustand einzutauchen.

Jetzt verfügen Sie über einen inneren „sicheren Ort", an den Sie sich immer zurückziehen können, um Stärkung zu finden.[240] Wichtig ist, dass Sie sich in Ihrer Vorstellung erst einmal alleine dorthin begeben und niemand anderen mitnehmen. Dies erst

[239] Horeth, Manuel. Die Relaxformel: Wie Sie die Kraft der Entspannung erleben. Horeth Institut, Salzburg 2014.
[240] Kuntz, Helmut. Imaginationen: Heilsame Bilder als Methode und therapeutische Kunst. Klett-Cotta, Stuttgart 2013.

macht den Ort zu Ihrem persönlichen Kraftplatz. Sie dürfen in der Folge aber auch hilfreiche Gestalten, zum Beispiel aus der Welt der Mythen und Märchen, dort einführen.

EXKURS: MEIN SICHERER ORT

Ich lasse meine Lider sinken. Vor meinem inneren Auge erscheint ein Wasserfall, den ich gut kenne. Eine kurze Autofahrt und eine halbstündige Wanderung von dem Heimatstädtchen meiner Kindheit entfernt liegt er auf unserem Hausberg an der Grenze zwischen Kärnten und der Steiermark. Ein Sprühregen fällt mir auf das Gesicht und meine Hände. Die Luft ist angenehm kühl und erfüllt von winzigen Wassertröpfchen. Vor mir fällt das kristallklare Element über die Felsen, um sich mehrere Meter darunter in einem seichten Becken zu sammeln, welches das stete Fließen im Laufe der Jahrtausende in den Stein geschliffen hat. Groß liegt unter mir das glatte Rund des Felsens. Er schenkt meinem Körper Halt und Stabilität. Meine Gedanken dürfen endlich Ruhe finden.

Die Kunst des Liebens

Es ist, was es ist
Sagt die Liebe.[241]

Erich Fried

ES GIBT DREI ARTEN DER LIEBE:

Erstens: Die Liebe, die einfach über uns kommt, die uns erfasst wie eine höhere Macht. Wer schon einmal die Liebe auf den ersten Blick erfahren hat, weiß, wovon die Rede ist.

Zweitens: Liebe als Zeitwort, als Tätigkeit. Lieben. Das bedeutet, jemanden liebevoll behandeln. Wir können unseren Partner, unsere Partnerin liebevoll behandeln, unsere Kinder. Dieses liebevolle

[241] Fried, Erich. Es ist was es ist. Wagenbach, Berlin 1995.

Handeln kann sich manchmal auf die ganze Menschheit ausdehnen, wie einzelne Vorbilder uns gezeigt haben. Zum Beispiel Mutter Teresa, die sich in Kalkutta um die Ausgestoßenen, um die Ärmsten der Armen gekümmert hat. Dies trotz aller Zweifel und Selbstzweifel, sogar Zweifel an ihrem Gott, wie einige von ihr hinterlassene schriftliche Zeugnisse aufzeigen. Aber dies schmälert nicht die Bedeutung ihrer Leistung.

Drittens: Die Liebe, die sich entwickelt. Im Laufe des Tages, der Monate und der Jahre. Eine Liebe, die langsam wächst, wenn wir ihr die Gelegenheit dazu geben. Wer trifft nicht manchmal auf ein altes Ehepaar und kann ihre innige Verbindung fühlen, welche die Zeiten überdauert hat?

Wahrscheinlich hat jeder von uns diese drei Arten der Liebe schon am eigenen Leib erfahren oder bei anderen kennengelernt. In unserer durch Medien und endlose Liebesschnulzen verbildeten Zeit erscheint es immer wieder wichtig, sich die Möglichkeiten der Liebe und des Liebens zu vergegenwärtigen.[242]

Der Autor und Therapeut Uwe Böschemeyer hat eine schöne Imagination entwickelt, um die Liebe und die Möglichkeiten des Liebens in unserem Selbst aufzuspüren:

Übung – Die Liebenden

Setzen Sie sich gemütlich hin. Entspannen Sie sich. Lassen Sie Ihre Augen etwas tiefer in Ihre Augenhöhlen sinken. Lassen Sie den Atem ruhig werden. Spüren Sie in den Körper hinein, wo vielleicht noch Muskeln verspannt sind. Lassen Sie diese bewusst noch ein Stück weit los. Dann begeben Sie sich in Ihrer Vorstellung an das Ufer des Flusses Ihres Lebens.

Versuchen Sie, die Szenerie mit allen Ihren Sinnen wahrzunehmen. Welche Farbe hat der Fluss? Welches Wetter herrscht am Himmel über Ihnen? Hören Sie das Rauschen des Wassers? Welche Geräusche hören Sie sonst noch? Was fühlen Ihre Füße am Boden unter Ihnen? Was spüren Sie auf Ihrer Haut? Welche Gerüche nehmen Sie wahr?

[242] Fromm, Erich. Die Kunst des Liebens. dtv, München 1995.

Dann lassen Sie die Liebenden kommen. Es sind meist eine Frau und ein Mann. Versuchen Sie nicht zu gestalten, sondern lassen Sie einfach geschehen. Wie sehen sie aus? Was strahlen sie aus? Spüren Sie die Energien um sie herum? Lassen Sie sich dann von den Liebenden an Ihren Ort der Liebe führen. Tauchen Sie einfach ein in diese Szene. Was erleben Sie dort?

Wenn Sie wollen, halten Sie Ihre Erlebnisse während dieser Imagination gerne schriftlich fest. Durch das Aufschreiben wird die Erfahrung meist noch intensiver und tiefer im Gedächtnis verankert.

Sie können diese Übung auch zu zweit machen. Mit einem guten Freund oder natürlich auch mit einer Therapeutin. Die Personifizierung der Liebe in Form hilfreicher Gestalten – die Liebenden – hilft uns, den Wert und die Bedeutung der Liebe für uns und in unserem Leben bewusster und konkreter zu machen. Möglicherweise zeigt sie uns auch den Weg auf, in unserem realen Leben diese große Emotion klarer wahrzunehmen und vielleicht auch die Liebe einer anderen Person anzuziehen.

Der himmlische Kreislauf

Kreisendes Feuer

Die traditionelle chinesische Medizin gewinnt im Westen seit Jahrzehnten zunehmend an Bedeutung. Sie ruht auf mehreren Säulen – Kräutermedizin, Akupunktur, Meditation, Psychologie und Qigong[243] (Übungen zur Lebenspflege). Eine zentrale Aufgabe des Qigong liegt in der bewussten Steuerung des Flusses der spirituellen Energie Qi durch das Meridiansystem des Körpers.

Der kleine himmlische Kreislauf zählt zu den fortgeschritteneren Übungen. Mit seiner Hilfe lernt der Schüler des Qigong, seine Lebensenergie gezielt im Körper zu lenken. Er sammelt sie zuerst im Unterbauch (die Chinesen sprechen hier vom unteren „Dantien“) und lässt sie dann gezielt durch die zwei großen Meridiane

[243] Elleberger, Oswald. Qi Gong: Grundübungen und Grundlagen für Anfänger und Fortgeschrittene. Kösel, München 1995.

strömen, die an der Vorder- und Rückseite des Körpers um die zentrale Achse verlaufen und die sich unten am Damm und oben über der höchsten Stelle des Scheitels verbinden. Die regelmäßige Praxis dieses Energiekreislaufes soll das Qi stärken. Fortgeschrittene lenken ihr Qi dann weiter in die Energiezentren. Mithilfe der Vorstellungskraft übertragen Meister des Qigong die Lebenskraft zu Heilzwecken über bestimmte Punkte in den Handflächen und Fußsohlen auch auf andere Menschen. Die Weiterleitung des Qi in die Extremitäten dient unter anderem auch der Anwendung im Kampf.

Übung – Der kleine himmlische Kreislauf

Diese Übung kann im Sitzen oder im Liegen durchgeführt werden. Es handelt sich dabei um eine Kombination aus Vorstellung und Körperwahrnehmung.

Machen Sie es sich bequem. Gönnen Sie Ihrer Wirbelsäule ein wenig Entspannung, geben Sie den Wirbeln ein bisschen Bewusstheit, erlauben Sie ihnen, sich entlang der zentralen Achse auszurichten. Atmen Sie einige Male ruhig durch und lassen Sie die Atemzüge dabei von Mal zu Mal etwas länger werden. Jetzt stellen Sie sich vor, wie sich Ihre vitale Energie im Unterbauch sammelt.

Von hier aus lassen Sie das Qi dann langsam entlang der Wirbelsäule nach oben strömen, weiter über den Nacken zum Hinterkopf und über die Rundung des Schädels nach vorne. Die Zunge schmiegt sich leicht an den Gaumen. Von hier strömt die Energie dann weiter nach unten, über den Kehlkopf, die Mitte der Brust, die Magengrube zum Nabel, hinunter zum Damm, dann wieder die Wirbelsäule entlang nach oben. Lassen Sie die Energie über einige Minuten so kreisen – immer wieder –; dabei sammelt sie sich tief im Unterbauch wie in einer Batterie, die sich dabei auflädt, und steigt von hier neuerlich nach oben.

Wahrscheinlich spüren Sie bereits nach wenigen Minuten eine Art Kribbeln oder Wärme, welche gemeinsam mit Ihrer Vorstellung entlang des Körpers fließt. Der chinesische Fachausdruck für diese Empfindung lautet „Deqi“ (was so viel bedeutet wie „das

Ankommen des Qi"). Nach einigen Minuten der Übung werden Sie sich wach, entspannt und voll frischer Lebensenergie fühlen.

Varianten

Sie können diesen steten Fluss auch mit der Atmung koordinieren. Hier existieren zwei verschiedene Varianten: die normale Atmung oder die sogenannte umgekehrte Bauchatmung, im Zuge derer man beim Einatmen den Unterbauch einzieht und beim Ausatmen hinausstreckt.

Es gibt zwei Richtungen, in die Sie das Qi fließen lassen können. Die eben beschriebene Richtung über den Rücken nach oben und über die Brust nach unten heißt „Feuerkreislauf", weil sie, wie Feuer, Körper und Geist erhitzen und aktivieren soll (Yang). Zur Abwechslung können Sie aber auch versuchen, die Energie in die Gegenrichtung fließen zu lassen: der „Wasserkreislauf". Ihm wird eine beruhigende und nährende Wirkung (Yin) zugesprochen.

Wirkungen

Diese Praxis des Energiekreisens erinnert an eine bereits etablierte Übung in der sogenannten Schulmedizin: Beim „Body-Scan" gehen Übende mit ihrer bewussten Aufmerksamkeit den Körper von Kopf bis Fuß durch, was nach einigen Minuten zu großer Entspannung führt. Dabei handelt es sich um eine Methode aus der MBSR (Mindfulness Based Stress Release)[244] des Erforschers der Achtsamkeit, Jon Kabat-Zinn.

Entsprechend dem Grundsatz „Wo Yi, da Qi" („Wohin die Aufmerksamkeit sich richtet, dorthin bewegt sich die Energie") lassen wir, neurologisch betrachtet, beim kleinen himmlischen Kreislauf eine Kaskade von Nervenaktivitäten durch unser gesamtes Gehirn kreisen, insbesondere durch die Areale der Großhirnrinde, die für die Steuerung der Muskeln und die Wahrnehmung des Körpers zuständig sind. (Dort wies der Neurochirurg Wilder Penfield durch elektrische Stimulation der Gehirnoberfläche von

[244] Kabat-Zinn, Jon. Gesund durch Meditation: Das große Buch der Selbstheilung mit MBSR. Knaur, München 2019.

wachen Patienten jeweils eine motorische und eine sensible Karte des ganzen Körpers nach, den sogenannten Homunkulus.) Durch das Kreisen-lassen der Aufmerksamkeit verändert sich nicht nur die Aktivität der Nervenzellen im Gehirn, sondern auch die Energie in den von dort gesteuerten Abschnitten des Körpers. Die Chinesen würden sagen, „das Qi fließt".

Imagination im Yoga

Der Nutzung der Vorstellungskraft kommt im Yoga eine zentrale Rolle zu. Schon die Bezeichnungen der Asanas, der einzelnen Körperhaltungen, rufen visuelle Bilder hervor: „Der Adler", „der Skorpion" oder „der Löwe" erzeugen eine Art von Beziehung zu den Eigenschaften der genannten Tiere. Sie erinnern an die bereits erwähnten Totemtiere, welche indigene Kulturen und Schamanen traditionell als Quelle ihrer Stärke und Weisheit ansehen.

Patanjali, der Autor des gleichnamigen sagenumwobenen Kanons, empfiehlt eine ganze Reihe von Imaginationen, welche Yoginis und Yogis während der Praxis einsetzen können. Die Vorstellung, über die Stärke eines Elefanten zu verfügen, soll zu einem Zuwachs an körperlicher Kraft führen. Die Konzentration auf die Sonne, den Mond oder den Polarstern soll zu Wissen über die Himmelskörper und deren Bedeutung verhelfen. Sich selbst als klein wie ein Atom oder groß wie einen Berg zu denken, soll die Wahrnehmung des eigenen Körpers entwickeln. Die Fokussierung auf Eigenschaften wie zum Beispiel Freundlichkeit vermag diese zu fördern. Wir kennen das Phänomen aus der Praxis von buddhistischen Mönchen, die über Liebe und Mitgefühl meditieren. Dies führt häufig zu einer angenehmen, warmen Ausstrahlung, welche man in der Nähe solcher Menschen wahrnehmen kann.

Übung – Liebe und Mitgefühl

Nehmen Sie eine der klassischen Yoga-Meditationshaltungen ein: Wenn Sie über ausreichende Flexibilität verfügen, ist der Lotossitz erste Wahl. Die Wirbelsäule locker und aufrecht über dem Becken, getragen von den beiden Sitzhöckern, beide Knie liegen am Boden, die Füße an der Innenseite der Oberschenkel. Aber Achtung: Bei fehlender Flexibilität besteht Verletzungsgefahr für Gelenke, Bänder, Sehnen und Muskeln – insbesondere im Bereich der Hüften und Knie. Als Alternative kann auch der gute alte Schneidersitz dienen. Oder die vielleicht einfachste aller Yoga-Positionen: entspannt auf dem Rücken liegend, die Beine nebeneinander, die Arme leicht abgewinkelt und die Handflächen nach oben gedreht. Eventuell mit Kissen unter Nacken und Knien.

Nehmen Sie sich 5–15 Minuten Zeit. Lassen Sie Ihre Atemzüge ruhig werden. Sollten Sie noch Spannung in einigen Muskeln fühlen, dann schenken Sie ihnen einfach ein paar Momente konzentrierter Aufmerksamkeit.

Richten Sie Ihr inneres Licht nun auf Ihr Herz. Es steht für Liebe und Mitgefühl – für sich selbst, für andere Menschen oder sogar für die gesamte Schöpfung. Nehmen Sie wahr, wie sich diese starken und gesunden Emotionen anfühlen. Erforschen Sie, wie Ihr Atem, der Brustkorb, der Bauch, Arme und Beine, der Hals, Ihr Kopf darauf reagieren, was Liebe und Mitgefühl in jeder einzelnen Zelle bewirken. Genießen Sie diese angenehmen Gefühle. Gelingt es Ihnen, sie den ganzen Körper erreichen zu lassen, oder fließt es irgendwo noch nicht so leicht? Lassen Sie diese Empfindungen in jeden einzelnen Winkel gelangen. Schenken Sie sich dafür genügend Zeit.

Zum Ende der Übung dürfen Sie Ihre Glieder ein wenig rekeln. Kommen Sie wieder bewusst zurück in die Gegenwart. Welches von diesen Gefühlen möchten Sie mitnehmen in Ihren Alltag, um vielleicht ein bisschen mehr an Liebe und Mitgefühl für sich selbst und für andere aufzubringen?

Reine Gegenwart

Der Verzicht auf jede Imagination

Diese Übung ist so etwas wie das Gegenstück zu allen anderen der hier erwähnten Imaginationen. Auf jede Art von Vorstellungsbild zu verzichten, zählt zu den effektivsten Methoden zur Förderung der seelischen Entwicklung. In der Zen-Meditation (japanisch) oder Chan-Meditation (chinesisch) gehört sie zur täglichen Praxis.[245] Die Übende richtet die Aufmerksamkeit auf den Atem, sie zählt die Atemzüge und lässt schließlich überhaupt jegliche Gerichtetheit des Bewusstseins los. Darin liegt, auch philosophisch betrachtet, eine spannende Frage. Die Philosophie der Psychologie hat mit dem deutschen Denker Franz Brentano und dem US-Amerikaner John Searle[246] einen Grundsatz entwickelt: Der Geist richtet sich immer auf etwas; er bezieht sich immer auf einen Inhalt. Der Fachjargon bezeichnet dieses Phänomen als „Intentionalität". Die Meditation ohne Inhalt führt dies ad absurdum: Was ist, wenn der Geist keinen Inhalt hat?

Durch das Loslassen jeder Gerichtetheit verschwinden – regelmäßiges Üben vorausgesetzt – alle Erinnerungen an die Vergangenheit, alle Wahrnehmungen der Gegenwart und alles Denken an die Zukunft. Auftauchende Gedanken oder Bilder dürfen kurz wahrgenommen und dann gleich wieder losgelassen werden. Auf diese Weise verlieren Prägungen, Traumata, Ängste usw. nach und nach ihre Macht. Das Gehirn strukturiert sich mit der Zeit um; die für Angst zuständigen Areale, die beiden Mandelkerne (Amygdala), vermindern ihre Aktivität und werden sogar kleiner. Areale, die für Gedächtnis und emotionale Stabilität zuständig sind, wie die Hippocampi, gewinnen mehr Nervenzellen.[247] Die Übende findet zu innerer Ruhe und Freiheit.

---

[245] Shunryū Suzuki. Zen-Geist – Anfänger-Geist: Unterweisungen in Zen-Meditation. Theseus, Bielefeld 2016.

[246] Searle, John. Intentionalität: Eine Abhandlung zur Philosophie des Geistes. Suhrkamp, Frankfurt am Main 1991.

[247] Goleman, Daniel. Altered Traits: Science Reveals How Meditation Alters Your Mind, Brain and Body. Avery, New York 2017.

Übung – Reine Gegenwart

Nehmen Sie eine bequeme Sitzhaltung ein. Das kann der Schneidersitz sein oder eine der zahlreichen Asanas zur Meditation aus dem Yoga. Gönnen Sie Ihrem Körper und Ihrer Seele ein paar Momente der Entspannung. Lassen Sie den Atem zur Ruhe kommen. Verlangsamen Sie Ihre Atemzüge. Fühlen Sie bewusst, wo in Ihrem Körper noch Spannung sitzt; durch dieses nicht urteilende Bewusstsein wird sie abnehmen. Ihre Wirbelsäule richtet sich nach und nach auf und nimmt eine natürlichere Position ein.

Lassen Sie alle inneren und äußeren Wahrnehmungen los. Dabei entsteht eine gewisse Monotonie und die Wahrnehmungen verschwinden allmählich von der Bildfläche des Bewusstseins. Mit Übung oder in den besten Momenten erreichen Sie dann vielleicht den Zustand der Leere. Alles, was Sie belastet hat, verliert seine Macht. Ihre Seele, Ihr Organismus, Ihr gesamter Stoffwechsel finden wieder ins Gleichgewicht.

Machen Sie diese Übung regelmäßig, zum Beispiel morgens und abends 15 Minuten lang. Sie sollten aber mit weniger beginnen, zum Beispiel mit 5 Minuten. Es kann sich als hilfreich erweisen, dafür einen Timer zu verwenden.

Ort der Stille

Aus Sicht der Neurophysiologie erlangt das Gehirn mit dieser Übung eine tiefe innere Ruhe, weil alle äußeren und inneren Stimuli auf ein minimales Maß herabgesetzt werden. Stressoren fallen weg und verlieren ihre Macht. Die Atmung, die Herzfrequenz, die Durchblutung normalisieren sich. Eine tiefe Entspannung setzt ein.

Das Loslassen jeder Vorstellung erlaubt uns, in das Reich der Leere einzutreten. Den Ort zu erfahren, der jenseits unserer Konditionierungen liegt, jenseits des Urteilens und Verurteilens, auch jenseits all unserer automatischen emotionalen Antworten. Es ist der Ort einer tiefen Weisheit, einer Gelassenheit, einer seelischen Reife.

Wenn wir uns gestatten, uns öfter an diesen Ort der Stille zu begeben, uns öfter dort aufzuhalten, dann dürfen wir damit rechnen, dass wir ein bisschen dieser Weisheit mit zurücknehmen in unseren Alltag.

An diesem Ort jenseits unserer Werte und Urteile, die sich in unseren Bildern und Vorstellungen offenbaren, liegt auch eine geradezu metaphysische Liebe. Dieser Ort lehrt uns, was Nächstenliebe bedeutet – in jeder Religion – und sogar das, was das Christentum als Feindesliebe bezeichnet.

Es ist der innere Ort der Stille. Er zeigt sich uns immer, wenn wir jeden Gedanken und jede Vorstellung losgelassen haben. Es ist die Leere im Sinne der Veden oder des Buddhismus. Eine Leere, in der sich zugleich ein Raum unendlicher Fülle öffnet.[248]

Lebensziele

Nach dieser langen Reise, die uns von den Ursprüngen der inneren Bilder in der Seelenreise der Schamanen über die großen Religionen bis hin zur modernen Psychologie und Neurobiologie führte, jetzt noch eine kleine Draufgabe:

Wie können wir das Wissen um die inneren Bilder, das sich über Zehntausende Jahre entwickelt hat, heute, in unserer Welt des 21. Jahrhunderts, umsetzen? Wie können wir in dieser Epoche der Satellitentechnologie, des Massenkonsums, der globalisierten Wirtschaft und der „gelenkten Demokratie" unsere innere Freiheit bewahren und die Macht der Imagination nutzen, um innere und äußere Grenzen zu sprengen und über uns selbst hinauszuwachsen?

Der Wissenschaft, vor allem aber der Kunst wohnt seit jeher ein revolutionäres Element inne. Denn Wissenschaft, Kunst und Philosophie zeigen uns immer auf, dass es auch ganz anders gehen könnte. Diese Freiheit des Denkens gewinnen wir durch die

[248] Tolle, Eckhart. JETZT! Die Kraft der Gegenwart. Kamphausen, Bielefeld 2000. // Birbaumer, Niels; Zittlau, Jörg. Denken wird überschätzt. Warum unser Gehirn die Leere liebt. Ullstein, Berlin 2016.

Beschäftigung mit den großen Gedanken der Menschheit, nicht zuletzt auch mit Literatur und Poesie. Deshalb lohnt es sich immer, quer und breit zu lesen. Die inneren Bilder stellen ein weiteres Mittel dar, unsere Freiheit als Mensch zu behalten und sie weiter und größer anwachsen zu lassen, als wir uns das je hätten träumen lassen.

Aus diesem Grund möchte ich Ihnen am Ende dieses Buches und als kleine Anregung eine Methode vorstellen, die ich selbst gerne anwende und die nicht zuletzt zum Gelingen dieses Werkes beigetragen hat: „Die 5 Säulen". Inspiriert zu dieser Übung hat mich ein Seminar in der spektakulären Bergwelt des Gasteinertales bei Stefan Ueing, Facharzt für Psychosomatik und Psychotherapie. Er stellte uns damals die 5 Säulen des Lebens vor. Diese 5 Säulen hat ursprünglich der legendäre Psychologe und Therapeut Hilarion Petzold[249] entwickelt. Sie stehen für die großen Bereiche unseres Lebens: Materielle Sicherheit, Gesundheit, Beruf, Soziales, Spiritualität.

Die 5 Säulen der Identität

(modifiziert nach Hilarion Petzold)

1. **Materielle Sicherheit** (Wohnen, Einkommen, Vermögen)
2. **Gesundheit** (Körper, Geist, Seele)
3. **Beruf und Berufung** (Arbeit und Leistung)
4. **Soziales Netzwerk** (Familie, Freunde, Kolleginnen)
5. **Sinn** (Lebensaufgaben, Werte, Spiritualität)

Aufgabe zur Vorbereitung: Zeichnen Sie alle fünf Säulen nebeneinander auf ein Blatt Papier. Gestalten Sie jede einzelne Säule, sodass sie Ihrer derzeitigen Situation entspricht. Sie werden überrascht sein, dass vielleicht eine der Säulen stark und in voller Kraft

[249] Petzold, Hilarion G. Identität: Ein Kernthema moderner Psychotherapie. Verlag der Sozialwissenschaften, Wiesbaden 2012.

dasteht, eine andere daneben möglicherweise ein wenig schwach und morsch imponiert. Jetzt aber zur Umsetzung dieser Übung, die uns Wege weisen kann, über uns selbst hinauszuwachsen:

Übung – Die 5 Säulen

Setzen oder legen Sie sich bequem hin. Schenken Sie sich ein paar Momente Zeit, bis Ihr Atem ruhig wird. Spüren Sie bewusst in Ihren Körper hinein. Wo noch ein bisschen Spannung ist, lassen Sie los. Gestatten Sie es Ihrer Wirbelsäule, sich in voller Länge zu entfalten.

Gehen Sie jetzt die Säulen, eine nach der anderen, durch: Materielle Sicherheit – Gesundheit – Beruf und Berufung – Soziales Netzwerk – Sinn.

Versuchen Sie, zu jeder einzelnen Säule ein Bild oder sogar mehrere Bilder vor Ihrem geistigen Auge aufsteigen zu lassen. Diese Bilder sollten den jeweiligen Bereich so darstellen, wie Sie ihn sich in Ihrem Leben wünschen würden. Sie können auch mit der inneren Stimme Ihre Gedanken dazu aussprechen. Wenn Sie wollen, dürfen Sie sich in jedem Bereich auch in Dankbarkeit üben für das, was dort in Ihrem Leben bereits verwirklicht ist:

Materielle Sicherheit: Wie möchte ich wohnen? Wo möchte ich gerne leben? Wie viel Geld möchte ich verdienen? Was will ich in Besitz nehmen?

Gesundheit: Wie wünsche ich mir, dass mein Körper aussieht, sich anfühlt? Welche sportlichen Ziele will ich erreichen? Welche gesundheitlichen Probleme fordern Aufmerksamkeit und Heilung?

Beruf und Berufung: Wie möchte ich arbeiten? Jetzt und in Zukunft? Welche Berufung spüre ich in mir? Welche sonstigen Rufe nehme ich wahr? Was strebt in meinem Leben nach Verwirklichung?

Soziales Netzwerk: Mit welchen Menschen möchte ich regelmäßig Kontakt pflegen? Wer soll meine Partnerin oder mein Partner sein? Wie soll sich unsere Beziehung gestalten? Zu welcher Gruppe möchte ich gehören? Wie möchte ich mit meinen Kindern, mit meinen Eltern umgehen?

Sinn: Worin besteht mein übergeordneter Sinn im Leben? Was stellt sich mir als meine Lebensaufgabe dar? Welchen Kontakt zum großen Ganzen, zum Urgrund des Seins (vielleicht zu Gott) möchte ich regelmäßig herstellen?

Dies ist eine Übung, die sich besonders gut für die Zeiten nach dem Aufwachen und vor dem Einschlafen eignet. Wie ein Morgen- und Abendgebet. Damit richten Sie Ihren unbewussten Geist und Ihr Bewusstsein auf diese großen Themen des Lebens aus. Lassen Sie dann los. Verzichten Sie darauf, Ihre Wünsche mit Nachdruck zu verfolgen. Das bedeutet, Sie bleiben an der Sache dran, aber ohne etwas erzwingen zu wollen. Denn das würde letztlich nur Widerstand vom Leben provozieren.

Jetzt aber der Clou: Es genügt nicht, sich das jeweilige Ziel vorzustellen. Wichtiger ist es, sich den Weg (!) dorthin vorzustellen. Das heißt, nicht primär den neuen schlanken, muskulösen Körper zu imaginieren, sondern die Tätigkeit, die dorthin führt: sich selbst mit dem inneren Auge beim Training zuzuschauen. Die Schritte, die notwendig sind, die Sie näher an die Erfüllung Ihres Wunsches bringen.

Sie dürften auf Ihrem Weg bald große Fortschritte machen, wenn Sie die 5 Säulen konsequent visualisieren. Diese Praxis kann Sie auch beim Erreichen großer, übergeordneter Ziele unterstützen, wie zum Beispiel dem, ein Buch zu veröffentlichen oder Ihre wahre Bestimmung zu finden.

Das Ziel ist der Weg

DIE 7 SCHRITTE AUF DEM WEG ZU DEN LEBENSZIELEN

1. **Entspannung**
2. **Formulieren und Aufzeichnen der Lebensziele**
3. **Dankbarkeit für das bereits Erreichte und Vorhandene**
4. **Visualisieren der 5 Säulen und des Weges, der zu den Zielen führt**
5. **Fühlen, als wären alle Ziele bereits verwirklicht**
6. **Loslassen, Verzicht auf Anhaften**
7. **Wiederholung, am besten morgens und abends**

ZIELE, AN DENEN MAN NIEMALS ANKOMMT

Zum Schluss noch ein paar Gedanken zu den Lebenszielen: Wundern Sie sich nicht, wenn Sie feststellen, dass es Ziele gibt, bei denen Sie nie ankommen: An der Gesundheit arbeiten, soziale Kontakte zur Familie pflegen, Spiritualität leben ... das alles sind lebenslange Aufgaben!

WIDERSTÄNDE – WAS TUN?

Es könnte das Gegenteil eintreten von dem, was Sie imaginieren. Ein Zeichen von Widerstand. Zugleich auch ein Zeichen dafür, dass Bewegung in die Sache kommt. Hinterfragen Sie, worin das Hindernis besteht. Geben Sie nicht auf.

VERANTWORTUNG ÜBERNEHMEN

Übernehmen Sie die Verantwortung für Ihre inneren Bilder. Sie haben die Wahl: Wollen Sie in Ihrem Bewusstsein destruktive, negative Gedanken pflegen oder lieber solche, die Ihnen dienen?

Was, wenn Sie nicht scheitern könnten?

Paul McKenna, seines Zeichens Hypnotherapeut und Bestsellerautor aus England, schlägt zur Entwicklung von Selbstvertrauen vor, sich folgende Frage zu stellen: „Was würde ich tun, wenn ich nicht scheitern könnte?“[250] Die Beantwortung dieser Frage versetzt Sie in die Lage, Ihr verborgenes Potenzial zu entdecken, weil sie Ihnen erlaubt, radikal zu äußern, was Sie sich wirklich im tiefsten Inneren wünschen.

[250] McKenna, Paul. Ich mach dich selbstbewusst: So erreichen Sie alles, was Sie wollen. Goldmann, Deutschland 2010.

Nachwort

Wir leben von Anfang an mit der Welt der inneren Bilder.

Wenn wir lernen, sie gezielt einzusetzen,
dann ist uns nichts unmöglich.

Lange wälzte ich verschiedene Ideen über 12 Grundsätze der Imagination in meinem Geiste hin und her. Die Inspiration ließ auf sich warten. Zu viele Ideen wetteiferten in meinem Kopf miteinander. Schließlich, eines Tages – das stete Prasseln des Schnürlregens draußen vor dem Fenster kündete vom Nahen des Herbstes – ließ ich alle Gedanken einfach fliegen. Vom gedeckten Frühstückstisch aus verbreitete sich verheißungsvoll der Duft von frisch gebrühtem Kaffee und Toastbrot aus Dinkelmehl, Schinken vom Biobauern samt schmelzender weißer Butter sowie frischen Paradeisern. Als ich so meine Gedanken beim Dahinfließen beobachtete, traten die 12 Grundsätze zur Arbeit mit den inneren Bildern mit einem Mal ganz klar vor mein inneres Auge. Alles, was noch zu tun blieb, war, sie auf meinem Notizblock festzuhalten. Es fiel mir wie Schuppen von den Augen: Inspiration und innere Bilder lassen sich nicht erzwingen. Sie kommen von selbst, wenn wir ihnen den Raum dazu schenken.

Die 12 Grundsätze der Imagination

1. Wir imaginieren immer

Wir mögen uns dessen nicht immer bewusst sein, aber innere Bilder begleiten uns von frühester Kindheit an bis ins höchste Alter.

Sobald wir diese Tatsache gewahren, können wir anfangen, sie ganz bewusst einzusetzen und für uns arbeiten zu lassen. Aber Achtung – wir sind nicht unsere inneren Bilder, genauso wenig, wie wir unsere äußeren Erlebnisse oder unsere Ideen und Gedanken sind. Wie die Meditierenden des Fernen Ostens lehren, sollten wir uns davor hüten, unser „wahres Selbst" mit den Erzeugnissen unseres bewussten oder unbewussten Geistes zu verwechseln. Sowohl unsere Vorstellungen als auch Gedanken und Emotionen sind nur Werkzeuge, die dabei helfen, uns in der Komplexität dieser Welt zurechtzufinden.

2. Die Stärke der inneren Bilder lässt sich trainieren

Innere Bilder treten manchmal überraschend mit Wucht und Intensität in unser Leben. Insbesondere dann, wenn wir sie unter Anleitung eines erfahrenen Begleiters oder Therapeuten erleben. Nicht selten jedoch wirken sie bei den ersten Versuchen noch etwas blass und schwach. Wenn wir uns in der Technik des Visualisierens regelmäßig üben, dann gewinnen sie rasch an Stärke und unterstützen uns dabei, unsere Aufmerksamkeit und damit unsere Wege im Leben in eine gewünschte Richtung gehen zu lassen.

3. Die Philosophie untersucht seit ihren Anfängen die Beziehung der inneren Bilder zur Realität

Schon die alten Griechen wunderten sich über die Beziehung der Vorstellungen im Kopf zur „realen" Welt. In der Geschichte der Philosophie finden sich zahllose Antworten auf diese Frage. So zieht sich ein weiter Bogen von Sokrates, der ein Reich der Ideen[251] vermutete, die unabhängig von uns existieren, über René Descartes[252], der eine denkende Substanz (die Seele) von einer ausgedehnten Substanz (die Materie) unterschied, bis hin zu modernen Denkschulen wie dem radikalen Konstruktivismus: Ernst von Glasersfeld und Heinz von Förster[253] zeigten auf, dass alle Dinge,

[251] Platon. Der Staat. Über das Gerechte. Philosophische Bibliothek. Felix Meiner. Hamburg 1989.

[252] Descartes, René. Meditationen. Philosophische Bibliothek. Hrsg.: Wohlers, Christian; Verlag Meiner, F, Hamburg 2009.

[253] Glasersfeld, Ernst von. Siegener Gespräche über Radikalen Konstruktivismus. // Förster, Heinz von. Erkenntnistheorien und Selbstorganisation. Beide in: Schmidt, Siegfried J. Der Diskurs des radikalen Konstruktivismus. suhrkamp tb wissenschaft, Frankfurt am Main 1987.

die wir in der Welt wahrzunehmen scheinen, in erster Linie Konstrukten unseres Gehirns entsprechen. Die Erforschung der Zellen und ihrer Verbindungen in unserem Nervensystem lehrt uns, dass wir eine Welt, unsere Welt, selbst hervorbringen. Sie entlarvt die Vorstellung, dass wir die Welt wahrnehmen könnten, wie sie ist, als eine Täuschung. Die Erkenntnis, dass es sich nur um unsere jeweils eigene Wirklichkeit handle, befreit uns von vielen Illusionen.

4. Unser Gehirn simuliert für uns eine Realität

Warum wirkt Imagination? Weil neurologisch betrachtet kein großer Unterschied besteht zwischen dem, was wir vom Außen wahrnehmen und dem, was sich in unseren Vorstellungen abspielt.[254] Zum großen Teil kommen dabei dieselben Netzwerke von Nervenzellen zum Einsatz; die Erzeugung der Imaginationen im Gehirn ist zu großen Teilen sogar identisch mit der Verarbeitung von Sinnesreizen aus der Außenwelt. Die modernen Neurowissenschaften zeigen auf, dass die antiken Philosophen Recht hatten, die der Meinung waren, unsere gesamte Wahrnehmung sei eine Illusion. Allerdings würden wir diese Erkenntnis heute anders ausdrücken, zum Beispiel indem wir davon sprechen, dass unser Gehirn eine Simulation von Realität herstellt, die sich mit der Benutzeroberfläche eines Computers[255] vergleichen lässt. Diese ermöglicht, dass wir uns mit schlafwandlerischer Sicherheit in einer Außenwelt bewegen, deren wahre Natur uns nicht oder zumindest nur auf indirektem Wege zugänglich ist.

5. Die moderne Neurobiologie zeigt, dass unsere inneren Bilder realen Vorgängen im Gehirn entsprechen

Inzwischen ist die moderne Neurobiologie in der Lage, zumindest in groben Zügen zu erklären, wie die inneren Bilder in unserem Kopf entstehen: Riesige Ensembles von Nervenzellen beginnen sozusagen gemeinsam zu schwingen, um die verschiedenen, spezialisierten Module im Gehirn miteinander zu vernetzen.[256]

---

[254] Maturana, Humberto R. Biologie der Realität. suhrkamp tb wissenschaft, Frankfurt am Main 2000.

[255] Hoffman, Donald D. Relativ real: Warum wir die Wirklichkeit nicht erfassen können und wie die Evolution unsere Wahrnehmung geformt hat. dtv, München 2020.

[256] Birbaumer, Niels. Biologische Psychologie. Springer, Heidelberg 2010.

Zwar bleibt die letzte große Frage der Gehirnforschung noch unbeantwortet, nämlich: Wie entsteht Bewusstsein in unseren Köpfen? Doch sind wir heute in der Lage zu verstehen, wie sich über eine gezielte Steuerung der Bilder in unserem Geiste die entsprechenden Netzwerke beeinflussen lassen, um uns neue Wege des Wahrnehmens, Denkens und Handelns zu ermöglichen. Durch bewusste Imagination können wir das System unserer Nervenverbindungen sozusagen gezielt umprogrammieren. Diese Erkenntnis schenkt uns neue Freiheitsgrade und lässt uns überkommene Muster, die sich in der Vergangenheit als hinderlich erwiesen haben, loslassen oder weiterentwickeln.[257]

6. In der Psychotherapie ist die Arbeit mit inneren Bildern längst Alltag

In der Psychotherapie entwickelt sich die Arbeit mit Imaginationen und Visualisierungen mehr und mehr zum Megatrend. Kaum ein Therapeut, eine Therapeutin will noch auf dieses starke Werkzeug verzichten. Sogar die Verhaltenstherapie[258] – das derzeit wissenschaftlich am besten abgesicherte Verfahren – setzt in ganz großem Stil darauf. Beispiele dafür bieten die Konfrontation mit Angst auslösenden Vorstellungsbildern im Rahmen der Behandlung von Phobien oder die Behandlung von Menschen nach schweren seelischen Traumata. Nicht zuletzt helfen gezielt eingesetzte innere Bilder bei der Entwicklung einer Vision für die eigene Weiterentwicklung in Bezug auf Beruf und Leben.

7. Imagination verbessert die sportliche Leistung

Der Leistungssport ist inzwischen auf einem Niveau angekommen, wo kleinste Verbesserungen im körperlichen oder mentalen Training über Sieg oder Niederlage entscheiden. Daher überrascht es wenig, dass kaum ein Athlet ohne intensive psychologische Betreuung auskommt. Dem mentalen Training kommt dabei eine zentrale Rolle zu: In der Trainingsphase, direkt vor, während, aber auch nach dem Wettkampf oder in Phasen der Regeneration sind

---

[257] Roth, Gerhard; Strüber, Nicole. Wie das Gehirn die Seele macht. Klett-Cotta, Stuttgart 2014.

[258] Kirn, Thomas; Echelmeyer, Liz; Engberding, Margarita. Imagination in der Verhaltenstherapie (Psychotherapie: Praxis). Springer, Berlin 2015.

gezielte innere Bilder nicht mehr wegzudenken. Sie verbessern die Koordination, die Taktik, die Erholung und sogar das Muskelwachstum, wie zahlreiche Studien nachweisen.[259]

8. Imagination stärkt unsere seelische Gesundheit

Wir können ständig kreisende negative Gedanken durch positive Bilder ersetzen. Wer kennt das nicht: Unsere Gedanken und Vorstellungen drehen sich unaufhörlich um Erinnerungen an den nervenden Chef oder die Nachbarn, das zu reparierende Auto oder überhaupt an alles, was in der nächsten Zeit in unserem Leben schieflaufen könnte. Das erzeugt eine Spirale von zunehmendem Stress, der zu noch mehr Stress führt. Doch was hindert uns eigentlich daran, bewusst die Verantwortung zu übernehmen für die Inhalte unseres Denkens? Es gibt wenige Maßnahmen, welche sich langfristig positiver auf unsere seelische Gesundheit auswirken, als wieder die bewusste Kontrolle über unsere Gedanken, Fantasien und inneren Bilder zu gewinnen.[260]

9. Die Welt der Mythen und Märchen ist uns allen zugänglich

Der große Psychologe und Psychiater C. G. Jung traf in seinen „Nachtmeerfahrten“[261] auf Gestalten von universeller Bedeutung für den Menschen. Er nannte sie Archetypen. So begegnete er dem „alten Weisen“, der ihm als Führer in dieser Welt zwischen Tag und Traum diente. Jung stieß dabei unter anderem auf die Personifizierung von Eigenschaften, die als universales geistiges Erbe in uns allen stecken, auf Anima und Animus, das weibliche und männliche Prinzip, aber auch auf den Schatten.

Die Erfahrung zeigt, dass jede und jeder von uns, die oder der in die scheinbar verborgene Welt seiner eigenen inneren Bilder eintaucht, dort auf solche Gestalten zu treffen vermag. Ein schier unerschöpfliches Pandämonium! So mancher trifft dort auch spontan auf Symbole, wie sie sich in den Religionen der Welt wiederfinden. Dieses Reich, der Ursprung der Mythen und Märchen,

[259] Mayer, Jan; Hermann, Hans-Dieter. A. a. O.

[260] Pearson, John; Naselaris, Thomas; Holmes, Emily A.; Kosslyn, Stephen. Mental Imagery: Functional Mechanisms and Clinical Applications. Trends Cogn Sci. 2015 19(10):590–602.

[261] Nachtmeerfahrten: Eine Reise in die Psychologie von C. G. Jung. DVD 2011.

der Spielraum der Mystiker alter Zeiten, ist uns allen zugänglich. Lassen Sie sich überraschen!

10. Imagination bildet die Basis religiöser Erfahrung

Während imaginativer Prozesse erleben wir immer wieder, dass Menschen spontan religiöse Symbole[262] entdecken oder tiefe spirituelle Erfahrungen[263] machen. Unsere über lange Zeit zu einseitig durch eine reine Anwendung von Vernunft geprägte christliche Religion erfährt inzwischen eine wertvolle Bereicherung durch die Wiederentdeckung der Imagination. Fachleute gehen sogar so weit, von einer „imaginativen Wende“ zu sprechen. Dies gilt wohl für alle Glaubensrichtungen. Es ist davon auszugehen, dass innere Bilder am Anfang jeder Religion standen. Nur wurde dieser Zugang im Laufe der Jahrtausende immer wieder von Formalismus und Dogmatismus verschüttet. Andererseits bestand auch immer die Gefahr, die wahrgenommenen inneren Bilder mit Erscheinungen von Göttern oder Geistern zu (fehl-)interpretieren. Die heutige Sicht der Dinge schenkt uns eine größere Nüchternheit, zugleich aber auch die Chance, die tieferen Wahrheiten der Seele und ihrer Metaphysik sozusagen aus erster Hand wahrzunehmen.

11. Die Imagination aktiviert unsere Intuition

Wer sich mit Imagination beschäftigt, macht meist ziemlich rasch eine erstaunliche Erfahrung: nämlich die Entdeckung der eigenen Intuition! Unsere Ziele zeigen sich unmittelbar. Was uns wichtig ist, tritt klar zutage. Die Imagination lässt die großen und kleinen Ziele im Leben klar sichtbar werden.

12. Imagination lässt uns über uns selbst hinauswachsen

Wenn wir lernen, die inneren Bilder für uns arbeiten zu lassen, kann das zum wichtigsten Werkzeug in der Planung unseres Lebens werden. Im Großen lässt sie uns den Weg klar erkennen und macht ihn wie auf einem riesigen Bildschirm vor dem inneren Auge sichtbar. Im Kleinen zeigt sie uns die Schritte auf, die dorthin führen.

---

[262] Böschemeyer, Uwe. Gottesleuchten: Begegnungen mit dem unbewussten Gott in unserer Seele. Kösel, München 2007.
[263] Jung, Carl Gustav. Erinnerungen, Träume, Gedanken. Patmos, Ostfildern 2018.

Die Welt der inneren Bilder und die von uns wahrgenommene Welt durchdringen und bedingen einander. Üben wir uns also in der Kunst der Imagination – sie lässt uns die Macht des Unbewussten freisetzen.

Dank

Meinen Eltern Brunhild und Adolf Kieslinger dafür, dass sie ihre Begeisterung für Kunst, Literatur, Sport und die Wissenschaft vom Gehirn von meiner Kindheit an mit mir geteilt haben. Neben einem gemütlichen Zuhause, Bewegung, Musik, gesunder Ernährung und viel Liebe sorgten sie für einen unerschöpflichen Fundus an Büchern und neuesten Zeitschriften verschiedenster Fachgebiete.

Ganz am Anfang stehen auch die Benediktinermönche im Stiftsgymnasium St. Paul im Lavanttal. Sie ermutigten uns, die nicht immer ganz einfach zu bändigende Meute, dazu, so viel wie möglich über die Religion und die Welt in Erfahrung zu bringen und dabei konsequent unseren eigenen Weg zu gehen. Sie gestatteten uns auch immer, alles in Frage zu stellen und nichts als gegeben hinzunehmen.

Ein wesentlicher Beitrag stammt von all den Lehrerinnen und Lehrern, die mich in die Kunst der Imagination, der Psychotherapie und der Neurologie eingeführt haben. Mein ganz großer Dank geht an Uwe Böschemeyer, der mich auf meinen ersten Schritten in die magische Welt der inneren Bilder begleitete.

Dank an das Haus für Literatur Salzburg für zahlreiche inspirierende Schreibwerkstätten, Diskussionen, Vorträge und Konzerte. Einige Texte dieses Buches sind in den ehrwürdigen Gemäuern des Eizenbergerhofes in der Strubergasse entstanden, direkt neben der Paracelsus Medizinischen Privatuniversität Salzburg.

Herzlicher Dank geht an Marlene Weinzierl; sie hat die Entstehung des Buches von Anfang an begleitet und stellte mir ihr umfassendes Wissen über die Klippen der deutschen Sprache zur Verfügung. Monika Heinrich hat mit unendlicher Geduld meine Diktate angehört, abgetippt und mich durch ihre kritischen Fragen inspiriert. Großer Dank gebührt auch meinem Agenten Klaus Altepost, der seit Beginn an dieses Projekt geglaubt hat. Herzlichen Dank an Ina Kleinod dafür, dass sie dem Manuskript den letzten Schliff verpasst hat. Natürlich auch an Stefan Ueing, der mich als persönlicher Coach durch die Untiefen und Höhen des Schreibprozesses begleitet hat.

Weiterführende Literatur

Anselm Grün. Die heilsame Kraft der inneren Bilder: Aus unverbrauchten Quellen schöpfen. Herder, Freiburg 2013.

Carl Gustav Jung. Erinnerungen, Träume, Gedanken. Patmos, Ostfildern 2018.

Colin McGinn. Das geistige Auge: Von der Macht der Vorstellungskraft. Primus, Darmstadt 2007.

Donald D. Hoffman. Relativ real: Warum wir die Wirklichkeit nicht erfassen können und wie die Evolution unsere Wahrnehmung geformt hat. dtv, München 2020.

Gerald Hüther. Die Macht der inneren Bilder: Wie Visionen das Gehirn, den Menschen und die Welt verändern. Vandenhoeck & Ruprecht, Göttingen 2015.

Gerhard Roth; Nicole Strüber. Wie das Gehirn die Seele macht. Klett-Cotta, Stuttgart 2014.

Jan Mayer; Hans-Dieter Hermann. Mentales Training: Grundlagen und Anwendung in Sport, Rehabilitation, Arbeit und Wirtschaft. Springer, Berlin 2015.

Luise Reddemann. Imagination als heilsame Kraft: Ressourcen und Mitgefühl in der Behandlung von Traumafolgen. Klett-Cotta, Stuttgart 2020.

Shakti Gawain. Stell dir vor: Kreativ visualisieren. Rororo, Hamburg 2018.

Simin Bengler: Praxisbuch Imaginative Techniken in der Psychotherapie: Grundlagen, Techniken und Anwendung. Springer, Berlin 2021.

Thomas Kretschmar; Martin Tzschaschel. Die Kraft der inneren Bilder nutzen: Seelische und körperliche Gesundheit durch Imagination. südwest, München 2014.

Uwe Böschemeyer. Von den hellen Farben der Seele: Wie wir lernen, aus uns selbst heraus zu leben. Ecowin, Salzburg 2019.

Verena Kast. Imagination: Zugänge zu inneren Ressourcen finden. Patmos, Ostfildern 2012.

Viktor Frankl. … trotzdem Ja zum Leben sagen: Ein Psychologe erlebt das Konzentrationslager. Penguin, München 2018.

Über den Autor

Dr. med. univ. Klaus-Dieter Kieslinger ist Facharzt für Neurologie mit eigener Praxis in Salzburg. Nach dem Medizinstudium in Graz und Wien absolvierte er seine ärztliche Weiterbildung in Klagenfurt, Edinburgh, Graz und Salzburg.

Während seiner Zusatzausbildungen in psychosomatischer Medizin und Verhaltenstherapie entdeckte er die faszinierenden Einsatzmöglichkeiten der inneren Bilder.

Dr. Kieslinger ist Autor mehrerer medizinischer Ratgeber für Patienten und deren Angehörige.

Als Buchautor möchte er sein Wissen in allgemein verständlicher Sprache weitergeben und Menschen motivieren, über sich selbst hinauszuwachsen.

Wie hat Ihnen das Buch gefallen?
Teilen Sie gerne Ihre Meinung mit uns:

https://www.kamphausen.media/imagine/t-9783958835573